周書

四部備要

史部

中華書局據武英殿本校刊

桐鄉　陸費逵總勘
杭縣　高時顯輯校
杭縣　吳汝霖輯校
杭縣　丁輔之監造

周書卷二十八

唐　令狐德棻等撰

列傳第二十

史寧　陸騰　賀若敦　權景宣郭賢

史寧字永和建康袁氏人也曾祖豫仕沮渠氏爲臨松令魏平涼州祖灌隨例遷於撫寧鎮因家焉父遵初爲征虜府鎧曹參軍屬杜洛周構逆六鎮自相屠陷遵遂率鄉里二千家奔恆州其後恆州爲賊所敗遵復歸洛陽拜樓煩郡守及寧著勳追贈散騎常侍征西大將軍涼州刺史謚曰貞寧少以軍功拜別將遷直閤將軍都督宿衛禁中尋加持節征東將軍金紫光祿大夫賀拔勝爲荊州刺史寧以本官爲勝軍司率步騎一千隨勝之部值荊蠻騷動三鵶路絕寧先驅平之因撫慰蠻左翕然降附遂稅得馬一千五百匹供軍尋除南郢州刺史及勝爲大行臺表寧爲大都督率步騎一萬攻梁下溠戍破之封武平縣伯邑五百戶又攻拔梁齊興鎮等九城獲戶二萬而還未及論功屬魏孝武西遷

東魏遣侯景率衆寇荊州寧隨勝奔梁梁武帝引寧至香磴前謂之曰觀卿風表終至富貴我當使卿衣錦還鄉寧答曰臣世荷魏恩位爲列將天長喪亂本朝傾覆不能北面逆賊幸得息肩有道儻如明詔欣幸實多因涕泣橫流梁武爲之動容在梁二年勝乃與寧密圖歸計寧曰朱异既爲梁主所信任請往見之勝然其言寧乃見异申以投分之言微託思歸之意辭氣雅至异亦嗟挹謂寧曰桑梓之思其可忘懷當爲奏聞必望遂所請耳未幾梁主果許勝等歸大統二年寧自梁歸闕進爵爲侯增邑三百戶久之遷車騎將軍行涇州事時賊帥莫折後熾寇掠居民寧率州兵與行原州事李賢討破之轉通直散騎常侍東義州刺史東魏亦以故胡梨苟爲東義州刺史寧僅得入州梨苟亦至寧迎擊破之斬其洛安郡守馮善道州既鄰接疆場百姓流移寧留心撫慰咸來復業十二年轉涼州刺史寧未至而前刺史宇文仲和據州作亂詔遣獨孤信率兵與寧討之寧先至涼州爲陳禍福城中吏民皆相率降附仲和仍據城不下尋亦克之加車騎大將軍儀同三司大都督涼西涼二州諸軍事散騎常侍涼

州刺史十五年還驃騎大將軍開府儀同三司加侍中進爵為公十六年宕昌叛羌獠甘作亂逐其王彌定而自立并連結傍乞鐵忽及鄭五醜等詔寧率軍與宇文貴豆盧寧等討之寧別擊獠甘而山路險阻纔通單騎獠甘已分其黨立柵守險寧進兵攻之遂破其柵獠甘率三萬人逆戰寧復大破之追奔至宕昌獠甘將百騎走投生羌鞏廉玉彌定遂得復位寧以未獲獠甘密欲圖之乃揚聲欲還獠甘聞之復招引叛羌依山起柵欲攻彌定寧謂諸將曰此羌入吾術中當進兵擒之耳諸將思歸咸曰生羌聚散無常依據山谷今若追討恐引日無成且彌定還得守蕃將軍功已立矣獠甘勢弱彌定足能制之以此還師策之上者寧曰一日縱敵數世之患豈可捨將滅之寇更煩再舉人臣之禮知無不為以此諸君不足與計事也如更沮衆寧豈不能斬諸君邪遂進軍獠甘衆亦至與戰大破之生獲獠甘徇而斬之并執鞏廉玉送闕所得軍實悉分賞將士寧無私焉師還詔寧率所部鎮河陽寧先在涼州戎夷服其威惠還鎮之後邊民並思慕之魏廢帝元年復除涼甘瓜三州諸軍事涼州刺史初茹茹與

魏和親後更離叛尋爲突厥所破殺其主阿那瓌部落逃逸者仍奉瓌之子孫抄掠河右寧率兵邀擊獲瓌子孫二人并其種落酋長自是每戰破之前後獲數萬人進爵安政郡公三年吐谷渾通使於齊寧擊獲之就拜大將軍寧後遣使詣太祖請事太祖卽以所服冠履衣被及弓箭甲矟等賜寧謂其使人曰爲我謝涼州孤解衣以衣公推心以委公公其善始令終無損功名也時突厥木汗可汗假道涼州將襲吐渾太祖令寧率騎隨之軍至番禾吐渾已覺奔於南山木汗將分兵追之令俱會於青海寧謂木汗曰樹敦賀真二城是吐渾巢穴今若拔其本根餘種自然離散此上策也木汗從之卽分爲兩軍木汗從北道向賀真寧趣樹敦渾娑周國王率衆逆戰寧擊斬之踰山履險遂至樹敦敦是渾之舊都多諸珍藏而渾主先已奔賀真留其征南王及數千人固守寧進兵攻之退渾人果開門逐之因回兵奮擊門未及闔寧兵遂得入生獲其征南王俘虜男女財寶盡歸諸突厥渾賀羅拔王依險爲柵周回五十餘里欲塞寧路寧攻其柵破之俘斬萬計獲雜畜數萬頭木汗亦破賀真虜渾主妻子大獲珍

物寧還軍於青海與木汗會木汗握寧手歎其勇決并遺所乘良馬令寧於帳
前乘之木汗親自步送突厥以寧所圖必破皆畏憚之咸曰此中國神智人也
及將班師木汗又遺寧奴婢一百口馬五百匹羊一萬口寧乃還州尋被徵入
朝屬太祖崩寧悲慟不已乃請赴陵所盡哀并告行師克捷孝閔帝踐阼拜小
司徒出爲荊襄淅郢等五十二州及江陵鎮防諸軍事荊州刺史寧有識畫諳
兵權臨敵指撝皆如其策甚得當時之譽及在荊州頗自奢縱貪濁不修法度
嘗出有人訴州佐曲法寧還付被訟者治之自是有事者不復敢言聲名大損
於西州保定三年卒於州謚曰烈子雄嗣雄字世武少勇敢膂力過人便弓馬
有算略年十四從寧於牽屯山奉迎太祖仍從校獵弓無虛發太祖歎異之尋
尚太祖女永富公主除使持節驃騎大將軍開府儀同三司累遷駕部中大夫
大馭中大夫從柱國枹罕公辛威鎮金城遂卒於軍時年二十四雄弟祥以父
勳賜爵武遂縣公祥弟雲亦以父勳賜爵武平縣公歷位司織下大夫儀同大
將軍雲弟威亦以父勳賜爵武當縣公

陸騰字顯聖代人也高祖俟魏征西大將軍東平王祖彌夏州刺史父旭性雅澹好老易緯候之學撰五星要訣及兩儀真圖頗得其指要太和中徵拜中書博士稍遷散騎常侍知天下將亂遂隱於太行山孝莊即位屢徵不起後贈并汾恆肆四州刺史騰少慷慨有大節解巾員外散騎侍郎司徒府中兵參軍尒朱榮入洛以騰爲通直散騎侍郎帳內都督從平葛榮以功賜爵清河縣伯普泰初遷朱衣直閤尚安平主即東萊王貴平女也魏孝武幸貴平第見騰與語悅之謂貴平曰阿翁真得好壻即擢爲通直散騎常侍及孝武西遷騰時使青州遂沒於鄴東魏興和初徵拜征西將軍領陽城郡守大統九年大軍東討以騰所據衝要遂先攻之時兵威甚盛長史麻休勸騰降不許拒守經月餘城陷被執太祖釋而禮之問其東間消息騰盛陳東州人物又敘述時事辭理抑揚太祖笑曰卿真不背本也即拜帳內大都督未幾除太子庶子遷武衛將軍既爲太祖所知願立功效不求內職太祖嘉之十三年拜車騎大將軍儀同三司魏廢帝元年安康賊黃衆寶等作亂連結漢中衆數萬攻圍東梁州城中糧盡

詔騰率軍自子午谷以援之騰乃星言就道至便與戰大破之軍還拜龍州刺史太祖謂騰曰今欲通江由路直出南奏卿宜善思經略騰曰必望臨機制變未敢預陳太祖曰此是卿取柱國之日卿其勉之卽解所服金帶賜之州民李廣嗣李武等憑據巖險以爲堡壁招集不逞之徒攻劫郡縣歷政不能治騰密令多造飛梯身率麾下夜往掩襲未明四面俱上遂破之執廣嗣等於鼓下其黨有任公忻者更聚徒衆圍逼州城乃語騰曰但免廣嗣及武卽散兵請罪騰謂將士曰吾若不殺廣嗣等可謂黷軍實而長寇讎事之不可者也公忻暨子乃敢要人卽斬廣嗣及武以首示之賊徒阻氣於是出兵奮擊盡獲之魏恭帝三年拜驃騎大將軍開府儀同三司轉江州刺史爵上庸縣公邑二千戶陵州木籠獠恃險麤獷每行抄劫詔騰討之獠既因山爲城攻之未可拔騰遂於城下多設聲樂及諸雜伎示無戰心諸賊果棄其兵仗或攜妻子臨城觀樂騰知其無備密令衆軍俱上諸賊惶懼不知所爲遂縱兵討擊盡破之斬首一萬級俘獲五千人世宗初陵眉戎江資邛新遂八州夷夏及合州民張瑜兄弟并反

衆數萬人攻破郡縣騰率兵討之轉潼州刺史武成元年詔徵騰入朝世宗面
勑之曰益州險遠非親勿居故令齊公作鎭卿之武略已著遐邇兵馬鎭防皆
當委卿統攝於是徙隆州刺史隨憲入蜀及趙公招代憲復請留之保定元年
遷隆州總管領刺史二年資州槃石民反殺郡守據險自守州軍不能制騰率
軍討擊盡破斬之而蠻獠兵及所在蜂起山路險阻難得掩襲騰遂量山川形
勢隨便開道蠻獠畏威承風請服所開之路多得古銘並是諸葛亮桓溫舊道
是年鐵山獠抄斷內江路使驛不通騰乃進軍討之欲至鐵山乃僞還師賊不
以爲虞遂不守備騰出其不意擊之應時奔潰一日下其三城斬其魁帥俘獲
三千人招納降附者三萬戸帝以騰母在齊未令東討適有其親屬自東還朝
者晉公護奉令僞告騰云齊爲無道已誅公家母兄並從塗炭蓋欲發其怒也
騰乃發哀泣血志在復讎四年齊公憲與晉公護東征請騰爲副趙公招時在
蜀復留之晉公護與招書曰今朝廷令齊公掃蕩河洛欲與此人同行汝彼無
事且宜借吾也於是命騰馳傳入朝副憲東討五年拜司憲中大夫天和初信

州蠻蜑據江峽反叛連結二千餘里自稱王侯殺刺史守令等又詔騰率軍討之騰乃先趣益州進驍勇之士兼具樓船沿外江而下軍至湯口分道奮擊所向摧破乃築京觀以旌武功語在蠻傳涪陵郡守藺休祖又據楚向臨容開信等州地方二千餘里阻兵爲亂復詔騰討之初與大戰斬首二千餘級俘獲千餘人當時雖摧其鋒而賊衆既多自夏及秋無日不戰師老糧盡遂停軍集市更思方略賊見騰不出四面競前騰乃激勵其衆士皆爭奮復攻拔其魚令城大獲糧儲以充軍實又破銅盤等七柵前後斬獲四千人幷船艦等又築臨州集市二城以鎮遏之騰自在龍州至是前後破平諸賊凡賞得奴婢八百口馬牛稱是於是巴蜀悉定詔令樹碑紀績焉四年還江陵總管陳遣其將章昭達率衆五萬船艦二千圍江陵衞王直聞有陳寇遣大將軍趙誾李遷哲等率步騎赴之並受騰節度時遷哲等守外城陳將程文季雷道勤夜來掩襲遷哲等驚亂不能抗禦騰夜遣開門出甲士奮擊大破之陳人奔潰道勤中流矢而斃虜獲二百餘人陳人又決龍川寧邦堤引水灌江陵城騰親率將士戰於西堤

破之斬首數千級陳人乃遁六年進位柱國進爵上庸郡公增邑通前三千五
百戸建德二年徵拜大司空尋出爲涇州總管宣政元年冬薨於京師贈本官
加幷汾等五州刺史重贈大後丞諡曰定子玄嗣玄字士鑒騰入關時年始七
歲仕齊爲奉朝請歷成平縣令齊平高祖見玄特加勞勉卽拜地官府都上士
大象末爲隋文相府內兵參軍玄弟融字士傾最知名少歷顯職大象中位至
大將軍定陵縣公
賀若敦代人也父統爲東魏潁州長史大統二年執刺史田迅以州降至長安
魏文帝謂統曰卿自潁川從我何日能忘卽拜右衞將軍散騎常侍兗州刺史
賜爵當亭縣公尋除北雍州刺史卒贈侍中燕朔恆三州刺史司空公諡曰哀
敦少有氣幹善騎射統之謀執迅也慮事不果又以累弱旣多難以自拔沉吟
者久之敦時年十七乃進策曰大人往事葛榮已爲將帥後入尒朱禮遇猶重
韓陵之役屈節高歡旣非故人又無功效今日委任無異於前者正以天下未
定方藉英雄之力一旦淸平豈有相容之理以敦愚計恐將來有危亡之憂願

思全身遠害不得有所顧念也統乃流涕從之遂定謀歸太祖時羣盜蜂起各
據山谷大龜山賊張世顯潛來襲統敦挺身赴戰手斬七八人賊乃退走統大
悅謂左右僚屬曰我少從軍旅戰陣非一如此兒年時膽略者未見其人非唯
成我門戶亦當爲國名將明年從河內獨孤信於洛陽被圍敦彎弓三石箭不
虛發信大奇之乃言於太祖太祖異之引置麾下授都督封安陵縣伯邑四百
戶嘗從太祖校獵於甘泉宮時圍人不齊獸多逃逸太祖大怒人皆股戰圍內
唯有一鹿俄亦突圍而走敦躍馬馳之鹿上東山敦棄馬步逐至山半便掣之
而下太祖大悅諸將因得免責累遷太子庶子撫軍將軍通直散騎常侍大都
督車騎大將軍散騎常侍儀同三司進爵廣鄉縣侯敦既有武藝太祖恆欲以
將帥任之魏廢帝二年拜右衞將軍俄加驃騎大將軍開府儀同三司進爵爲
公時岷蜀初開民情尙梗巴西人譙淹據南梁州與梁西江州刺史王開業共
爲表裏扇動羣蠻太祖令敦率軍討之山路艱險人迹罕至敦身先將士攀木
緣崖倍道兼行乘其不意又遣儀同扶猛破其別帥向鎭侯於白帝淹乃與開

業并其黨泉玉成侯造等率衆七千口累三萬自塹江而下就梁王琳敦邀擊
破之淹復依山立柵南引蠻帥向白彪爲援敦設反閒離其黨與因其懈怠復
破之斬淹盡俘其衆進爵武都公增邑通前一千七百戶拜典祀中大夫尋出
爲金州都督七州諸軍事金州刺史向白彪又與蠻帥向五子等聚衆爲寇圍
逼信州詔敦與開府田弘赴救未至而城已陷進與白彪等戰破之俘斬二千
人仍進軍追討遂平信州是歲荊州蠻帥文子榮自號仁州刺史擁逼士人據
沮漳爲逆復令敦與開府潘招討之擒子榮并虜其衆武成元年入爲軍司馬
自江陵平後巴湘之地並內屬每遣梁人守之至是陳將侯瑱侯安都等圍逼
湘州遏絶糧援乃令敦率步騎六千度江赴救瑱等以敦孤軍深入規欲取之
敦每設奇伏連戰破瑱乘勝徑進遂次湘州因此輕敵不以爲虞俄而霖雨不
已秋水汎溢陳人濟師江路遂斷糧援既絶人懷危懼敦於是分兵抄掠以充
資費恐瑱等知其糧少乃於營內多爲土聚覆之以米集諸營軍士人各持囊
遣官司部分若欲給糧者因召側近村民陽有所訪問令於營外遥見隨即遣

之瑱等聞之且以爲實乃據守要險欲曠日以老敦師敦又增修營壘造廬舍示以持久湘羅之間遂廢農業瑱等無如之何初土人亟乘輕船載米粟及籠鷄鴨以餉瑱軍敦患之乃僞爲土人裝船伏甲士於中瑱兵人望見謂餉船之至逆來爭取敦甲士出而擒之敦軍數有叛人乘馬投瑱者輒納之敦又別取一馬牽以趣船令船中逆以鞭鞭之如是者再三馬便畏船不上後伏兵於江岸遣人以招瑱軍詐稱投附瑱便遣兵迎接競來牽馬馬既畏船不上敦發伏掩之盡殪此後實有饋餉及亡命奔瑱者猶謂敦之設詐逆遣扞擊並不敢受相持歲餘瑱等不能制求借船送敦度江敦慮其或詐拒而弗許瑱復遣使謂敦曰驃騎在此既久今欲給船相送何爲不去敦報云湘州是我國家之地爲爾侵逼敦來之日欲相平殄既未得一決所以不去瑱後日復遣使來敦謂使者云必須我還可舍我百里當爲汝去瑱等留船於江將兵去津路百里敦覘知非詐徐理舟檝勒衆而還在軍病死者十五六晉公護以敦失地無功除名爲民保定二年拜工部中大夫尋出爲金州總管七州諸軍事金州刺史三年

從柱國楊忠引突厥破齊長城至幷州而還以敦爲殿別封一子順義縣公邑
一千戶五年除中州刺史鎮函谷敦恃功負氣顧其流輩皆爲大將軍敦獨未
得兼以湘州之役全軍而反不蒙旌賞翻被除名每懷怨怒屬有臺使至乃出
怨言晉公護怒遂徵敦還逼令自殺時年四十九建德初追贈大將軍謚曰烈
子弼有文武材略大象末位至開府儀同大將軍揚州刺史襄邑縣公敦弟誼
亦知名官至柱國海陵縣公
權景宣字暉遠天水顯親人也父曇騰魏隴西郡守贈秦州刺史景宣少聰悟
有氣俠宗黨皆歎異之年十七魏行臺蕭寶夤見而奇之表爲輕車將軍及寶
夤敗景宣歸鄉里太祖平隴右擢爲行臺郎中魏孝武西遷授鎮遠將軍步兵
校尉加平西將軍秦州大中正大統初轉祠部郎中景宣曉兵權有智略從太
祖拔弘農破沙苑皆先登陷陣轉外兵郎中從開府于謹援洛陽景宣督課糧
儲軍以周濟時初復洛陽將修繕宮室景宣率徒三千先出採運會東魏兵至
司州牧元季海等以衆少拔還屬城悉叛道路擁塞景宣將二十騎且戰且走

從騎略盡景宣輕馬突圍手斬數級馳而獲免因投民家自匿景宣以久藏非計乃僞作太祖書招募得五百餘人保據宜陽聲言大軍續至東魏將段琛等率衆至九曲憚景宣不敢進景宣恐琛審其虛實乃將腹心自隨詐云迎軍因得西遁與儀同李延孫相會攻孔城洛陽以南尋亦來附太祖即留景宣守張白塢節度東南義軍東魏將王元凱入洛景宣與延孫等擊走之以功授大行臺右丞進屯宜陽攻襄城拔之獲郡守王洪顯俘斬五百餘人太祖嘉之徵入朝錄前後功封顯親縣男邑三百戸除南陽郡守郡鄰敵境舊制發民守防三十五處多廢農桑而姦宄猶作景宣至並除之唯修起城樓多備器械寇盜斂迹民得肆業百姓稱之立碑頌德太祖特賞粟帛以旌其能遷廣州刺史侯景舉河南來附景宣從僕射王思政經略應接既而侯景南叛恐東魏復有其地以景宣爲大都督豫州刺史鎮樂口東魏亦遣張伯德爲刺史伯德令其將劉貴平率其戍卒及山蠻屢來攻逼景宣兵不滿千人隨機奮擊前後擒斬三千餘級貴平乃退走進授使持節車騎大將軍儀同三司潁川陷後太祖以樂口

等諸城道路阻絕悉令拔還襄州刺史杞秀以狠狽得罪景宣號令嚴明戎旅
整肅所部全濟獨被優賞仍留鎮荆州委以鵶南之事初梁嶽陽王蕭詧將以
襄陽歸朝仍勒兵攻梁元帝於江陵詧叛將杜岸乘虛襲之景宣乃率騎三千
助詧破岸詧因是乃送其妻王氏及子嶚入質景宣又與開府楊忠取梁將柳
仲禮拔安陸隨郡久之隨州城民吳士英等殺刺史黃道玉因聚爲寇景宣以
英等小賊可以計取之若聲其罪恐同惡者衆迺與英書僞稱道玉凶暴歸功
英等英果信之遂相率而至景宣執而戮之散其黨與進攻應城拔之獲夏侯
珍洽於是應禮安隨並平朝議以景宣威行南服迺授幷安肆郢新應六州諸
軍事幷州刺史尋進驃騎大將軍開府儀同三司加侍中兼督江北司二州諸
軍事進爵爲伯邑五百戶唐州蠻田魯嘉自號豫州伯引致齊兵大爲民患景
宣又破之獲魯嘉以其地爲郡轉安州刺史梁定州刺史李洪遠初款後叛景
宣惡其懷貳密襲破之虜其家口及部衆洪遠脫身走免自是酋帥懾服無敢
叛者燕公于謹征江陵景宣別破梁司空陸法和司馬羊亮於湏水又遣別帥

攻拔魯山多造舟艦並張旗幟臨江欲度以懼梁人梁將王琳在湘州景宣遣
之書諭以禍福琳遂遣長史席壑因景宣請舉州款附孝閔帝踐阼徵爲司憲
中大夫尋除基鄀硤平四州五防諸軍事江陵防主加大將軍保定四年晉公
護東討景宣別討河南齊豫州刺史王士良永州刺史蕭世怡並以城降景宣
以開府謝徹守永州開府郭彥守豫州以士良世怡及降卒一千人歸諸京師
尋而洛陽不守乃棄二州拔其將士而還至昌州而羅陽蠻反景宣回軍破之
斬首千級獲生口二千雜畜千頭送闕還次灞上晉公護親迎勞之天和初授
荆州總管十七州諸軍事荆州刺史進爵千金郡公陳湘州刺史華皎舉州款
附表請援兵勑景宣統水軍與皎俱下景宣到夏口陳人已至而景宣以任遇
隆重遂驕傲恣縱多自矜伐兼納賄貨指麾節度朝出夕改將士憤怒莫肯用
命及水軍始交一時奔北船艦器仗略無孑遺時衞公直總督諸軍以景宣負
敗欲繩以軍法朝廷不忍加罪遣使就軍赦之尋遇疾卒贈河渭鄯三州刺史
謚曰恭子如璋嗣位至開府膠州刺史如璋弟如玫儀同大將軍廣川縣侯景

宣之去樂口南荊州刺史郭賢據魯陽以拒東魏
賢字道因趙興陽州人也父雲涼州司馬賢性彊記學涉經史魏正光末賊帥
宿勤明達圍逼豳州刺史畢暉補賢統軍與之拒守後爲州主簿行北地郡事
以征討有功授都督大統二年齊神武襲陷夏州太祖慮其南下與朝臣議之
賢進曰高歡兵士雖衆智勇已竭策其舉措必不敢遠來昔賀拔公初薨關中
振駭而歡不能因利乘便進取雍州是其無智及鑾駕西遷六軍寡弱毛鴻賓
喪敗關門不守又不能乘此危機以要一戰是其無勇今上下同心士民戮力
歡志沮喪寧敢送死且豳夏荒阻千里無煙縱欲南侵資糧莫繼以此而言不
來必矣齊神武後果退如賢所策尋加伏波將軍從王思政鎮弘農授使持節
行義州事當州都督轉行弘農郡事賢質直有算略思政甚重之禦邊之謀多
與賢參決十二年除輔國將軍南州刺史及侯景來附思政遣賢先出三鵶鎮
於魯陽加大都督封安武縣子邑四百戸尋進車騎大將軍儀同三司加散騎
常侍及潁川被圍東魏遣蠻酋魯和扇動羣蠻規斷鵶路和乃遣其從弟與和

爲漢廣郡守率其部曲侵擾州境賢密餝士馬輕往掩襲大破之遂擒魯和旣而潁川陷權景宣等並拔軍西還自魯陽以東皆附東魏將彭樂因之遂來攻逼賢撫循將士咸爲盡其力用樂不能克乃引軍退而東魏又以土民韋默兒爲義州刺史鎮父城以逼賢賢又率軍攻默兒擒之轉廣州刺史後從尉遲迥伐蜀行安州事魏恭帝元年行寧蜀郡事兼益州長史以平蜀勳進爵爲伯增邑五百戶轉行始州事孝閔帝踐阼進位驃騎大將軍開府儀同三司進爵爲侯增邑通前一千四百戶世宗初除迎師中大夫尋出爲勳州刺史鎮玉壁武成二年遷安應等十二州諸軍事安州刺史進爵樂昌縣公賢在官雖無明察之譽以廉平待物去後頗亦見思保定三年轉陝州刺史天和元年卒於位贈少保寧蔚朔三州刺史謚曰節賢衣服飲食雖以儉約自處而居家豐麗室有餘貲時論譏其詐云子正嗣

史臣曰昔耿恭抗勁虜於疏勒馬敦拒羣兵於汧城雖以生易死終賴王師之助其嘉聲峻節亦見稱於良史焉賀若敦志節慷慨深入敵境尅敵絶其糧道

長江阻其歸塗勢危而策出無方事迫而雄心彌厲故能使士卒感其義敵人
畏其威利涉死地全師而返非夫忘生以徇國者其孰能若此者乎俯窺元定
之傳曾糞土之不若也誠宜裂地以賞之分職以授之而茂勳莫紀嚴刑已及
嗟乎政之紕繆一至於此天下是以知宇文護不能終其位焉史寧權景宣並
以將帥之才受內外之寵總戎薄伐著剋敵之功布政蒞民垂稱職之譽若此
者豈非有國之良翰歟然而史在末年貨財虧其雅志權亦晚節矜驕喪其威
聲傳曰終之實難其斯之謂矣陸騰志氣懍然雅仗名節及授戎律建藩麾席
卷巴梁則功著銘典雲撤江漢則聲流帝籍身名俱劭其最優乎

周書卷二十八

周書卷二十八考證

史寧傳遂至樹敦敦是渾之舊都○北史云樹敦是渾之舊都脫一樹字

寧進兵攻之退○北史云寧進兵攻之僞退脫一僞字

賀若敦傳復令敦與開府潘招討之○潘招北史作段韶

周書卷二十八考證

周書卷二十九

唐　令　狐　德　棻　等　撰

列傳第二十一

王傑　王勇　宇文虬　宇文盛弟丘　耿豪

高琳　李和　伊婁穆　楊紹　王雅

達奚寔　劉雄　侯植

王傑金城直城人也本名文達高祖萬國魏伏波將軍燕州刺史父巢龍驤將軍楡中鎭將傑少有壯志每以功名自許善騎射有膂力魏孝武初起家子都督後從西遷賜爵都昌縣子太祖奇其才擢授揚烈將軍羽林監尋加都督太祖嘗謂諸將曰王文達萬人敵也但恐勇決太過耳復潼關破沙苑爭河橋戰邙山皆以勇敢聞親待日隆賞賜加於倫等於是賜姓宇文氏除岐州刺史加撫軍將軍銀青光祿大夫進爵爲公邑八百戶累遷大都督車騎大將軍儀同三司侍中驃騎大將軍開府儀同三司魏恭帝元年從于謹圍江陵時柵內有

人善用長稍戰士將登者多爲所斃謹令傑射之應弦而倒登者乃得入餘衆繼進遂拔之謹喜曰濟我大事者在公此箭也孝閔帝踐阼進爵張掖郡公增邑一千戶出爲河州刺史朝廷以傑勳望俱重故授以本州保定三年進爵大將軍三年詔傑與隋公楊忠自漢北伐齊至幷州而還天和三年除宜州刺史增邑通前三千六百戶六年從齊公憲東禦齊將斛律明月進位柱國建德初除涇州總管傑少從軍旅雖不習吏事所歷州府咸以忠恕爲心以是頗爲百姓所慕宣帝卽位拜上柱國大象元年薨時年六十五贈河鄯鄧延洮宕翼七州諸軍事河州刺史追封鄂國公諡曰威子孝僊大象末位至開府儀同大將軍

王勇代武川人也本名胡仁少雄健有膽決便弓馬膂力過人魏永安中万俟醜奴等寇亂關隴勇占募隨軍討之以功授寧朔將軍奉車都尉又數從侯莫陳悅賀拔岳征討功每居多拜別將及太祖爲丞相引爲帳內直盪都督加後將軍太中大夫封包信縣子邑三百戶大統初增邑四百戶進爵爲侯從擒竇

泰復弘農戰沙苑氣蓋衆軍所當必破太祖歎其勇敢賞賜特隆進爵爲公邑一千五百戶拜鎮南將軍授帥都督從討趙青雀平之論功居最除衞大將軍殷州刺史加通直散騎常侍兼太子武衞率邙山之戰勇率敢死之士三百人並執短兵大呼直進出入衝擊殺傷甚多敵人無敢當者是役也大軍不利唯勇及王文達耿令貴三人力戰皆有殊功太祖於是賞帛一千疋令自分之軍還皆拜上州刺史以雍州岐州北雍州擬授勇等然州頗有優劣又令探籌取之勇遂得雍州文達得岐州令貴得北雍州仍賜勇名爲勇令貴名豪文達名傑以彰其功十三年授大都督遷使持節車騎大將軍儀同三司十五年進侍中驃騎大將軍開府儀同三司魏恭帝元年從柱國趙貴征茹茹破之勇追擊獲雜畜數千頭進爵新陽郡公增邑通前二千戶仍賜姓庫汗氏六官建拜稍伯中大夫又論討茹茹功別封永固縣伯邑五百戶時有別封者例聽回授次子勇獨請封兄子元興時人義之尋進位大將軍世宗初岷山羌豪聾廉俱和叛勇帥師討平之勇性雄猛爲當時驍將然矜功伐善好揚人之惡時論亦以

此鄙之柱國侯莫陳崇勳高望重與諸將同謁晉公護聞勇數論人之短乃於
衆中折辱之勇遂慚恚因疽發背而卒子昌嗣官至大將軍
宇文虯字樂仁代武川人也性驍悍有膽略少從軍征討累有戰功魏永安中
除征虜將軍中散大夫加都督魏孝武初從獨孤信在荊州破梁人於下溠遂
平歐陽酇城虯俘獲甚多又攻南陽廣平二城擒郡守一人以功加安西將軍
銀青光祿大夫員外直閤將軍閤內都督封南安縣侯邑九百戶及孝武西遷
以獨孤信爲行臺信引虯爲帳內都督破田八能及擒東魏荊州刺史辛纂虯
功居多尋隨信奔梁大統三年歸闕朝廷論前後功增邑四百戶進爵爲公擒
竇泰復弘農及沙苑河橋之戰皆有功增邑八百戶進車騎將軍左光祿大夫
七年除漢陽郡守又從獨孤信討梁企定破之十一年出爲南秦州刺史加車
騎大將軍儀同三司進驃騎大將軍開府儀同三司追論斬辛纂功增邑一千
戶十七年與大將軍王雄征上津魏興等並平之又於白馬與武陵王蕭紀將
楊乾運戰破之虯每經行陣必身先卒伍故上下同心戰無不克尋而魏興復

叛虬又與王雄討平之俄除金州刺史進位大將軍後以疾卒
宇文盛字保興代人也曾祖伊與敦祖長壽父文孤並爲沃野鎮軍主盛志力
驍雄初爲太祖帳內從破侯莫陳悅授威烈將軍封漁陽縣子邑三百戶大統
三年兼都督從擒竇泰復弘農破沙苑授都督平遠將軍步兵校尉進爵爲公
增邑八百戶除馮翊郡守加帥都督西安州大中正通直散騎常侍撫軍將軍
增邑三百戶累遷大都督車騎大將軍儀同三司驃騎大將軍開府儀同三司
鹽州刺史及楚公趙貴謀爲亂盛密赴京告之貴誅授大將軍進爵忠城郡公
除涇州都督賜甲一領奴婢二百口馬五百疋牛羊及莊田什物等稱是仍從
賀蘭祥平洮陽供和二城別封一子甘棠縣公轉延州總管進位柱國天和五
年入爲大宗伯六年與柱國王傑從齊公憲東討時汾州被圍日久憲遣盛運
粟以給之仍赴姚襄城受憲節度齊將段孝先率兵大至盛力戰拒之孝先退
乃築大寧城而還建德二年授少師五年從高祖東伐率步騎一萬守汾水關
宣帝卽位拜上柱國增邑通前四千六百戶大象中甍子述嗣大象末上柱國

濮陽公威弟丘丘字胡奴起家襄威將軍奉朝請都督賜爵臨邑縣子稍遷輔國將軍大都督預告趙貴謀拜車騎大將軍儀同三司進爵安義縣侯邑一千戶加驃騎大將軍開府儀同三司進爵爲公除咸陽郡守遷汾州刺史入爲左宮伯進位大將軍出爲延綏丹三州三防諸軍事延州刺史轉涼甘瓜三州諸軍事涼州刺史加柱國大將軍建德元年薨時年六十贈柱國宜鄜等州刺史子隴嗣

耿豪鉅鹿人也本名令貴其先避劉石之亂居遼東因仕於燕曾祖超率衆歸魏遂家於神武川豪少麤獷有武藝好以氣淩人賀拔岳西征引爲帳內岳被害歸太祖以武勇見知豪亦自謂所事得主從討侯莫陳悅及迎魏孝武錄前後功封平原縣子邑三百戶除寧朔將軍奉車都尉遷征虜將軍加通直散騎常侍進爵爲侯增邑七百戶從擒竇泰復弘農豪先鋒陷陣加前將軍中散大夫沙苑之戰豪殺傷甚多血染甲裳盡赤太祖見之歎曰令貴武猛所向無前觀其甲裳足以爲驗不須更論級數也於是進爵爲公增邑通前一千五百戶

除鎮北將軍金紫光祿大夫南郢州刺史九年從太祖戰於邙山豪謂所部曰大丈夫見賊須右手拔刀左手把矟直刺直斫慎莫皺眉畏死遂大呼獨入敵人鋒刃亂下當時咸謂豪殁俄然奮刀而還戰數合當豪前者死傷相繼又謂左右曰吾豈樂殺人但壯士除賊不得不爾若不能殺賊又不爲人所傷何異逐坐人也太祖嘉之拜北雍州刺史十三年論前後戰功進授車騎大將軍儀同三司增邑通前一千八百戶十五年賜姓和稽氏進位侍中驃騎大將軍開府儀同三司豪性凶悍言多不遜太祖惜其驍勇每優容之豪亦自謂意氣冠羣終無所屈李穆蔡祐初與豪同時開府後並居豪之右豪意不平謂太祖曰外聞物議謂豪勝李穆蔡祐太祖曰何以言之豪曰世言李穆蔡祐丞相髀髆耿豪王勇丞相咽項以咽項在上故爲勝也豪之麤猛皆此類十六年卒時年四十五太祖痛惜之贈以本官加朔州刺史子雄嗣位至大將軍

高琳字季珉其先高句麗人也六世祖欽爲質於慕容廆遂仕於燕五世祖宗率衆歸魏拜第一領民酋長賜姓羽真氏祖明父遷仕魏咸亦顯達琳母嘗祓

禊泗濱遇見一石光彩朗潤遂持以歸是夜夢見一人衣冠有若仙者謂其母曰夫人向所將來之石是浮磬之精若能寶持必生令子其母驚寤便舉身流汗俄而有娠及生因名琳字季珉焉魏正光初起家衞府都督從元天穆討邢杲破梁將沈慶之以功轉統軍又從尒朱天光破万俟醜奴論功爲最除寧朔將軍奉車都尉後隨天光敗於韓陵山琳因留洛陽魏孝武西遷從入關至溱水爲齊神武所追拒戰有功封鉅野縣子邑三百戶大統初進爵爲侯增邑四百戶轉龍驤將軍頃之授直閤將軍遷平西將軍加通直散騎常侍三年從太祖破齊神武於沙苑轉安西將軍進爵爲公增邑八百戶累遷衞將軍銀青光祿大夫右光祿大夫四年從擒莫多婁貸文仍戰河橋琳先驅奮擊勇冠諸軍太祖嘉之謂之曰公卽我之韓白也拜太子左庶子尋以本官鎮玉壁復從太祖戰邙山除正平郡中正加大都督增邑三百戶齊將東方老來寇琳率衆禦之老恃其勇健直前趣琳短兵接琳擊之老中數瘡而退謂其左右曰吾經陣多矣未見如此健兒後乃密使人勸琳東歸琳斬其使以聞進使持節車騎大

將軍儀同三司散騎常侍除鄜州刺史加驃騎大將軍開府儀同三司侍中孝閔帝踐阼進爵犍爲郡公邑一千戶武成初從賀蘭祥征吐谷渾以勳別封一子許昌縣公邑一千戶除延州刺史又從柱國豆盧寧討稽胡郝阿保劉桑德等破之二年文州氐酋反詔琳率兵討平之師還帝宴羣公卿士仍命賦詩言志琳詩末章云寄言竇車騎爲謝霍將軍何以報天子沙漠靜妖氛帝大悅曰獯獫陸梁未時款塞卿言有驗國之福也保定初授梁州總管十州諸軍事天和二年徙丹州刺史三年還江陵總管時陳將吳明徹來寇總管田弘與梁主蕭巋出保紀南城唯琳與梁僕射王操固守江陵三城以抗之晝夜拒戰凡經十旬明徹退去巋表言其狀帝乃優詔追琳入朝親加勞問進授大將軍仍副衞公直鎮襄州六年進位柱國建德元年薨時年七十六贈本官加冀定齊滄州五州諸軍事冀州刺史謚曰襄子儒少以父勳賜爵許昌郡公拜左侍上士後襲爵犍爲郡公位至儀同大將軍

李和本名慶和其先隴西狄道人也後徙居朔方父僧養以累世雄豪善於統

御爲夏州酋長和少敢勇有識度狀貌魁偉爲州里所推賀拔岳作鎭關中乃引和爲帳內都督以破諸賊功稍遷征北將軍金紫光祿大夫賜爵思陽公尋除漢陽郡守治存寬簡百姓稱之至大統初加車騎將軍左光祿大夫都督累遷使持節車騎大將軍儀同三司散騎常侍侍中驃騎大將軍開府儀同三司夏州刺史賜姓宇文氏太祖嘗謂諸將曰宇文慶和智略明贍立身恭謹累經委任每稱吾意遂賜名意焉改封永豐縣公邑一千戶保定二年除司憲中大夫進爵義城郡公尋又改封德廣郡公出爲洛州刺史和前在夏州頗留遺惠及有此授商洛父老莫不想望德音和至州以仁恕訓物獄訟爲之簡靜天和三年進位大將軍拜延綏丹三州武安伏夷安民三防諸軍事延州刺史六年進柱國大將軍建德元年改授延綏銀三州文安伏夷安民周昌梁和五防諸軍事以罪免尋復柱國隋開皇元年遷上柱國和立身剛簡老而逾勵諸子趨事若奉嚴君以意是太祖賜名市朝已革慶和則父之所命義不可違至是遂以和爲名二年薨贈本官加司徒公徐兗邳沂海泗六州刺史謚曰肅子徹嗣

伊婁穆字奴干代人也父靈善騎射爲太祖所知太祖嘗謂之曰昔伊尹保衡
於殷致主堯舜卿既姓伊庶卿不替前緒於是賜名尹焉歷金紫光祿大夫衞
將軍隆州刺史賜爵盧奴縣公穆弱冠爲太祖內親信以機辯見知授奉朝請
常侍左右邙山之役力戰有功拜子都督丞相府參軍事轉外兵參軍累遷帥
都督平東將軍中散大夫歷中書舍人尚書駕部郎中撫軍將軍大都督通直
散騎常侍嘗入白事太祖望見悅之字之曰奴干作儀同面見我矣於是拜車
騎大將軍儀同三司賜封安陽縣伯邑五百戶轉大丞相府掾遷從事中郎除
給事黃門侍郎魏廢帝二年穆使於蜀屬伍城郡人趙雄傑與梓潼郡人王令
公鄧朏等搆逆衆三萬餘人阻涪水立柵進逼潼州穆遂與刺史叱羅協率兵
破之增邑五百戶孝閔帝踐阼拜兵部中大夫治御正進爵爲侯增邑五百戶
尋進位驃騎大將軍開府儀同三司保定初授軍司馬進爵爲公四年除金州
總管八州諸軍事金州刺史天和二年增邑二千一百戶又爲民部中大夫衞
公直出鎮襄州以穆爲長史郢州城民王道肙反襲據州城直遣穆率百餘騎

馳往援之穆至城下頻破胥衆會大將軍高琳率衆軍繼進胥等乃降唐州山
蠻恃險逆命穆率軍討之蠻酋等保據石窟一十四處穆分軍進討旬有四日
並破之虜獲六千五百人六年進位大將軍建德初授荆州復以穆爲總管府
長史穆頻貳戚藩甚得匡贊之譽入爲小司馬從柱國李穆平軹關等城賞布
帛三百疋粟三百石田三十頃五年從皇太子討吐谷渾還穆殿爲渾人圍會
劉雄救至乃得解後以疾卒
楊紹字子安弘農華陰人也祖興魏新平郡守父國中散大夫紹少慷慨有志
略屢從征伐力戰有功魏永安中授廣武將軍屯騎校尉直盪别將普泰初封
平鄉男邑一百戶加征西將軍金紫光祿大夫魏孝武初遷衞將軍右光祿大
夫進爵冠軍縣伯邑百戶大統元年進爵爲公增邑六百戶累遷車騎將軍通
直散騎常侍驍衞將軍左光祿大夫四年出爲鄜城郡守紹性恕直兼有威惠
百姓安之稽胡恃衆與險屢爲抄竊紹率郡兵從侯莫陳崇討之疋馬先登破
之於默泉之上加帥都督驃騎常侍朔州大中正十三年錄前後功增邑通前

二千二百戶除燕州刺史累遷大都督車騎大將軍儀同三司復從大將軍達奚武征漢中時梁宜豐侯蕭循固守梁州紹以爲懸軍敵境圍守堅城曠日持久糧饟不繼城中若致死於我懼不能歸請爲計以誘之乃頻至城下挑戰設伏待之循初不肯出紹又遣人罵辱之循怒果出兵紹率衆僞退城降以功授輔國將軍中散大夫聽回授一子又從柱國燕國公于謹圍江陵紹鬬於枇杷門流矢中股而力戰不衰事平賞奴婢一百口進驃騎大將軍開府儀同三司除衡州刺史賜姓叱利氏孝閔帝踐阼進位大將軍保定二年卒贈成文等八州刺史謚曰信子雄嗣大象末上柱國邽國公

王雅字度容闡熙新固人也少而沈毅木訥寡言有膽勇善騎射太祖聞其名召入軍累有戰功除都督賜爵居康縣子東魏將竇泰入寇雅從太祖擒之於潼關沙苑之戰雅謂所部曰彼軍殆有百萬今我不滿萬人以常理論之實難與敵但相公神武命世股肱王室以順討逆豈計衆寡丈夫若不以此時破賊何用生爲乃擐甲步戰所向披靡太祖壯之又從戰邙山時大軍不利爲敵所

乘諸將皆引退雅獨迴騎拒之敵人見其無繼步騎競進雅左右奮擊頻斬九級敵衆稍却雅乃還軍太祖歎曰王雅舉身悉是膽也錄前後功進爵爲伯除帥都督鄜城郡守政尙簡易吏人安之遷大都督延州刺史轉夏州刺史加車騎大將軍儀同三司進驃騎大將軍開府儀同三司世宗初除汾州刺史勵精爲治人庶悅而附之自遠至者七百餘家保定初復爲夏州刺史卒于州子世積嗣少倜儻有文武幹略大象末上大將軍宜陽郡公

達奚寔字什伏代河南洛陽人也高祖涼州魏征西將軍山陽公父顯相武衞將軍寔少修立有幹局起家給事中加冠軍將軍魏孝武初授都督鎭弘農後從西遷封臨汾縣伯邑六百戶還大行臺郎中仍與行臺郎神鎭潼關及潼關失守卽與大都督陽山武戰於關東魏人甚憚之從太祖擒竇泰復弘農破沙苑皆力戰有功增邑三百戶加車騎將軍左光祿大夫十三年又授大行臺郎中相府掾轉從事中郎寔性嚴重太祖深器之累遷大都督持節通直散騎常侍魏廢帝二年除中外府司馬大軍伐蜀以寔行南岐州事兼都軍糧先是山

氐生獷不供賦役歷世羈縻莫能制御寔導之以政氐人感悅並從賦稅於是
大軍糧餼咸取給焉尋徵還仍爲司馬六官建拜蕃部中大夫加驃騎大將軍
開府儀同三司進爵平陽縣公武成二年授御正中大夫治民部兼晉公護司
馬保定元年出爲文州刺史卒於州時年四十九贈文康二州刺史謚曰恭子
豐嗣
劉雄字猛雀臨洮子城人也少機辯慷慨有大志大統中起家爲太祖親信尋
授統軍宣威將軍給事中除子城令加都督輔國將軍中散大夫兼中書舍人
賜姓宇文氏孝閔帝踐阼加大都督歷司市下大夫齊右下大夫治小駕部進
車騎大將軍儀同三司保定四年治中外府屬從征洛陽天和二年還駕部中
大夫四年兼齊公憲府掾從憲出宜陽築安義等城五年齊相斛律明月率衆
築通關城以援宜陽先是國家與齊通好約言各保境息民不相侵擾至是憲
以齊人失信令雄使於明月責其背約雄辭義辯直齊人憚焉使還兼中府外
掾尋加驃騎大將軍開府儀同三司封周昌縣伯邑六百戶齊人又於姚襄築

伏龍等五城以處戍卒雄從齊公憲攻之五城皆拔憲復遣雄與柱國宇文盛於齊長城已西連營防禦齊將段孝先等率衆圍盛營外先有長塹大將軍韓歡與孝先交戰不利雄身負排率所部二十餘人據塹力戰孝先等乃止軍還遷軍司馬進爵爲侯邑一千四百戶建德初授納言轉軍正復爲納言二年轉內史中大夫除侯正高祖嘗從容謂雄曰古人云富貴不歸故鄉猶衣錦夜遊今以卿爲本州何如雄稽首拜謝於是詔以雄爲河州刺史雄先已爲本縣令復有此授鄉里榮之四年從柱國李穆出軹關攻邵州等城拔之以功獲賞五千皇太子西征吐谷渾雄自涼州從滕王逌率軍先入渾境去伏侯城二百餘里逌遣雄先至城東舉火與大軍相應渾洮王率七百餘騎逆戰雄時所部數百人先並分遣斥候在左右者二十許人雄即率與交戰斬首七十餘級雄亦亡其三騎自是從逌連戰之雄功居多賞物甚厚及軍還伊婁穆殿爲賊所圍皇太子命雄救之雄率騎一千解穆圍增邑三百戶加上開府儀同三司其年大軍東討雄從齊王憲拔洪洞下永安軍還仍與憲迴援晉州未至齊後主已

率大兵親自攻圍晉州垂陷憲遣雄先往察其軍勢雄乃率步騎千人鳴鼓角遙報城中尋而高祖兵至齊主遁走從平幷州拜上大將軍進爵趙郡公邑二千戶舊封迴授一子明年從平鄴城進柱國其年從齊王憲總北討稽胡軍還出鎮幽州宣政元年四月突厥寇幽州擁略居民雄出戰爲突厥所圍臨陣戰歿贈亳州總管七州諸軍事亳州刺史子昇嗣以雄死王事大象末授儀同大將軍

侯植字仁幹上谷人也燕散騎常侍龕之八世孫高祖恕魏北地郡守子孫因家于北地之三水遂爲州郡冠族父欣秦州刺史奉義縣公植少倜儻有大節容貌奇偉武藝絕倫正光中起家奉朝請尋而天下喪亂羣盜蜂起植乃散家財率募勇敢討賊以功拜統軍遷清河郡守後從賀拔岳討万俟醜奴等每有戰功除義州刺史在州甚有政績爲夷夏所懷及齊神武逼洛陽植從魏孝武西遷大統元年授驃騎將軍都督賜姓侯伏侯氏從太祖破沙苑戰河橋進大都督加左光祿大夫涼州刺史宇文仲和據州作逆植從開府獨孤信討擒之

拜車騎大將軍儀同三司封肥城縣公邑一千戸又賜姓賀屯魏恭帝元年從于謹平江陵進驃騎大將軍開府儀同三司賜奴婢一百口別封一子汧源縣伯六官建拜司倉下大夫孝閔帝踐阼進爵郡公增邑通前二千戸時帝幼沖晉公護執政植從兄龍恩爲護所親任及護誅趙貴而諸宿將等多不自安植謂龍恩曰今主上春秋既富安危繫於數公共爲脣齒尚憂不濟況以纖介之閒自相夷滅植恐天下之人因此解體兄既受人任使安得知而不言龍恩竟不能用植又乘閒言於護曰君臣之分情均父子理須同其休戚期之始終明公以骨肉之親當社稷之寄與存與亡在於茲日願公推誠王室擬迹伊周使國有泰山之安家傳世祿之盛則率土之濱莫不幸甚護曰我蒙太祖厚恩且屬當猶子誓將以身報國賢兄應見此心卿今有是言豈謂吾有他志耶又聞其先與龍恩言乃陰忌之植懼不免禍遂以憂卒贈大將軍正陽光三州諸軍事平州刺史諡曰節子定嗣及護伏誅龍恩與其弟大將軍武平公萬壽並預其禍高祖治護事知植忠於朝廷乃特免其子孫定後位至車騎大將軍儀同

三司

史臣曰王傑王勇宇文虬之徒咸以果毅之姿效節於擾攘之際終能屠堅執銳立禦侮之功裂膏壤據勢位固其宜也仲尼稱無求備於一人信矣夫文士懷温恭之操其弊也愞弱武夫稟剛烈之質其失也敢悍故有使酒不遜之禍拔劍爭功之尤大則莫全其生小則僅而獲免耿豪王勇不其然乎

周書卷二十九

周書卷二十九考證

王傑傳子孝僊○北史作孝遷

周書卷二十九考證

周書卷三十

唐 令狐德棻等撰

列傳第二十二

竇熾兄子毅 于翼 李穆

竇熾字光成扶風平陵人也漢大鴻臚章十一世孫章子統靈帝時爲鴈門太守避竇武之難亡奔匈奴遂爲部落大人後魏南徙子孫因家於代賜姓紇豆陵氏累世仕魏皆至大官父略平遠將軍以熾著勳贈少保柱國大將軍建昌公熾性嚴明有謀略美鬚髯身長八尺二寸少從范陽祁忻受毛詩左氏春秋略通大義善騎射膂力過人魏正光末北鎮擾亂熾乃隨略避地定州因沒於葛榮榮欲官略略不受榮疑其有異志遂留略於冀州將熾及熾兄善隨軍魏永安元年尒朱榮破葛榮熾乃將家隨榮於并州時葛榮別帥韓婁郝長衆數萬人據薊城不下以熾爲都督從驃騎將軍侯深討之熾手斬婁以功拜揚烈將軍三年除員外散騎侍郎遷給事中建明元年加武厲將軍魏孝武即位茹

茹等諸番並遣使朝貢帝臨軒宴之有鵰飛鳴於殿前帝素知熾善射因欲示
遠人乃給熾御箭兩隻命射之鵰乃應弦而落諸番人咸歎異焉帝大悅賜帛
五十疋尋率兵隨東南道行臺樊子鵠追尒朱仲遠仲遠奔梁時梁主又遣元
樹入寇攻陷譙城遂據之子鵠令熾率騎兵擊破之封行唐縣子邑五百戶尋
拜直閤將軍銀青光祿大夫領華騮令進爵上洛縣伯邑一千戶時帝與齊神
武搆隙以熾有威重堪處爪牙之任拜閤內大都督遷撫軍將軍朱衣直閤遂
從帝西遷仍與其兄善重至城下與武衛將軍高金龍戰於千秋門敗之因入
宮城取御馬四十疋幷鞍勒進之行所帝大悅賜熾及善駿馬各二疋駑馬十
疋大統元年以從駕功別封真定縣公除東豫州刺史加衛將軍從擒竇泰復
弘農破沙苑皆有功增邑八百戶河橋之戰諸將退走熾時獨從兩騎爲敵人
所追至邙山熾乃下馬背山抗之俄而敵衆漸多三面攻圍矢下如雨熾騎士
所執弓並爲敵人所射破熾乃總收其箭以射之所中人馬皆應弦而倒敵以
殺傷既多乃相謂曰得此人未足爲功乃稍引退熾因其怠遂突圍得出又從

太保李弼討白額稽胡破之除車騎將軍高仲密以北豫州來附熾率兵從太
祖援之至洛陽會東魏人據邙山爲陣太祖命留輜重於瀍曲率輕騎奮擊中
軍與右軍大破之悉虜其步卒熾獨追至石濟而還遷車騎大將軍儀同三司
散騎常侍增邑一千戶十三年進使持節驃騎大將軍開府儀同三司加侍中
增邑通前三千九百戶出爲涇州刺史蒞職數年政號清淨改封武安縣公進
授大將軍魏廢帝元年除大都督原州刺史熾抑挫豪右申理幽滯每親巡壟
畝勸民耕桑在州十載甚有政績州城之北有泉水焉熾屢經游踐嘗與僚吏
宴於泉側因酌水自飲曰吾在北州唯當飲水而已及去職之後人吏感其遺
惠每至此泉者莫不懷之魏恭帝元年進爵廣武郡公屬茹茹寇廣武熾率兵
與柱國趙貴分路討之茹茹聞軍至引退熾度河至麴伏川追及與戰大破之
斬其酋帥郁久閭是發獲生口數千及雜畜數萬頭孝閔帝踐阼增邑二千戶
武成二年拜柱國大將軍世宗以熾前朝忠勳望實兼重欲獨爲造第熾辭以
天下未定干戈未偃不宜輒發徒役世宗不許尋而帝崩事方得寢保定元年

進封鄧國公邑一萬戶別食資陽縣一千戶收其租賦四年授大宗伯隨晉公護東征天和五年出爲宜州刺史先是太祖田於渭北令熾與晉公護分射走兔熾一日獲十七頭護獲十一頭護恥其不及因以爲嫌至是熾又以高祖年長有勸護歸政之議護惡之故左遷焉及護誅徵太傅熾既朝之元老名位素隆至於軍國大謀常與參議嘗有疾高祖至其第而問之因賜金石之藥其見禮如此帝於大德殿將謀伐齊熾時年已衰老乃扼腕曰臣雖朽邁請執干櫓首啓戎行得一覩誅翦鯨鯢廓清寰宇省方觀俗登岳告成然後歸魂泉壤無復餘恨高祖壯其志節遂以熾第二子武當公恭爲左二軍總管齊平之後帝乃召熾歷觀相州宮殿熾拜賀曰陛下真不負先帝矣帝大悅賜奴婢三十人及雜繒帛千疋進位上柱國宣政元年兼雍州牧及宣帝營建東京以熾爲京洛營作大監宮苑制度皆取決焉大象初改食樂陵縣邑戶如舊隋文帝輔政停洛陽宮作熾請入朝屬尉遲迥舉兵熾乃移入金墉城簡練關中軍士得數百人與洛州刺史平涼公元亨同心固守仍權行洛州鎮事相州平熾方入朝

屬隋文帝初爲相國百官皆勸進熾自以累代受恩遂不肯署牋時人高其節隋文帝踐極拜太傅加殊禮贊拜不名開皇四年八月薨時年七十八贈本官冀滄瀛趙衞貝魏洛八州諸軍事冀州刺史諡曰恭熾事親孝奉諸兄以悌順聞及其位望隆重而子孫皆處列位遂爲當時盛族子茂嗣茂有弟十三人恭威最知名恭位至大將軍從高祖平齊封贊國公除西兗州總管以罪賜死熾兄善以中軍大都督南城公從魏孝武西遷後仕至太僕衞尉卿汾北華瀛三州刺史驃騎大將軍開府儀同三司永富縣公諡曰忠子榮定嗣起家魏文帝千牛備身稍遷平東將軍大都督進驃騎大將軍儀同三司歷佽飛中大夫右司衞上大夫大象中位至大將軍熾兄子毅

毅字天武父岳早卒及毅著勳追贈大將軍冀州刺史毅深沉有器度事親以孝聞魏孝武初起家爲員外散騎侍郎時齊神武擅朝毅慨然有殉主之志及孝武西遷遂從入關封奉高縣子邑六百戶除符璽郎從擒竇泰復弘農戰沙苑皆有功拜右將軍太中大夫進爵爲侯增邑一千戶累遷持節撫軍將軍通

直散騎常侍魏廢帝二年授車騎大將軍儀同三司大都督進爵安武縣公增
邑一千四百戶魏恭帝元年進授驃騎大將軍開府儀同三司大都督改封永
安縣公出爲幽州刺史孝閔帝踐阼進爵神武郡公增邑通前五千戶保定三
年徵還朝治左宮伯轉小宗伯尋拜大將軍時與齊人爭衡戎車歲動並交結
突厥以爲外援在太祖之時突厥已許納女於我齊人亦甘言重幣遣使求婚
狄固貪惏便欲有悔朝廷乃令楊薦等累使結之往反十餘方復前好至是雖
期往逆猶懼改圖以毅地兼勳戚素有威重乃命爲使及毅之至齊使亦在焉
突厥君臣猶有貳志毅抗言正色以大義責之累旬乃定卒以皇后歸朝議嘉
之別封成都縣公邑一千戶進位柱國出爲同州刺史遷蒲州總管徙金州總
管加授上柱國入爲大司馬隋開皇初拜定州總管累居藩鎮咸得民和二年
薨於州年六十四贈襄郢等六州刺史謚曰肅毅性溫和每以謹慎自守又尚
太祖第五女襄陽公主特爲朝廷所委信雖任兼出入未嘗有矜惰之容時人
以此稱焉子賢嗣賢字託賢志業通敏少知名天和二年策拜神武國世子宣

政元年授使持節儀同大將軍隋開皇中襲爵神武公除遷州刺史有二女即唐太穆皇后武德元年詔贈司空穆總管荆郢硤夔復沔岳沅澧鄂十州諸軍事荆州刺史封杞國公弁追贈賢金遷房直均五州諸軍事金州刺史襲杞國公又追贈賢子紹宣秦州刺史弁襲賢爵紹宣無子仍以紹宣兄孝宣子德藏爲嗣

于翼字文若太師燕公謹之子美風儀有識度年十一尚太祖女平原公主拜員外散騎常侍封安平縣公邑一千戶大統十六年進爵郡公加大都督領太祖帳下左右禁中宿衛遷鎮南將軍金紫光祿大夫散騎常侍武衛將軍謹平江陵所贈得軍實分給諸子翼一無所取唯簡賞口內名望子弟有士風者別待遇之太祖聞之特賜奴婢二百口翼固辭不受尋授車騎大將軍儀同三司加侍中驃騎大將軍開府儀同三司六官建除左宮伯孝閔帝踐阼出爲渭州刺史翼兄寔先莅此州頗有惠政翼又推誠布信事存寬簡夷夏感悅比之大小馮君焉時吐谷渾入寇河右涼鄯河三州咸被攻圍使來告急秦州都督遣

翼赴援不從寮屬咸以爲言翼曰攻取之術非夷俗所長此寇之來不過抄掠邊牧耳安能頓兵城下久事攻圍掠而無獲勢將自走勞師以往亦無所及翼揣之已了幸勿復言居數日問至果如翼所策賀蘭祥討吐谷渾翼率州兵先鋒深入以功增邑一千二百戶尋徵拜右宮伯世宗雅愛文士立麟趾學在朝有藝業者不限貴賤皆預聽焉乃至蕭撝王褒等與卑鄙之徒同爲學士翼言於帝曰蕭撝梁之宗子王褒梁之公卿今與趨走同儕恐非尚賢貴爵之義帝納之詔翼定其班次於是有等差矣世宗崩翼與晉公護同受遺詔立高祖保定元年徙軍司馬三年改封常山縣公邑二千九百戶天和初遷司會中大夫增邑通前三千七百戶三年皇后阿史那氏至自突厥高祖行親迎之禮命翼總司儀制狄人雖蹲踞無節然咸憚翼之禮法莫敢違犯遭父憂去職居喪過禮爲時輩所稱尋有詔起令視事高祖又以翼有人倫之鑒皇太子及諸王等相傅以下並委翼選置其所擢用皆民譽也時論僉謂得人遷大將軍總中外宿衞兵事晉公護以帝委翼腹心內懷猜忌轉爲小司徒加拜柱國雖外示崇

重實疎斥之及誅護帝召翼遣往河東取護子中山公訓仍代鎮蒲州翼曰冢宰無君陵上自取誅夷元惡既除餘孽宜殄然皆陛下骨肉猶謂疎不間親陛下不使諸王而使臣異姓非直物有橫議愚臣亦所未安帝然之乃遣越王盛代翼先是與齊陳二境各修邊防雖通聘好而每歲交兵然一彼一此不能有所克獲高祖既親萬機將圖東討詔邊城鎮並益儲偫加戍卒二國聞之亦增修守禦翼諫曰宇文護專制之日興兵至洛不戰而敗所喪實多數十年委積一朝糜散雖爲護無制勝之策亦由敵人之有備故也且疆埸相侵互有勝敗徒損兵儲非策之上者不若解邊嚴減戎防繼好息民敬待來者彼必善於通和懈而少備然後出其不意一舉而山東可圖若猶習前蹤恐非蕩定之計帝納之建德二年出爲安隨等六州五防諸軍事安州總管時屬大旱涢水絕流舊俗每逢亢陽禱白兆山祈雨高祖先禁羣祀山廟已除翼遣主簿祭之即日澍雨霑洽歲遂有年民庶感之聚會歌舞頌翼之德四年高祖將東伐朝臣未有知者遣納言盧韞等前後乘驛三詣翼問策焉翼贊成之及軍出詔翼率荊

楚兵二萬自宛葉趣襄城大將軍張光洛鄭恪等竝隸焉旬日下齊一十九城所部都督輒入民村卽斬以徇由是百姓欣悅赴者如歸屬高祖有疾班師翼亦旋鎮五年轉陝熊等七州十六防諸軍事宜陽總管翼以宜陽地非襟帶請移鎮於陝詔從之仍除陝州刺史總管如舊其年大軍復東討翼自陝入九曲攻拔造澗等諸城徑到洛陽齊洛州刺史獨孤永業開門出降河南九州三十鎮一時俱下襄城民庶等喜復見翼竝壺漿塞道尋卽除洛懷等九州諸軍事河陽總管尋徙豫州總管給兵五千人馬千疋以之鎮幷配開府及儀同等二十人仍勑河陽襄州安州荊州泗州總管內有武幹者任翼徵牒不限多少儀同以下官爵承制先授後聞陳將魯天念久圍光州聞翼到汝南望風退散霍州蠻首田元顯負險不賓於是送質請附陳將任蠻奴悉衆攻顯顯立柵拒戰莫有異心及翼還朝元顯便叛其得殊俗物情皆此類也大象初徵拜大司徒詔翼巡長城立亭鄣西自鴈門東至碣石創新改舊咸得其要害云仍除幽定七州六鎮諸軍事幽州總管先是突厥屢爲寇掠居民失業翼素有威武兼明

斥候自是不敢犯塞百姓安之及尉遲迥據相州舉兵以書招翼翼執其使幷書送之于時隋文帝執政賜翼雜繒一千五百段粟麥一千五百石幷珍寶服玩等進位上柱國封任國公增邑通前五千戶別食任城縣一千戶收其租賦翼又遣子讓通表勸進幷請入朝隋文帝許之開皇初拜太尉或有告翼云往在幽州欲同尉遲迥者隋文召致清室遣理官按驗尋以無實見原仍復本位三年五月薨贈本官加蒲晉懷絳邵汾六州諸軍事蒲州刺史謚曰穆翼性恭儉與物無競常以滿盈自戒故能以功名終子璽官至上大將軍軍司馬黎陽郡公璽弟詮上儀同三司吏部下大夫常山公詮弟讓儀同三司尉遲迥之舉兵也河西公李賢弟穆爲幷州總管亦執迥子送之

李穆字顯慶少明敏有度量太祖入關便給事左右深被親遇穆亦小心謹肅未嘗懈怠太祖嘉之遂處以腹心之任出入臥內當時莫與爲比及侯莫陳悅害賀拔岳太祖自夏州赴難而悅黨史歸據原州猶爲悅守太祖令侯莫陳崇輕騎襲之穆先在城中與兄賢遠等據城門應崇遂擒歸以功授都督從迎魏

孝武封永平縣子邑三百戶擒竇泰復弘農並有戰功沙苑之捷穆又言於太
祖曰高歡今日已喪膽矣請速逐之則歡可擒也太祖不聽論前後功進爵爲
公河橋之戰太祖所乘馬中流矢驚逸太祖墜於地軍中大擾敵人追及之左
右皆奔散穆乃以策抶太祖因大駡曰爾曹主何在爾獨住此敵人不疑是貴
人也遂捨之而過穆以馬授太祖遂得俱免是日微穆太祖已不濟矣自是恩
盼更隆擢授武衛將軍加大都督車騎大將軍儀同三司進爵武安郡公增邑
一千七百戶前後賞賜不可勝計久之太祖美其志節乃歎曰人之所貴唯身
命耳李穆遂能輕身命之重濟孤於難雖復加之以爵位賞之以玉帛未足爲
報也乃特賜鐵券恕以十死進驃騎大將軍開府儀同三司侍中初穆授太祖
以驄馬其後中廐有此色馬者悉以賜之又賜穆世子惇安樂郡公姊一人爲
郡君餘姊妹並爲縣君兄弟子姪及緦麻以上親幷舅氏皆霑厚賜其見褒崇
如此從解玉壁圍拜安定國中尉尋授同州刺史入爲太僕卿征江陵功封一
子長城縣侯邑千戶尋進位大將軍賜姓拓拔氏俄除原州刺史又以賢子爲

平高郡守遠子爲平高縣令並加鼓吹穆自以叔姪一家三人皆牧宰鄉里恩遇過隆固辭不拜太祖不許後轉雍州刺史入爲小冢宰孝閔帝踐阼增邑通前三千七百戶又別封一子爲縣伯穆請迴封賢子孝軌許之及遠子植謀害晉公護植誅死穆亦坐除名時植弟基任淅州刺史例合從坐穆頻詣護請以子惇怡等代基死辭理酸切聞者莫不動容護矜之遂特免基死世宗卽位拜驃騎大將軍開府儀同三司大都督安武郡公直州刺史武成二年拜少保保定二年進位大將軍三年從隋公楊忠東伐還拜小司徒遷柱國大將軍別封一子郡公邑二千戶五年遷大司空天和二年進封申國公邑五千戶舊爵迴授一子建德元年遷太保尋出爲原州總管四年高祖東征令穆率兵三萬別攻軹關及河北諸縣並破之後以帝疾班師棄而不守六年進位上柱國除幷州總管時東夏再平人情尚擾穆鎭之以靜百姓懷之大象元年遷大左輔總管如舊二年加太傅仍總管及尉遲迥舉兵穆子榮欲應之穆弗聽曰周德既衰愚智共悉天時若此吾豈能違天乃遣使謁隋文帝幷上十三環金帶蓋天

子之服也以微申其意時迴子誼爲朔州刺史亦執送京師迴令其所署行臺韓長業攻陷潞州執刺史趙威署城民郭子勝爲刺史穆遣兵討之獲子勝隋文帝嘉之以穆勞効同破鄴城第一勳加三轉聽分授其二子榮才及兄賢子孝軌榮及才並儀同大將軍孝軌進開府儀同大將軍又別封子雄爲密國公邑三千戶穆長子惇字士宇大統四年以穆功賜爵安平縣侯尋授車騎大將軍儀同三司大都督進爵爲公太祖令功臣世子並與略陽公遊處惇於時輩之中特被引接每有遐方服玩異域珍奇無不班錫俄受小武伯進爵安樂郡公天和三年還驃騎大將軍開府儀同三司鳳州刺史卒於位贈大將軍原靈豳三州刺史

史臣曰竇熾儀表魁梧器識雄遠入參朝政則嘉謀以陳出總蕃條則惠政斯洽竇毅忠肅奉上温恭接下茂實彰於本朝義聲揚於殊俗並以國華民望論道當官榮映一時慶流來葉及熾遲疑勸進有送故之心雖王公悢悢何以加此語曰君使臣以禮臣事君以忠然則効忠之迹或殊處臣之理斯一權言指

要其維致命乎是以典午擅朝葛公休爲之投袂新都篡盜翟仲文所以稱兵
及東郡誅夷竟速漢朝之禍淮南覆敗無救魏室之亡而烈士貞臣赴蹈不已
豈忠義所感視死如歸者歟于李之送往事居有曲於此翼既功臣之子地即
姻親穆乃早著勳庸深寄肺腑並兼文武之任荷累世之恩理宜與存與亡同
休同戚加以受扞城之託總戎馬之權勢力足以勤王智能足以衛難乃宴安
寵祿曾無釋位之心報使獻誠但務隨時之義弘名節以高貴豈所望於二公
若捨彼天時徵諸人事顯慶起晉陽之甲文若發幽薊之兵叶契岷峨約從漳
滏北控沙漠西指崤函則成敗之數未可量也

周書卷三十

周書卷三十一

唐　令　狐　德　棻　等　撰

列傳第二十三

韋孝寬　韋夐　梁士彦

韋叔裕字孝寬京兆杜陵人也少以字行世爲三輔著姓祖直善魏馮翊扶風二郡守父旭武威郡守建義初爲大行臺右丞加輔國將軍雍州大中正永安二年拜右將軍南幽州刺史時氐賊數爲抄竊旭隨機招撫並卽歸附尋卒官贈司空冀州刺史諡曰文惠孝寬沉敏和正涉獵經史弱冠屬蕭寶夤作亂關右乃詣闕請爲軍前驅朝廷嘉之卽拜統軍隨馮翊公長孫承業西征每戰有功拜國子博士行華陰郡事屬侍中楊侃爲大都督出鎮潼關引孝寬爲司馬侃奇其才以女妻之永安中授宣威將軍給事中尋賜爵山北縣男普泰中以都督從荊州刺史源子恭鎮襄城以功除淅陽郡守時獨孤信爲新野郡守司荊州與孝寬情好款密政術俱美荊部吏人號爲聯璧孝武初以都督鎮城文

帝自原州赴雍州命孝寬隨軍及剋潼關即授弘農郡守從擒竇泰兼左丞節
度宜陽兵馬事仍與獨孤信入洛陽城守復與宇文貴怡峯應接頴州義徒破
東魏將任祥堯雄於頴川孝寬又進平樂口下豫州獲刺史馮邕又從戰於河
橋時大軍不利邊境騷然乃令孝寬以大將軍行宜陽郡事尋遷南兖州刺史
是歲東魏將段琛堯傑復據宜陽遣其揚州刺史牛道恆扇誘邊民孝寬深患
之乃遣諜人訪獲道恆手迹令善學書者偽作道恆與孝寬書論歸款意又爲
落燼燒迹若火下書者還令諜人送於琛營琛得書果疑道恆其所欲經略皆
不見用孝寬知其離阻日出奇兵掩襲擒道恆及琛等崤澠遂清大統五年進
爵爲侯八年轉晉州刺史尋移鎮玉壁兼攝南汾州事先是山胡負險屢爲劫
盜孝寬示以威信州境肅然進授大都督十二年齊神武傾山東之衆志圖西
入以玉壁衝要先命攻之連營數十里至於城下乃於城南起土山欲乘之以
入當其山處城上先有兩高樓孝寬更縛木接之命極高峻多積戰具以禦之
齊神武使謂城中曰縱爾縳樓至天我會穿城取爾遂於城南鑿地道又於城

北起土山攻具晝夜不息孝寬復掘長塹要其地道仍飭戰士屯塹城外每穿
至塹戰士卽擒殺之又於塹外積柴貯火敵人有伏地道內者便下柴火以皮
鞴吹之吹氣一衝咸卽灼爛城外又造攻車車之所及莫不摧毀雖有排楯莫
之能抗孝寬乃縫布爲縵隨其所向則張設之布旣懸於空中其車竟不能壞
城外又縛松於竿灌油加火規以燒布幷欲焚樓孝寬復長作鐵鉤利其鋒刃
火竿來以鉤遙割之松麻俱落外又於城四面穿地作二十一道分爲四路於
其中各施梁柱作訖以油灌柱放火燒之柱折城並崩壞孝寬又隨崩處豎木
柵以扞之敵不得入城外盡其攻擊之術孝寬咸拒破之神武無如之何乃遣
倉曹參軍祖孝徵謂曰未聞救兵何不降也孝寬報云我城池嚴固兵食有餘
攻者自勞守者常逸豈有旬朔之間已須救援適憂爾衆有不反之危孝寬關
西男子必不爲降將軍也俄而孝徵復謂城中人曰韋城主受彼榮祿或復可
爾自外軍士何事相隨入湯火中耶乃射募格於城中云能斬城主降者拜太
尉封開國郡公邑萬戶賞帛萬疋孝寬手題書背反射城外云若有斬高歡者

一依此賞孝寬弟子遷先在山東又鎖至城下臨以白刃云若不早降便行大
戮孝寬慷慨激揚略無顧意士卒莫不感勵人有死難之心神武苦戰六旬傷
及病死者十四五智力俱困因而發疾其夜遁去後因此忿恚遂殂魏文帝嘉
孝寬功令殿中尚書長孫紹遠左丞王悅至玉壁勞問授驃騎大將軍開府儀
同三司進爵建忠郡公廢帝二年爲雍州刺史先是路側一里置一土候經兩
頹毀每須修之自孝寬臨州乃勒部內當候處植槐樹代之旣免修復行旅又
得庇廕周文後見怪問知之曰豈得一州獨爾當令天下同之於是令諸州夾
道一里種一樹十里種三樹百里種五樹焉恭帝元年以大將軍與燕國公于
謹伐江陵平之以功封穰縣公還拜尚書右僕射賜姓宇文氏二年周文北巡
命孝寬還鎮玉壁周孝閔帝踐阼拜小司徒明帝初參麟趾殿學士考校圖籍
保定初以孝寬立勳玉壁遂於玉壁置勳州仍授勳州刺史齊人遣使至玉壁
求通互市晉公護以其相持日久絕無使命一日忽來求交易疑別有故又以
皇姑皇世母先沒在彼因其請和之際或可致之遂令司門下大夫尹公正至

玉壁共孝寬詳議孝寬乃於郊盛設供帳令公正接對使人兼論皇家親屬在東之意使者辭色甚悅時又有汾州胡抄得關東人孝寬復放東還並致書一牘具陳朝廷欲敦隣好遂以禮送皇姑及護母等孝寬善於撫御能得人心所遣間諜入齊者皆爲盡力亦有齊人得孝寬金貨遙通書疏故齊動靜朝廷皆先知時有主帥許盆孝寬托以心膂令守一戍盆乃以城東入孝寬怒遣諜取之俄而斬首而還其能致物情如此汾州之北離石以南悉是生胡抄掠居人阻斷河路孝寬深患之而地入於齊無方誅翦欲當其要處置一大城乃於河西徵役徒十萬甲士百人遣開府姚岳監築之岳色懼以兵少爲難孝寬曰計成此城十日卽畢既去晉州四百餘里一日創手二日僞境始知設令晉州徵兵二日方集謀議之間自稽三日計其軍行二日不到我之城隍足得辦矣乃令築之齊人果至南首疑有大軍乃停留不進其夜又令汾水以南傍介山稷山諸村所在縱火齊人謂是軍營遂收兵自固版築克就卒如其言四年進位柱國時晉公護將東討孝寬遣長史辛道憲啓陳不可護不納既而大軍果不

利後孔城遂陷宜陽被圍孝寬乃謂其將帥曰宜陽一城之地未能損益然兩
國爭之勞師數載彼多君子寧乏謀猷若棄崤東來圖汾北我之疆界必見侵
擾今宜於華谷及長秋速築城以杜賊志脫其先我圖之實難於是畫地形具
陳其狀晉公護令長史叱羅協謂使人曰韋公子孫雖多數不滿百汾北築城
遣誰固守事遂不行天和五年進爵鄖國公增邑通前一萬戸是歲齊人果解
宜陽之圍經略汾北遂築城守之其丞相斛律明月至汾東請與孝寬相見明
月云宜陽小城久勞戰爭今既入彼欲於汾北取償幸勿怪也孝寬答曰宜陽
彼之要衝汾北我之所棄我棄彼圖取償安在且君輔翼幼主位重望隆理宜
調陰陽撫百姓焉用極武窮兵搆怨連禍且滄瀛大水千里無煙復欲使汾晉
之閒橫屍暴骨苟貪尋常之地塗炭疲弊之人竊爲君不取孝寬參軍曲嚴頗
知卜筮謂孝寬曰來年東朝必大相殺戮孝寬因令嚴作謠歌曰百升飛上天
明月照長安百升斛也又言高山不摧自崩槲樹不扶自豎令諜人多齎此文
遺之於鄴祖孝徵既聞更潤色之明月竟以此誅建德之後武帝志在平齊孝

寬乃上疏陳三策其第一策曰臣在邊積年頗見間隙不因際會難以成功是以往歲出軍徒有勞費功績不立由失機會何者長淮之南舊爲沃土陳氏以破亡餘燼猶能一舉平之齊人歷年赴救喪敗而反內離外叛計盡力窮傳不云乎讎有釁焉不可失也今大軍若出軹關方軌而進兼與陳氏共爲掎角幷令廣州義旅出自三鵶又募山南驍銳沿河而下復遣北山稽胡絶其幷晉之路凡此諸軍仍令各募關河之外勁勇之士厚其爵賞使爲前驅岳動川移雷駭電激百道俱進並趨虜庭必當望旗奔潰所向摧殄一戎大定實在此機其第二策曰若國家更爲後圖未即大舉宜與陳人分其兵勢三鵶以北萬春以南廣事屯田預爲貯積募其驍悍立爲部伍彼既東南有敵戎馬相持我出奇兵破其疆埸彼若興師赴援我則堅壁清野待其去遠還復出師常以邊外之軍引其腹心之衆我無宿舂之費彼有奔命之勞一二年中必自離叛且齊氏昏暴政出多門鬻獄賣官唯利是視荒淫酒色忌害忠良闔境熬然不勝其弊以此而觀覆亡可待然後乘間電掃事等摧枯其第三策曰竊以大周土宇跨

據關河蓄席卷之威持建瓴之勢太祖受天明命與物更新是以二紀之中大功克舉南清江漢西龕巴蜀塞表無虞河右底定唯彼趙魏獨爲榛梗者正以有事三方未遑東略遂使漳滏遊魂更存餘晷昔勾踐亡吳尚期十載武王取亂猶煩再舉今若更存遵養且復相時臣謂宜還崇隣好申其盟約安人和衆通商惠工蓄銳養威觀釁而動斯則長策遠馭坐自兼幷也書奏武帝遣小司寇淮南公元衛開府伊婁謙等重幣聘齊爾後遂大舉再駕而定山東卒如孝寬之策孝寬每以年迫懸車屢請致仕帝以海內未平優詔弗許至是復稱疾乞骸骨帝曰往已面申本懷何煩重請也五年帝東伐過幸玉壁觀禦敵之所深歎羨之移時乃去孝寬自以習練齊人虛實請爲先驅帝以玉壁要衝非孝寬無以鎭之乃不許及趙王招率兵出稽胡與大軍掎角乃勑孝寬爲行軍總管圍守華谷以應接之孝寬克其四城武帝平晉州復令孝寬還舊鎭及帝凱還復幸玉壁從容謂孝寬曰世稱老人多智善爲軍謀然朕唯共少年一舉平賊公以爲何如孝寬對曰臣今衰耄唯有誠心而已然昔在少壯亦曾輸力先

朝以定關右帝大笑曰實如公言乃詔孝寬隨駕還京拜大司空出爲延州總管進位上柱國大象元年除徐兗等十一州十五鎮諸軍事徐州總管又爲行軍元帥徇地淮南乃分遣杞公宇文亮攻黄城郕公梁士彥攻廣陵孝寬率衆攻壽陽並拔之初孝寬到淮南所在皆密送誠款然彼五門尤爲險要陳人若開塘放水卽津濟路絶孝寬遽令分兵據守之陳刺史吳文育果遣決堰已無及於是陳人退走江北悉平軍還至豫州宇文亮舉兵反潛以數百騎襲孝寬營時亮國官茹寬密白其狀孝寬有備亮不得入遁走孝寬追獲之詔以平淮南之功別封一子滑國公及宣帝崩隋文帝輔政時尉遲迥先爲相州總管詔孝寬代之又以小司徒叱列長文爲相州刺史先令赴鄴孝寬續進至朝歌迥遣大都督賀蘭貴齎書候孝寬孝寬留貴與語以察之疑其有變遂稱疾徐行又使人至相州求醫藥密以伺之既到湯陰逢長文奔還孝寬兄子魏郡守藝又棄郡南走孝寬審訐其狀乃馳還所經橋道皆令毀撤驛馬悉擁以自隨又勒騎將曰蜀公將至可多備餚酒及芻粟以待之迥果遣儀同梁子康將數百

騎追孝寬驛司供設豐厚所經之處皆輒停留由是不及時或勸孝寬以爲洛
京虛弱素無守備河陽鎮防悉是關東鮮卑迥若先往據之則爲禍不小乃入
保河陽河陽城內舊有鮮卑八百人家並在鄴見孝寬輕來謀欲應迥孝寬知
之遂密造東京官司詐稱遣行分人詣洛陽受賜既至洛陽並留不遣因此離
解其謀不成六月詔發關中兵以孝寬爲元帥東伐七月軍次河陽迥所署儀
同薛公禮等圍逼懷州孝寬遣兵擊破之進次懷縣永城橋之東南其城既在
要衝雉堞牢固迥已遣兵據之諸將士以此城當路請先攻取孝寬曰城小而
固若攻而不拔損我兵威今破其大軍此亦何能爲也於是引軍次于武陟大
破迥子惇惇輕騎奔鄴軍次於鄴西門豹祠之南迥自出戰又破之迥窮迫自
殺兵士在小城中者盡坑於遊豫園諸有未服皆隨機討之關東悉平十月凱
還京師十一月薨時年七十二贈太傅十二州諸軍事雍州牧諡曰襄孝寬在
邊多載屢抗強敵所有經略布置之初人莫之解見其成事方乃驚服雖在軍
中篤意文史政事之餘每自披閱末年患眼猶令學士讀而聽之又早喪父母

事兄嫂甚謹所得俸祿不入私房親族有孤遺者必加振贍朝野以此稱焉長子諶年已十歲魏文帝欲以女妻之孝寬辭以兄子世康年長帝嘉之遂以妻世康孝寬有六子總壽霽津知名

夐字敬遠志尚夷簡澹於榮利弱冠被召拜雍州中從事非其好也遂謝疾去職前後十見徵辟皆不應命屬太祖經綸王業側席求賢聞夐養高不仕虛心敬悅遣使辟之備加禮命雖情諭甚至而竟不能屈彌以重之亦弗之奪也所居之宅枕帶林泉夐對翫琴書蕭然自樂時人號爲居士焉至有慕其閑素者或載酒從之夐亦爲之盡歡接對忘倦明帝卽位禮敬逾厚乃爲詩以貽之曰六爻貞遯世三辰光少微頴陽讓逾遠滄州去不歸香動秋蘭佩風飄蓮葉衣坐石窺仙洞乘槎下釣磯嶺松千仞直巖泉百丈飛聊登平樂觀遠望首陽薇詎能同四隱來參余萬機夐答帝詩願時朝謁帝大悅敕有司日給河東酒一斗號之曰逍遙公時晉公護執政廣營第宅嘗召夐至宅訪以政事夐仰視其堂徐而歎曰酣酒嗜音峻宇雕牆有一於此未或弗亡護不悅有識者以爲

知言陳遺其尚書周弘正來聘素聞敻名請與相見朝廷許之弘正乃造敻談
讌盈日恨相遇之晚後請敻至賓館敻時赴弘正仍贈詩曰德星猶未動真車
詎肯來其爲時所欽挹如此武帝嘗與敻夜宴大賜之縑帛令侍臣數人負以
送出敻唯取一疋示承恩旨而已帝以此益重之孝寬爲延州總管敻至州與
孝寬相見將還孝寬以所乘馬及轡勒與敻敻以其華飾心弗欲之笑謂孝寬
曰昔人不棄遺簪墜屨者惡與之同出不與同歸吾雖不逮前烈然捨舊錄新
亦非吾志也於是乃乘舊馬以歸武帝又以佛道儒三教不同詔敻辨其優劣
敻以三教雖殊同歸於善其迹似有深淺其致理殆無等級乃著三教序奏之
帝覽而稱善時宣帝在東宮亦遺敻書并令以帝所乘馬迎之問以立身之道
敻對曰傳不云乎儉爲德之恭侈爲惡之大欲不可縱志不可滿並聖人之訓
也願殿下察之敻子瓘行隨州刺史因疾物故孝寬子總復於并州戰歿一日
之中凶問俱至家人相對悲慟而敻神色自若謂之曰死生命也去來常事亦
何足悲援琴撫之如舊敻又雅好名義虛襟善誘雖耕夫牧豎有一介可稱者

皆接引之特與族人處玄及安定梁曠爲放逸之友少愛文史留情著述手自抄錄數十萬言晚年虛靜唯以體道會真爲務舊所製述咸削其藁故文筆多並不存建德中夐以年老預戒其子等曰昔士安以籧篨束體王孫以布囊繞尸二賢高達非庸才能繼吾死之日可斂舊衣勿更新造使棺足周尸牛車載柩壙高四尺壙深一丈其餘煩雜悉無用也朝晡奠食於事彌煩吾不能頓絕汝輩之情可朔望一奠而已仍薦素蔬勿設牲牢親友欲以物弔祭者並不得爲受吾常恐臨終恍惚故以此言預戒汝輩瞑目之日勿違吾志也宣政元年二月卒於家時年七十七武帝遣使祭賻賵有加其喪制葬禮諸子等並遵其遺戒子世康

梁士彥字相如安定烏氏人也少任俠好讀兵書頗涉經史周武帝將平東夏聞其勇決自扶風郡守除爲九曲鎮將進位上開府封建威縣公齊人甚憚之後以熊州刺史從武帝拔晉州進位大將軍除晉州刺史及帝還齊後主親攻圍之樓堞皆盡短兵相接士彥慷慨自若謂將士曰死在今日吾爲爾先於是

勇猛齊奮號聲動天無不一當百齊兵少却乃令妻及軍人子女晝夜修城三日而就武帝大軍亦至齊師圍解士彥見帝捋帝鬚泣帝亦爲之流涕時帝欲班師士彥叩馬諫帝從之執其手曰朕有晉州爲平齊之基宜善守之及齊平封郕國公位上柱國雍州總管宣帝卽位除徐州總管與烏丸軌禽陳將吳明徹裴忌於呂梁略定淮南地隋文帝作相轉亳州總管尉遲迥反爲行軍總管及韋孝寬擊之令家僮梁默等爲前鋒士彥繼之所當皆破及迥平除相州刺史深見忌乃代還京師閑居無事恃功懷怨與宇文忻劉昉等謀反將率僮僕候上享廟之際以發機復欲於蒲州起事略取河北捉黎陽關塞河陽路劫調布爲牟甲募盜賊爲戰士其甥裴通知而奏之帝未發其事授晉州刺史欲觀其志士彥欣然謂昉等曰天也又請儀同薛摩兒爲長史帝從之後與公卿朝謁帝令執士彥忻昉等於行閒詰之狀猶不伏捕薛摩兒至對之摩兒具論始末云第二子剛垂泣苦諫第三子叔諧曰作猛獸須成班士彥失色顧曰汝殺我於是伏誅年七十二有子五人操字孟德位上開府義鄉縣公早卒剛字永

固位大將軍通政縣公涇州刺史以諫父獲免徙瓜州叔諧坐士彥誅梁默者士彥之蒼頭也驍武絕人士彥每從征伐常與默陷陣仕周位開府開皇末以行軍總管從楊素征突厥進位大將軍又從平楊諒授柱國大業五年從煬帝征吐谷渾力戰死之贈光祿大夫

周書卷三十一

珍倣宋版印

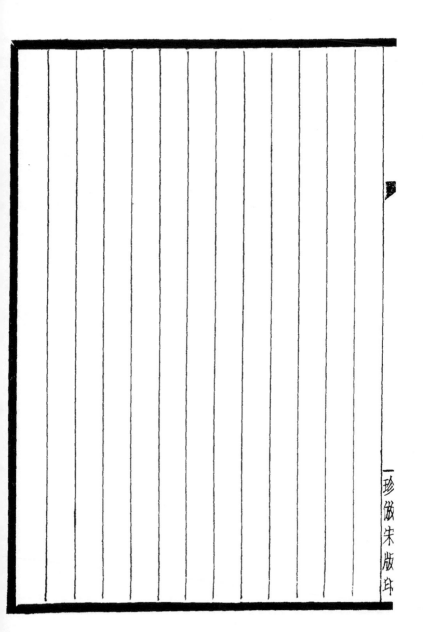

周書卷三十一考證

韋孝寬傳時獨孤信爲新野郡守司荊州○北史云同隸荊州司字疑同字之譌幷脫一隸字

城外又縛松於竿○通鑑云縛松麻于竿　臣文淳按下文有松麻俱落句知此脫一麻字北史亦脫

周文後見○下文云周文北巡又云周孝閔帝踐阼　臣文淳按北史總記數代之事故皆書國號以別之此書祇紀北周不應復加周字

周書卷三十一考證

周書卷三十二

唐　令　狐　德　棻　等　撰

列傳第二十四

申徽　陸通弟逞　柳敏子昂　盧柔　唐瑾

申徽字世儀魏郡人也六世祖鐘爲後趙司徒冉閔末中原喪亂鐘子邃避地江左曾祖爽仕宋位雍州刺史祖隆道宋北兗州刺史父明仁郡功曹早卒徽少與母居盡心孝養及長好經史性審慎不妄交遊遭母憂喪畢乃歸於魏元顥入洛以元邃爲東徐州刺史邃引徽爲主簿顥敗邃被檻車送洛陽故吏賓客並委去唯徽送之及邃得免乃廣集賓友歎徽有古人風尋除太尉府行參軍孝武初徽以洛陽兵難未已遂間行入關見文帝文帝與語奇之薦之於賀拔岳岳亦雅相敬待引爲賓客文帝臨夏州以徽爲記室參軍兼府主簿文帝察徽沉密有度量每事信委之乃爲大行臺郎中時軍國草創幕府務殷四方書檄皆徽之辭也以迎孝武功封博平縣子本州大中正大統初進爵爲侯四

年拜中書舍人修起居注河橋之役大軍不利近侍之官分散者衆徽獨不離左右魏帝稱歎之十年遷給事黃門侍郎先是東陽王元榮爲瓜州刺史其女壻劉彥隨焉及榮死瓜州首望表榮子康爲刺史彥遂殺康而取其位屬四方多難朝廷不遑問罪因授彥刺史頻徵不奉詔又南通吐谷渾將圖叛逆文帝難於動衆欲以權略致之乃以徽爲河西大使密令圖彥徽輕以五十騎行既至止於賓館彥見徽單使不以爲疑徽乃遣一人微勸彥歸朝以揣其意彥不從徽又使贊成其住計彥便從之遂來至館徽先與瓜州豪右密謀執彥遂叱而縛之彥辭無罪徽數之曰君無尺寸之功濫居方嶽之重恃遠背誕不恭貢職戮辱使人輕忽詔命計君之咎實不容誅但授詔之日本令相送歸闕所恨不得申明罰以謝邊遠耳於是宣詔慰勞吏人及彥所部復云大軍續至城內無敢動者使還遷都官尚書十二年瓜州刺史成慶爲城人張保所殺都督令狐延等起義逐保啓請刺史以徽信洽西土拜假節瓜州刺史徽在州五稔儉約率下邊人樂而安之十六年徽兼尚書右僕射加侍中驃騎大將軍開府儀

同三司廢帝二年進爵爲公正右僕射賜姓宇文氏徽性勤敏凡所居官案牘無大小皆親自省覽以是事無稽滯吏不得爲姦後雖歷公卿此志不懈出爲襄州刺史時南方初附舊俗官人皆通餉遺徽性廉愼乃畫楊震像於寢室以自戒及代還人吏送者數十里不絕徽自以無德於人慨然懷愧因賦詩題於清水亭長幼聞之競來就讀遞相謂曰此是申使君手迹並寫誦之明帝以御正任總絲綸更崇其秩爲上大夫員四人號大御正又以徽爲之歷小司空少保出爲荆州刺史入爲小司徒小宗伯天和六年上疏乞骸骨詔許之薨贈泗州刺史諡曰章子康嗣位瀘州刺史司織下大夫上開府康弟敦汝南郡守敦弟靜齊安郡守靜弟處上開府同昌縣侯卒

陸通字仲明吳郡人也曾祖載從宋武帝平關中軍還留載隨其子義眞鎭長安遂沒赫連氏魏太武平赫連氏載仕魏任中山郡守父政性至孝其母吳人好食魚北土魚少政求之常苦難後宅側忽有泉出而有魚遂得以供膳時人以爲孝感所致因謂其泉爲孝魚泉初從尒朱天光討伐及天光敗歸文帝文

帝爲行臺以政爲行臺左丞原州長史賜爵中都縣伯大統中卒通少敦敏好
學有志節幼從在河西遂逢寇難與政相失通乃自拔東歸從尒朱榮榮死又
從尒朱兆及尒朱氏滅乃入關文帝時在夏州引爲帳內督頃之賀拔岳爲侯
莫陳悅所害時有傳兵軍府已亡散者文帝憂之通以爲不然居數日間至果
如所策自是愈見親禮遂晝夜陪侍家人罕見其面通雖處機密愈自恭謹文
帝以此重之後以迎孝武功封都昌縣伯大統元年進爵爲侯從禽竇泰復弘
農沙苑之役力戰有功又從解洛陽圍軍還屬趙青雀反於長安文帝將討之
以人馬疲弊不可速行又謂青雀等一時陸梁不足爲慮乃云我到長安但輕
騎臨之必當面縛通進曰青雀等既以大軍不利謂朝廷傾危同惡相求遂成
反亂然其逆謀久定必無遷善之心且其詐言大軍敗績東寇將至若以輕騎
往百姓謂爲信然更沮兆庶之望大兵雖疲弊精銳猶多以明公之威率思歸
之衆以順討逆何慮不平文帝深納之因從平青雀錄前後功進爵爲公徐州
刺史以寇難未平留不之部與于謹討劉平伏加大都督從文帝援玉壁進儀

同三司九年高仲密以地來附通從若干惠戰於邙山衆軍皆退唯惠與通率所部力戰至夜中乃陰引還敵亦不敢逼進授驃騎大將軍開府儀同三司太僕卿賜姓步六孤氏進爵綏德郡公周孝閔踐阼拜小司空保定五年累遷大司寇通性柔謹雖久處列位常淸愼自守所得祿賜盡與親故共之家無餘財常曰凡人患貧而不貴不患貴而貧也建德元年轉大司馬其年薨通弟逞

逞字季明初名彥字世雄魏文帝常從容謂之曰爾既溫裕何因乃字世雄且爲世之雄非所宜也於爾兄弟又復不類遂改焉逞少謹密早有名譽兄通先以軍功別受茅土乃讓父爵中都縣伯令逞襲之起家羽林監文帝內親信時輩皆以驍勇自達唯逞獨兼文雅文帝由此加禮遇焉大統十四年參大丞相府軍事尋兼記室保定初累遷吏部中大夫歷藩部御伯中大夫進驃騎大將軍開府儀同三司徒授司宗中大夫轉軍司馬逞幹識詳明歷任三府所在著績朝廷嘉之進爵爲公天和三年齊遣侍中斛斯文略中書侍郎劉逖來聘初修隣好盛選行人詔逞爲使主尹公正爲副以報之逞美容止善辭令敏而有

禮齊人稱焉還居近畿詔令路車飾服郊迎而入時人榮之四年除京兆尹都
界有豕生數子經旬而死其家又有豶遂乳養之諸豚賴之以活時論以湜仁
政所致俄遷司會中大夫出爲河州刺史晉公護雅重其才表爲中外府司馬
頗委任之尋復爲司會兼納言遷小司馬及護誅坐免官頃之起爲納言又以
疾不堪劇任乃除宜州刺史故事刺史奉辭例備鹵簿湜以時屬農要奏請停
之武帝深嘉焉詔遂其所請以彰雅操湜在州有惠政吏人稱之東宮初建授
太子太保卒贈大將軍子操嗣
柳敏字白澤河東解縣人晉太常純之七世孫也父懿魏車騎大將軍儀同三
司汾州刺史敏九歲而孤事母以孝聞性好學涉獵經史陰陽卜筮之術靡不
習焉年未弱冠起家員外散騎侍郎累遷河東郡丞朝議以敏之本邑故有此
授敏雖統御鄉里而處物平允甚得時譽及文帝剋復河東見而器異之乃謂
之曰今日不喜得河東喜得卿也卽拜丞相府參軍事俄轉戶曹參軍掌記室
每有四方賓客恆令接之爰及吉凶禮儀亦令監綜又與蘇綽等修撰新制爲

朝廷政典遷禮部郎中封武城縣子加帥都督領本鄉兵俄進大都督遭母憂
居喪旬日之閒鬢髮半白尋起爲吏部郎中毀瘠過禮杖而後起文帝見而歎
異之特加廩賜及尉遲迥伐蜀以敏爲行軍司馬軍中籌略並以委之益州平
進驃騎大將軍開府儀同三司加侍中遷尚書賜姓宇文氏六官建拜禮部中
大夫孝閔帝踐阼進爵爲公又除河東郡守尋復徵拜禮部出爲鄧州刺史甚
得物情及將還朝夷夏士人感其惠政並齎酒餚及土產候之於路敏乃從他
道而還復拜禮部後改禮部爲司宗仍以敏爲之敏操履方正性又恭勤每日
將朝必夙興待旦又久處臺閣明練故事近議或乖先典者皆按據舊章刊正
取中遷小宗伯監修國史轉小司馬又監修律令進位大將軍出爲鄜州刺史
以疾不之部武帝平齊進爵武德郡公敏自建德以後寢疾積年武帝及宣帝
並親幸其第問疾焉開皇元年進位上大將軍太子太保其年卒贈五州諸軍
事晉州刺史臨終誡其子等喪事所須務從簡約其子等並涕泣奉行少子昂
昂字千里幼聰穎有器識幹局過人武帝時爲內史中大夫開府儀同三司賜

爵文城郡公當途用事百寮皆出其下昂竭誠獻替知無不爲謙虛自處未嘗驕物時論以此重之武帝崩受遺輔政稍被宣帝疎然不離本職隋文帝爲丞相深自結納文帝以爲大宗伯拜日遂得偏風不能視事文帝受禪疾愈加上開府拜潞州刺史昂見天下無事上表請勸學行禮上覽而善之優詔答昂自是天下州縣皆置博士習禮焉昂在州甚有惠政卒官子調嗣

盧柔字子剛少孤爲叔母所養撫視甚於其子柔盡心溫凊亦同己親宗族歎重之性聰敏好學未弱冠解屬文但口吃不能持論頗使酒誕節爲世所譏司徒臨淮王彧見而器之以女妻焉及魏孝武與齊神武有隙詔賀拔勝出牧荊州柔謂因此可著功績遂從勝之荊州以柔爲大行臺郎中掌書記軍中機務柔多預之及勝爲太保以柔爲掾加冠軍將軍孝武後召勝引兵赴洛勝以問柔曰高歡託晉陽之甲意實難知公宜席卷赴都與決勝負存沒以之此忠之上策也若北阻魯陽南幷舊楚東連兗豫西接關中帶甲十萬觀釁而動亦中策也舉三荊之地通款梁國可以身免功名去矣策之下者勝輕柔年少笑而

不應及孝武西遷東魏遣侯景襲穰勝敗遂南奔梁柔亦從之勝頻表梁求歸武帝覽表嘉其辭彩既知柔所製因遣舍人勞問并遺縑錦後與勝俱還行至襄陽齊神武懼勝西入遣侯景以輕騎邀之勝及柔懼乃棄船山行贏糧冒險經數百里時屬秋霖徒侶凍餒死者大半至豐陽界柔迷失道獨宿僵木之下寒雨衣濕殆至於死大統二年至長安封容城縣男邑二百戶太祖重其才引爲行臺郎中加平東將軍除從事中郎與蘇綽對掌機密時沙苑之後大軍屢捷汝潁之間多舉義來附書翰往反日百餘牒柔隨機報答皆合事宜進爵爲子增邑三百戶除中書舍人遷司農少卿轉郎兼著作撰起居注後拜黃門侍郎文帝知其貧解衣賜之魏廢帝元年加車騎大將軍儀同三司散騎常侍中書監孝閔帝踐阼拜小內史遷內史大夫進位開府卒於位所作詩頌碑銘檄表啓行於世者數十篇子愷嗣愷字長仁涉獵經史有當世幹能起家齊王記室歷吏部內史上士禮部下大夫尋爲聘陳副使大象初拜東京吏部下大夫

唐瑾字附璘父永性溫恭有器量博涉經史雅好屬文身長八尺二寸容貌甚

偉年十七周文聞其名乃貽承書曰聞公有二子曰陵從橫多武略瑾雍容富文雅可並遣入朝孤欲委以文武之任因召拜尚書員外郞相府記室參軍事軍書羽檄瑾多掌之從破沙苑戰河橋並有功封姑臧縣子累遷尚書右丞吏部郞中于時魏室播遷庶務草刱朝章國典瑾並參之遷戶部尚書進位驃騎大將軍開府儀同三司賜姓宇文氏時燕公于謹勳高望重朝野所屬白文帝言瑾學行兼修願與之同姓結爲兄弟庶子孫承其餘論有益義方文帝歎異者久之更賜瑾姓萬紐于氏瑾乃深相結納敦長幼之序謹亦庭羅子孫行弟姪之敬其爲朝望所宗如此進爵臨淄縣伯轉吏部尚書銓綜衡流雅有人倫之鑒以父憂去職尋起令視事時六尚書皆一時之秀周文自謂得人號爲六俊然瑾尤見器重于謹南伐江陵以瑾爲元帥府長史軍中謀略多出瑾焉江陵旣平衣冠仕伍並沒爲僕隸瑾察其才行有片善者輒議免之賴瑾獲濟者甚衆時論多焉及軍還諸將多因虜掠大獲財物瑾一無所取唯得書兩車載之以歸或白文帝曰唐瑾大有輜重悉是梁朝珍玩文帝初不信之然欲明其

虛實密遣使檢閱之唯見墳籍而已乃歎曰孤知此人來二十許年明其不以利干義向若不令檢視恐常人有投杼之疑所以益明之耳凡受人委任當如此也論平江陵功進爵爲公六官建授禮部中大夫出爲蔡州刺史歷柘州硤州所在皆有德化人吏稱之轉荆州總管府長史入爲吏部中大夫歷御正納言中大夫曾未十旬遂遷四職搢紳以爲榮久之除司宗中大夫兼內史尋卒于位贈小宗伯謚曰方瑾性方重有風格退朝休暇恆著衣冠以對妻子遇迅雷烈風雖閑夜宴寢必起冠帶端笏危坐又好施與家無餘財所得祿賜常散之宗族其尤貧者又割膏腴田宅以賑之所留遺子孫者並墝埆之地朝野以此稱之撰新儀十篇所著賦頌碑誄二十餘萬言孫大智嗣瑾次子令則性好篇章兼解音律文多輕豔爲時人所傳天和中以齊馭下大夫使於陳大象中官至樂部下大夫仕隋位太子左庶子皇太子勇廢被誅

周書卷三十二

周書卷三十三

唐　令　狐　德　棻　等　撰

列傳第二十五

庫狄峙　楊荐　趙剛　王慶　趙昶　王悅　趙文表

庫狄峙其先遼東人本姓段氏匹磾之後也因避難改焉後徙居代世爲豪右祖淩武威郡守父貞上洛郡守峙少以弘厚知名善騎射有謀略仕魏位高陽郡守爲政仁恕百姓頗悅之孝武西遷峙乃棄官從入關大統元年拜中書舍人參掌機密以恭謹見稱遷黃門侍郎時與東魏爭衡戎馬不息蠕蠕乘虛屢爲邊患朝議欲結和親乃使峙往峙狀貌魁梧善於辭令蠕蠕主雅信重之自是不復爲寇太祖謂峙曰昔魏絳和戎見稱前史以君方之彼有愧色封高邑縣公邑八百戶遷驃騎將軍岐州刺史加散騎常侍增邑二百戶開府儀同三司恭帝元年徵拜侍中蠕蠕滅後突厥強盛雖與文帝通好而外連齊氏太祖又令峙銜命喻之突厥感悟卽執齊使歸諸京師錄前後功拜大將軍安豐郡

公邑通前二千戸尋除小司空孝閔踐阼轉小司寇世宗初爲都督益潼等三十一州諸軍事益州刺史峙性寬和尙清靜甚爲夷獠所安保定四年除宣州刺史天和三年入爲少師峙以年老表乞骸骨手詔許之五年卒贈同州刺史諡曰定子嶷嗣少知名起家吏部上士歷小內史小納言授開府階遷職方中大夫爲蔡州刺史卒於官子授嗣

楊荐字承略秦郡寧夷人也父寶昌平郡守荐幼孤早有名譽性廉謹喜怒不形於色魏永安中隨尒朱天光入關討羣賊封高邑縣男文帝臨夏州補帳內都督及平侯莫陳悅使荐入洛陽請事魏孝武帝授文帝關西大行臺仍除荐直閤將軍時馮翊長公主嫠居孝武意欲歸諸文帝乃令武衞元毗喻旨荐歸白文帝又遣荐入洛陽請之孝武卽許焉孝武欲向關中荐贊成其計孝武曰卿歸語行臺迎我文帝又遣荐與長史宇文測出關候接孝武至長安進爵清水縣子魏大統元年蠕蠕請和親文帝遣荐與楊寬使𦉢結婚而還進爵爲侯又使荐納幣於蠕蠕魏文帝郁久閭后崩文帝遣僕射趙善使蠕蠕更請婚善

至夏州聞蠕蠕貳於東魏欲執使者䓁懼乃還文帝乃使荐往賜黃金十斤雜
綵三百疋荐至蠕蠕責其背惠食言幷論結婚之意蠕蠕感悟乃遣使隨荐報
命焉及侯景來附文帝令荐與鎮遏荐知景翻覆遂求還具陳事實文帝乃遣
使密追助景之兵尋而景叛十六年大軍東討文帝恐蠕蠕乘虛寇掠乃遣荐
往更論和好以安慰之進使持節驃騎大將軍開府儀同三司加侍中孝閔帝
踐阼除御伯大夫進爵姚谷縣公仍使突厥結婚突厥可汗弟地頭可汗阿史
那庫頭居東面與齊通和說其兄欲背先約計謀已定將以荐等送齊荐知其
意乃正色責之辭氣慷慨涕泗橫流可汗慘然良久曰幸無所疑當共平東賊
然後發遣我女乃令荐先報命仍請東討以奉使稱旨遷大將軍保定四年又
納幣於突厥還行小司馬又行大司徒從陳公純等逆女於突厥進爵南安郡
公天和三年遷總管梁州刺史後以疾卒
趙剛字僧慶河南洛陽人也曾祖蔚魏幷州刺史祖寧高平太守父和太平中
陵江將軍南討度淮聞父喪輒還所司將致之於法和曰罔極之恩終天莫報

若許安厝禮畢而即罪戮死且無恨言訖號慟悲感傍人主司以聞遂宥之喪畢除寧遠將軍大統初追贈右將軍膠州刺史剛少機辯有幹能起家奉朝請累遷鎮東將軍銀青光祿大夫歷大行臺郎中征東將軍加金紫階領司徒府從事中郎加閤內都督及魏孝武與齊神武構隙剛密奉旨召東荊州刺史馮景昭率兵赴闕未及發而神武已逼洛陽孝武西遷景昭集府僚文武議其去就司馬馮道和請據州待北方處分剛曰公宜勤兵赴行在所久之更無言者剛抽刀投地曰公若為忠臣可斬道和如欲從賊可見殺景昭感悟遂率衆赴關右屬侯景逼穰城東荊州人楊祖歡等起兵應景以其衆邀景昭於路景昭戰敗剛遂沒於蠻後自贖免乃見東魏東荊州刺史李魔憐勸令歸關西魔憐納之使剛至并州密觀事勢神武引剛內宴因令剛齎書申勅荊州剛還報魔憐仍說魔憐斬祖歡等以州歸西魔憐乃使剛入朝大統初剛於霸上見太祖具陳關東情實太祖嘉之封陽邑縣子邑三百戶除車騎將軍左光祿大夫論復東荊州功進爵臨汝縣伯邑五百戶初賀拔勝獨孤信以孝武西遷之後並

流寓江左至是剛言於魏文帝請追而復之乃以剛爲兼給事黃門侍郎使梁魏與齊移書與其梁州刺史杜懷寶等論隣好并致請勝等移書寶即與剛盟歃受移赴建康仍遣行人隨剛報命是年又詔剛使三荊聽在所便宜從事使還稱旨進爵武城縣侯除大丞相府帳內都督復使魏與重申前命尋而梁人禮送賀拔勝獨孤信等頃之御史中尉董紹進策請圖梁漢以紹爲行臺梁州刺史率士馬向漢中剛以爲不可而朝議已決遂出軍紹竟無功而還免爲庶人除剛穎川郡守加通直散騎常侍衞大將軍從復弘農進拜大都督東道軍司節度開府李延孫等七軍攻復陽城擒太守王智納轉陳留郡守東魏行臺吉寧率衆三萬攻陷郡城剛突出還保穎川重行郡事復爲侯景所破乃率餘衆赴洛陽大行臺元海遣剛還郡徵糧時景衆已入穎川剛於西界招復陽翟二萬戶轉輸送洛明年洛陽不守剛遠隔敵中連戰破東魏廣州刺史李仲侃時侯景别帥陸太穎川郡守高沖等衆八千人寇襄城等五郡剛簡步騎五百大破沖等開府李延孫爲長史楊伯蘭所害剛擊斬之又攻拔廣州進軍陽翟

侯景自鄴入魯陽與剛接戰旬有三日旋軍宜陽時河南城邑一彼一此剛復
出軍伊洛侯景亦度河築城剛前後下景三郡獲郡守一人别破其行臺梅遷
斬首千餘級除尚書金部郎中高仲密以北豫州來附兼大行臺左丞持節赴
潁川節度義軍師還剛别破侯景前驅於南陸復獲其郡守二人時有流言傳
剛東叛齊神武因設反間聲遣迎接剛乃率騎襲其下塢拔之露板言狀太祖
知剛無貳乃加賞賚焉除營州刺史進爵爲公增邑二百戶加大都督車騎大
將軍儀同三司散騎常侍漕州民鄭五醜構逆與叛羌傍乞鐵忽相應令剛往
鎮之將發魏文帝引見內寢舉觴屬剛曰昔侯景在東爲卿所困黠羌小豎豈
足勞卿謀慮也時五醜已剋定夷鎮所在立柵剛至並攻破之散其黨與五醜
於是西奔鐵忽剛又進破鐵忽僞廣寧郡屬守文貴等西討詔以剛行渭州事
資給糧餼鐵忽平所獲羌卒千人配剛軍中教以戎旅皆盡其力用加驃騎大
將軍開府儀同三司入爲光祿卿六官建拜膳部中大夫孝閔帝踐阼進爵浮
陽郡公出爲利州總管利沙方渠四州諸軍事沙州氐恃險逆命剛再討服之

方州生獠自此始從賦役剛以僞信州濱江負阻遠連殊俗蠻左強獷歷世不賓乃表請討之詔剛率利沙等十四州兵兼督儀同十人馬步一萬往經略焉仍加授渠州刺史剛初至渠帥憚其軍威相次降款後以剛師出踰年士卒疲弊尋復亡叛後遂以無功而還又與所部儀同尹才失和被徵赴闕遇疾卒於路年五十七贈忠浙涿三州刺史謚曰成子元卿嗣

王慶字興慶太原祁人也父因魏靈州刺史懷德縣公慶少開悟有才略初從文帝征伐復弘農破沙苑並有戰功每獲殊賞大統十年授殿中將軍孝閔帝踐阼晉公護引爲典籤慶樞機明辨漸見親待授大都督武成元年以前後功賜爵始安縣男二年行小賓部保定二年使吐谷渾與共分疆仍論和好之事渾主悅服遣所親隨慶貢獻初突厥與周和親許納女爲后而齊人知之懼成合從之勢亦遣使求婚財饋甚厚突厥貪其重賂便許之朝議以魏氏昔與蠕蠕結婚遂爲齊人離貳今者復恐改變欲遣使結之遂授慶左武伯副楊荐爲使是歲遂與入幷之役慶乃引突厥騎與隋公楊忠至太原而還以齊人許送

皇姑及世母朝廷遂與通和突厥聞之復致疑阻於是又遣慶往喻之可汗感悅結好如初五年復與宇文貴使突厥逆女自此以慶信著北蕃頻歲出使後更至突厥屬其可汗暴殂突厥謂慶曰前後使來逢我國喪者皆務面表哀況今二國和親豈得不行此事慶抗辭不從突厥見其守正卒不敢逼武帝聞而嘉之錄慶前後使功遷開府儀同三司兵部大夫進爵爲公歷丹中二州刺史爲政嚴肅吏不敢欺大象元年授小司徒加上大將軍總管汾石二州五鎮諸軍事汾州刺史又除延州總管進位柱國開皇元年進爵平昌郡公卒于鎮贈上柱國謚曰莊子淹嗣

趙昶字長舒天水南安人也曾祖襄仕魏至中山郡守因家於代祖泓廣武令父琛上洛郡守昶少聰敏有志節弱冠以材力聞孝昌中起家拜都督鎮小平津魏北中郎將高千甚敬重之千牧兗州以昶行臨淄北梁二郡事大統初千還鎮陝又以昶爲長史中軍都督太祖平弘農擢爲相府典籤大統九年大軍失律於邙山清水氐酋李鼠仁自軍逃還憑險作亂隴右大都督獨孤信頻遣

軍擊之不克太祖將討之欲先遣覘其勢顧問誰可爲左右莫對昶曰此小豎爾以公威孰不聽命太祖壯之遂令昶使焉昶見鼠仁喻以禍福羣凶聚議或從或否其逆命者復將加刃於昶而昶神色自若志氣彌厲鼠仁感悟遂相率降氐梁道顯叛攻南田太祖復遣昶慰諭之道顯等皆卽款附東秦州刺史魏光因徙其豪帥四十餘人幷部落於華州太祖卽以昶爲都督領之先是汾州胡叛再遣昶慰勞之皆知其虛實及大軍往討昶爲先驅遂破之以功封章武縣伯邑五百戶十五年拜安夷郡守帶長蚍鎭將氐族荒獷世號難治昶威懷以禮莫不悅服期歲之後樂從軍者千餘人加授帥都督時屬軍機科發切急氐情難之復相率謀叛昶又潛遣誘說離間其情因其攜貳遂輕往臨之羣氐不知所爲咸來見昶乃收其首逆者二十餘人斬之餘衆遂定朝廷嘉之除大都督行南秦州事時氐帥蓋鬧等反昶復討擒之進撫軍將軍加通直散騎常侍又與史寧破宕昌羌獠二十餘萬拜武州刺史車騎大將軍儀同三司諸州軍事魏恭帝初加驃騎大將軍開府儀同三司潭水羌叛殺武陵潭水二郡守

䄠率儀同駱天乂等騎步五千討平之世宗初鳳州人仇周貢魏興等反自號
周公有衆八千人破廣化郡攻沒諸縣分兵西入圍廣業修城二郡廣業郡守
薛爽修城郡守杜杲等請䄠爲援䄠遣使報杲爲周貢黨樊伏興等所獲興等
知䄠將至解修城圍據泥功嶺設六伏以待䄠䄠至遂遇其伏合戰破之廣業
之圍亦解䄠追之至泥陽川而還興州人段吒及氐酋羌多復反攻沒郡縣䄠
討斬之語在氐傳䄠自以被拔擢居將帥之任傾心下士虜獲氐羌撫而使之
皆爲䄠盡力太祖常曰不煩國家士馬而能威服氐羌者趙䄠有之矣至是世
宗錄前後功進爵長道郡公賜姓宇文氏賞勞甚厚二年徵拜賓部中大夫行
吏部尋以疾卒
王悅字衆喜京兆藍田人也少有氣幹爲州里所稱魏永安中尒朱天光西討
引悅爲其府騎兵參軍除石安令太祖初定關隴悅率募鄉里從軍屢有戰功
大統元年除平東將軍相府刑獄參軍封藍田縣伯邑六百戶四年東魏將侯
景攻圍洛陽太祖赴援悅又率鄉里千餘人從軍至洛陽將戰之夕悅罄其行

資市牛饗戰士及戰悅所部盡力斬獲居多六年加通直散騎常侍遷大行臺右丞十年轉左丞久居管轄頗獲時譽十二年齊神武親率諸軍圍玉壁大都督韋孝寬拒守累旬敵方引退朝廷以寬勳重遣尚書長孫紹遠爲大使悅爲副使勞問寬等并校定勳人十三年侯景據河南來附仍請兵爲援太祖先遣韋法保賀蘭願德等帥衆助之悅言於太祖曰侯景之於高歡始則篤鄉黨之情末乃定君臣之契位居上將職重台司論其分義有同魚水今歡始死景便離貳豈不知君臣之道有虧忠義之禮不足蓋其所圖既大不卹小嫌然尚能背德於高氏豈肯盡節於朝廷今若益之以勢援之以兵非唯侯景不爲池中之物亦恐朝廷貽笑將來也太祖納之乃遣行臺郎中趙士憲追法保等而景尋叛十四年授雍州大中正帥都督加衞將軍右光祿大夫都督率所部兵從大將軍楊忠征隨郡安陸並平之時懸兵深入悅支度路程勒其部伍節減糧食及至竟陵諸軍多有匱乏悅出稟米六百石分給之太祖聞而嘉焉尋拜京兆郡守加使持節車騎大將軍儀同三司散騎常侍還大行臺尚書又領所部

兵從達奚武征梁漢軍出武令悅說其城主楊賢悅乃貽之書曰夫惟德是輔天道之常也見機而作人事之會也梁主內虧刑政外闕藩籬疋夫攘袂舉國傾覆非直下民離心抑亦上玄所棄我相公膺千齡之運創三分之業道洽區中威振方外聲教所被風行草偃兵車所指雲除霧廓斯固天下所共聞無俟二談也大將軍高陽公韞韜略之秘總熊羆之旅受脤廟堂威懷巴漢先附者必賞後服者必誅君兵糧既寡救援路絶欲守則城池無縈帶之險欲戰則士卒有土崩之勢以此求安未見其可昔韓信背項前典以爲美談黃權歸魏良史稱其盛烈事有變通今其則也賢於是遂降悅白武云白馬要衝是必爭之地今城守寡弱易可圖也若蜀兵更至攻之實難武然之令悅率輕騎七百徑趣白馬悅先示其禍福其將梁深遂以城降梁武陵王紀果遣其將任奇率步騎六千欲先據白馬行次關城聞已降乃還及梁州平太祖即以悅行刺史事招攜初附民吏安之魏廢帝二年徵還本任屬改行臺爲中外府尚書員廢以儀同領兵還鄉里悅既久居顯職及此之還私懷怏怏猶陵駕鄉里失宗黨之

情其長子康恃悅舊望遂自驕縱所部軍人將有婚禮康乃非理淩辱軍人訴之悅及康並坐除名仍配流遠防及于謹伐江陵平悅從軍展効因留鎮之孝閔踐阼依例復官授郢州尋拜使持節驃騎大將軍開府儀同三司大都督司水中大夫進爵藍田縣侯遷司憲中大夫賜姓宇文氏又進爵河北縣公悅性儉約不營生業雖出入榮顯家徒四壁而已世宗手勅勞勉之賜粟六百石保定元年卒於位康嗣官至司邑下大夫

趙文表其先天水西人也後徙居南鄭累世爲二千石父江性方嚴有度量歷官東巴州刺史計部中大夫驃騎大將軍開府儀同三司御伯中大夫封昌國縣伯贈虞絳二州刺史謚曰貞文表少而修謹志存忠節便弓馬能左右馳射好讀左氏春秋略舉大義起家爲太祖親信魏恭帝元年從開府田弘征山南以功授都督復從平南巴州及信州還帥都督又從許國公宇文貴鎮蜀行昌城郡事加中軍將軍左金紫光祿大夫保定元年除許國公府司馬轉大都督五年授畿伯下大夫又爲許國公府長史尋拜車騎大將軍儀同三司仍從宇

文貴使突厥迎皇后進止儀注皆令文表典之文表斟酌而行皆合禮度及皇后將入境突厥託以馬瘦行徐文表慮其爲變遂說突厥使羅莫緣曰后自發彼藩已淹時序途經沙漠人馬疲勞且東寇每伺間隙吐谷渾亦能爲變今君以可汗之愛女結姻上國曾無防慮豈人臣之體乎莫緣然之遂倍道兼行數日至甘州以迎后功別封伯陽縣伯邑六百戶天和三年除梁州總管府長史所管地名恆陵者方數百里並生獠所居恃其險固常懷不軌文表率衆討平之遷蓬州刺史政尚仁恕夷獠懷之加驃騎大將軍開府儀同三司又進位大將軍爵爲公大象中拜吳州總管時開府于顗爲吳州刺史及隋文帝執政尉遲迥等舉兵遠近騷然人懷異望顗自以族大且爲國家肺腑懼文表圖己謀欲先之乃稱疾不出文表往問之顗遂手刃文表因令吏人告云文表謀反仍馳啓其狀隋文以諸方未定恐顗爲變遂授顗吳州總管以安之後知文表無異志雖不罪顗而聽其子仁海襲爵

周書卷三十三考證

王悅傳斯固天下所共聞無俟二談也○二字上疑脫一字

悅先示其禍福其將梁深遂以城降○北史作梁將深悟

果遣其將任奇○任奇北史作任珍奇

授鄀州○北史云授鄀州刺史脫刺史二字

趙文表傳父江○北史云父汪

周書卷三十三考證

周書卷三十四

唐　令狐德棻等撰

列傳第二十六

趙善　元定　楊摽　韓盛　裴寬弟漢　尼　鴻　楊敷

趙善字僧慶太傅楚國公貴之從祖兄也祖國魏龍驤將軍洛州刺史父更安樂太守善少好學涉獵經史美容儀沉毅有遠量永安初尒朱天光爲肆州刺史辟爲主簿深器重之天光討邢杲及万俟醜奴以善爲長史軍中謀議每參預之天光爲關右行臺表善爲行臺左丞加都督征虜將軍普泰初賞平關隴之功拜驃騎將軍大行臺散騎常侍封山北縣伯邑五百戶俄除持節東雍州諸軍事雍州刺史天光東拒齊神武於韓令陵善又以長史從及天光敗見殺善請收葬其屍齊神武義而許之賀拔岳總關中兵乃遣迎善復以爲長史岳爲侯莫陳悅所害善共諸將翊戴太祖仍從平悅魏孝武西遷除都官尚書改封襄城縣伯增邑五百戶頃之爲北道行臺與儀同李虎等討曹泥克之還車

騎大將軍儀同三司尙書右僕射進爵爲公增邑幷前一千五百戸大統三年
轉左僕射兼侍中監著作領太子詹事善性温恭有器局雖位居端右而逾自
謙退其職務克舉則曰某官之力若有罪責則曰善之咎也時人稱其公輔之
量太祖亦雅敬重焉九年從戰邙山屬大軍不利善爲敵所獲遂卒於東魏建
德初朝廷與齊通好齊人乃歸其柩其子絢表請贈諡詔贈大將軍大都督岐
宜寧豳四州諸軍事岐州刺史諡曰敬子度字幼濟車騎大將軍儀同三司度
弟絢字會續驃騎大將軍開府儀同三司浙資二州刺史
元定字願安河南洛陽人也祖比頹魏安西將軍務州刺史父道龍征虜將軍
鉅鹿郡守定惇厚少言內沉審而外剛毅永安初從尒朱天光討關隴羣賊並
破之除襄威將軍及賀拔岳被害定從太祖討侯莫陳悅以功拜平遠將軍步
兵校尉魏孝武西遷封高邑縣男邑二百戸從擊潼關拔回洛城進爵爲伯增
邑三百戸加前將軍太中大夫從擒竇泰復弘農破沙苑戰河橋定皆先鋒當
其前者無不披靡以前後功累遷都督征東將軍金紫光祿大夫帥都督增邑

三百戶邛山之役敵人如堵定奮矟衝之殺傷甚衆無敢當者太祖親觀之論功爲最賞物甚厚十三年授河北郡守加大都督通直散騎常侍增邑通前一千戶定有勇略每戰必陷陣然未嘗自言其功太祖深重之諸將亦稱其長者十五年還使持節車騎大將軍開府儀同三司進爵爲公魏廢帝二年以宗室進封建城郡王二年行周禮爵隨例改封長湖郡公世宗初拜岷州刺史威恩兼濟甚得羌豪之情先時生羌據險不賓者至是並出山谷從征賦焉及定代還羌豪等感戀之保定中授左宮伯中大夫久之轉左武伯中大夫進位大將軍天和二年陳湘州刺史華皎舉州歸梁梁主欲因其隙更圖攻取乃遣使請兵詔定從衛公直率衆赴之梁人與華皎皆爲水軍定爲陸軍直總督之俱至夏口而陳郢州堅守不下直令定率步騎數千圍之陳遣其將淳于量徐度吳明徹等水陸來拒量等以定已度江勢分遂先與水軍交戰而華皎所統之兵更懷疑貳遂爲陳人所敗皎得脫身歸梁定既孤軍懸隔進退路絕陳人乘勝水陸逼之定乃率所部斫竹開路且行且戰欲趣湘州而湘州已陷徐度等知

定窮迫遣使僞與定通和重爲盟誓許放還國定疑其詭詐欲力戰死之而定長史孫隆及諸將等多勸定和定乃許之於是與度等刑牲歃血解仗就船遂爲度等所執衆軍亦被囚虜送詣丹陽居數月憂憤發病卒子樂嗣

楊摽字顯進正平高涼人也祖貴父猛並爲縣令摽少豪俠有志氣魏孝昌中尒朱榮殺害朝士大司馬城陽王元徽逃難投摽摽藏而免之孝莊帝立徽乃出復爲司州牧由是摽以義烈聞擢拜伏波將軍給事中元顥入洛孝莊欲往晉陽就尒朱榮詔摽率其宗人收船馬渚摽未至帝已北度太行摽遂匿所收船不以資敵及尒朱榮奉帝南討至馬渚摽乃具船以濟王師顥平封肥如縣伯五百戶加鎮遠將軍步兵校尉行濟北郡事進都督平東將軍太中大夫從魏孝武入關進爵爲侯增邑八百戶加撫軍銀青光祿大夫時東魏遷鄴太祖欲知其所爲乃遣摽間行詣鄴以觀察之使還稱旨授通直散騎常侍車騎將軍稽胡恃險不賓屢行抄竊以摽兼黃門侍郎往慰撫之摽頗有權略能得邊情誘化酋渠多來款附乃有隨摽入朝者時弘農爲東魏守摽從太祖攻拔之

然自河以北猶附東魏擲父猛先爲邵郡白水令擲與其豪右相知請微行詣
邵郡舉兵以應朝廷太祖許之擲遂行與土豪王覆憐等陰謀舉事密相應會
者三千人內外俱發遂拔邵郡擒郡守程保及令四人並斬之衆議推擲行郡
事擲以因覆憐成事遂表覆憐爲邵郡守以功授大行臺左丞率義徒更爲經
略於是遣諜人誘說東魏城堡旬月之閒正平河北南涉二絳建州大寧等城
並有請爲內應者大軍因攻而拔之以擲行正平郡事左丞如故齊神武敗於
沙苑其將韓軌潘洛可朱渾元等爲殿擲分兵要截殺傷甚衆東雍州刺史馬
恭懼擲威聲棄城遁走擲遂移據東雍州太祖以擲有謀略堪委邊任乃表行
建州事時建州遠在敵境三百餘里然擲威恩夙著所經之處多並贏糧附之
比至建州衆已一萬東魏刺史車折於洛出兵逆戰擲擊敗之又破其行臺斛
律俱步騎二萬於州西大獲甲仗及軍資以給義士由是威名大振東魏遣太
保侯景攻陷正平復遣行臺薛循義率兵與斛律俱相會於是敵衆漸盛擲以
孤軍無援且腹背受敵謀欲拔還恐義徒背叛遂僞爲太祖書遣人若從外送

來者云已遣軍四道赴援因令人漏泄使所在知之又分土人義首令領所部
四出抄掠擬供軍費擲分遣訖遂於夜中拔還邵郡朝廷嘉其權以全軍即授
建州刺史時東魏以正平爲東雍州遣薛榮祖鎮之擲將謀取之乃先遣奇兵
急攻汾橋榮祖果盡出城中戰士於汾橋拒守其夜擲率步騎二千從他道濟
遂襲克之進驃騎將軍既而邵郡民以郡東叛郡守郭武安脫身走免擲又率
兵攻而復之轉正平郡守又擊破東魏南絳郡虜其郡守屈僧珍錄前後功別
封郃陽縣伯邑五百戶邙山之戰擲攻拔柏谷塢因即鎮之及大軍不利擲亦
拔還而東魏將侯景率騎追擲擲與儀同韋法保同心抗禦且前經十數里景
乃引退太祖嘉之賜帛三百疋復授建州刺史鎮車箱擲久從軍役未及葬父
至是表請還葬詔贈其父車騎大將軍儀同三司晉州刺史贈其母夏陽縣君
並給儀衛州里榮之及齊神武圍玉壁別令侯景趣齊子嶺擲恐入寇邵郡率
騎禦之景聞擲至斫木斷路者六十餘里猶驚而不安遂退還河陽其見憚如
此十二年進授大都督加晉建二州諸軍事又攻破蓼塢獲魏將李顯進儀同

三司尋遷開府復除建州邵郡河內汲郡黎陽等諸軍事領邵郡十六年大軍東討授大行臺尙書率義衆先驅敵境攻其四戍拔之時以齊軍不出乃追擲還併肥如郃陽二邑合一千八百戶改封華陽縣侯又於邵郡置邵州以擲爲刺史率所部兵鎮之保定四年遷少師其年大軍圍洛陽詔擲率義兵萬餘人出軹關然擲自鎮東境二十餘年數與齊人戰每常克獲以此遂有輕敵之心時洛陽未下而擲深入敵境又不設備齊人奄至大破擲軍擲以衆敗遂降於齊擲之立勳也有慷慨壯烈之志及軍敗遂就虜以求苟免時論以此鄙之朝廷猶錄其功不以爲罪令其子襲爵擲之敗也新平郡守韓盛亦於洛陽戰沒

盛字文熾南陽堵陽人也五世祖遠爲鄭縣令因徙居京兆之渭南焉曾祖艮舉秀才奉朝請姑臧令祖與魏儻城郡守贈直州刺史父先藻安夷鄜城二郡守贈鎮遠將軍義州刺史盛幼有操行涉獵經史兼善騎射膂力過人魏大統初起家開府行參軍轉參軍事從李遠積年征討每有戰功累遷至都督輔國將軍中散大夫帥都督持節平東將軍太中大夫銀青光祿大夫大都督明帝

二年封臨淄縣子邑三百戶保定四年授使持節車騎大將軍儀同三司虞部下大夫出爲新平郡守居官清靜嚴而不殘矜恤孤貧抑挫豪右賊盜止息郡治肅然尋以本官從晉公護東討於洛陽戰沒贈淅洛義三州刺史諡曰壯子謙嗣官至大都督感二兄德輿仲恭德輿姿貌魁傑有異常人歷官持節車騎大將軍儀同三司通洛慈澗防主邵州刺史任城縣男仲恭美容儀澹於榮利郡累辟爲功曹中正仲恭答曰第五之號豈減驃騎乎後歷廣原靈原新豐三縣令所在皆有聲績有八子並有志操少子紉約後最知名

裴寬字長寬河東聞喜人也祖德歡魏中書郎河內郡守父靜慮銀青光祿大夫贈汾州刺史寬儀貌瓌偉博涉羣書弱冠爲州里所稱與二弟漢尼是和知名親歿撫弟以篤友聞滎陽鄭孝穆常謂從弟文直曰裴長寬兄弟天倫篤睦人之師表吾愛之重之汝可與之遊處年十三以選爲魏孝明帝挽郎釋褐員外散騎侍郎魏孝武末除廣陵王府直兵參軍加寧朔將軍員外散騎常侍及孝武西遷寬謂其諸弟曰權臣擅命乘輿播越戰爭方始當何所依諸弟咸不

能對寬曰君臣逆順大義昭然今天子西幸理無東面以虧臣節乃將家屬避難於大石嶺獨孤信鎮洛陽始出見焉時汾州刺史韋子粲降於東魏子粲兄弟在關中者咸已從坐其季弟子爽先在洛窘急乃投寬寬開懷納之遇有大赦或傳子爽合免因爾遂出子爽卒以伏法獨孤信召而責之寬曰窮來見歸義無執送今日獲罪是所甘心以經赦宥罪得不坐大統五年授都督同軌防長史加征虜將軍十三年從防主韋法保向潁川解侯景圍景密圖南叛軍中頗有知者以其事計未成外示無貳往來諸軍間侍從寡少軍中名將必躬自造至於法保尤被親附寬謂法保曰侯景狡猾必不肯入關雖託款於公恐未可信若仗兵以斬之亦一時之計也如曰不然便須深加嚴警不得信其誑誘自貽後悔法保納之然不能圖景但自固而已十四年與東魏將彭樂恂戰於新城因傷被擒至河陰見齊文襄寬舉止詳雅善於占對文襄甚賞異之謂寬曰卿三河冠蓋材識如此我必使卿富貴關中貧校何足可依勿懷異圖也因解鏁付館厚加其禮寬乃裁臥氈夜縋而出因得遁還見於太祖太祖顧謂諸

公曰被堅執銳或有其人疾風勁草歳寒方驗裴長寬為高澄如此厚遇乃能
冒死歸我雖古之竹帛所載何以加之乃手書署寬名下授持節帥都督封夏
陽縣男邑三百戶并賜馬一疋衣一襲卽除孔城城主十六年遷河南郡守仍
鎭孔城尋加撫軍大都督通直散騎常侍魏廢帝元年進使持節車騎大將軍
儀同三司散騎常侍孝閔帝踐阼進爵為子寬在孔城十三年與齊洛州刺史
獨孤永業相對永業有計謀多譎詐或聲言春發秋乃出兵掩蔽消息倏忽而
至寬每揣知其情用兵邀擊無不克之永業常戒其所部曰但好鎭孔城自外
無足慮其見憚如此齊伊川郡守梁鲊常在境首抄掠太祖患之命寬經略焉
鲊行過妻家椎牛宴飲既醉之後不復自防寬密知之遣兵往襲遂斬之太祖
嘉焉賜奴婢金帶粟帛等武成二年徵拜司士中大夫保定元年出為汾州刺
史尋轉魯山防主四年加驃騎大將軍開府儀同三司天和二年行復州事三
年除溫州刺史初陳氏與國通和每脩聘好自華皎附後乃圖寇掠汾州既接
敵境事資守備於是復以寬為汾州刺史而州城埤狹器械又少寬知其難守

深以爲憂又恐秋水暴長陳人得乘其便卽白襄州總管請戍兵幷請移城於
羊蹄山權以避水總管府許增兵守禦不許遷移城寬乃量度年常水至之處
豎大木於岸以備船行襄州所遣兵未至陳將程靈洗已率衆至於城下遂分
布戰艦四面攻之水勢猶小靈洗未得近城寬每簡募驍兵令夜掩擊頻挫其
銳相持旬日靈洗無如之何俄而雨水暴長所豎木上皆通船過靈洗乃以大
艦臨逼拍干打樓應卽摧碎弓弩大石晝夜攻之苦戰三十餘日死傷過半女
垣崩盡陳人遂得上城短兵相拒猶經二日外無繼援力屈城陷之後水便退
縮陳人乃執寬至揚州尋被送嶺外經數載後還建業遂卒於江左時年六十
七子義宣後從御正杜杲使於陳始得將寬柩還開皇元年隋文帝詔贈襄郢
二州刺史義宣起家譙王儉府記室轉司金二命士合江令寬弟漢
漢字仲霄操尙弘雅聰敏好學嘗見人作百字詩一覽便誦魏孝武初解褐員
外散騎侍郎大統五年除大丞相府士曹行參軍補墨曹參軍漢善尺牘尤便
簿領理識明贍決斷如流相府爲之語曰日下粲爛有裴漢十一年李遠出鎮

弘農啓漢爲司馬遠特相器遇尋加安東將軍銀青光祿大夫成都上士尋轉
司車路下大夫與工部郭彥大府高賓等參議格令每較量時事必有條理彥
等咸敬異之加帥都督天和中復與司宗孫恕典祀薛愼同爲八使巡察風俗
五年加車騎大將軍儀同三司漢少有宿疾恆帶虛羸劇職煩官非其好也時
晉公護擅權搢紳等多諂附之以圖仕進唯漢直道固守八年不徙職性不飲
酒而雅好賓遊每良辰美景必招引時彥宴賞留連間以篇什當時人物以此
重之自寬沒後遂斷絕遊從不聽琴瑟歲時伏臘哀慟而已撫養兄弟子情甚
篤至借人異書必躬自錄本至于疹疾彌年亦未嘗釋卷建德元年卒時年五
十九贈晉州刺史子鏡民少聰敏涉獵經史爲大將軍譚公會記室參軍後歷
宋王寔侍讀轉記室還司錄宣政初吏部上士大象末春官府都上士漢弟尼
尼字景尼性弘雅有器局起家奉朝請除梁王東閤祭酒還從事中郎加通直
散騎常侍隴西李際范陽盧誕並有高名於世與尼結忘年之交魏恭帝元年
以本官從于謹平江陵大獲軍實謹恣諸將校取之餘人皆競取珍玩尼唯取

梁元帝素琴一張而已謹深歎美之六官建拜御正下大夫尋以疾卒贈輔國將軍隨州刺史子之隱趙王招府記室參軍之隱弟師民好學有識度見稱於時起家秦王贇府記室參軍仍兼侍讀寬族弟鴻

鴻少恭謹有幹略歷官內外孝閔帝踐阼拜輔城公司馬加儀同三司爲晉公護雍州治中累遷御正中大夫進位開府儀同三司轉民部中大夫保定末出爲中州刺史九曲城主鎮守邊鄙甚有扞禦之能衞公直出鎮襄州以鴻爲襄州司馬天和初拜郢州刺史轉襄州總管府長史賜爵高邑縣侯從直南征軍敗遂沒尋卒於陳朝廷哀之贈豐資遂三州刺史

楊敷字文衍華山公寬之兄子也父暄字景和性朗悟有識學弱冠拜奉朝請歷員外散騎侍郎華州別駕尚書右中兵郎中輔國將軍諫議大夫以別將從魏廣陽王深征葛榮爲榮所害贈殿中尚書華夏二州諸軍事鎮西將軍華州刺史敷少有志操重然諾每覽書傳見忠臣烈士之事常慨然景慕之魏建義初襲祖鈞爵臨貞縣伯邑四百戶除員外羽林監大統元年拜奉車都尉歷尚

書左士郎中祠部郎中大丞相府墨曹參軍帥都督平東將軍太中大夫加撫
軍將軍通直散騎常侍魏恭帝二年遷廷尉少卿所斷之獄號稱平允孝閔帝
踐阼進爵爲侯增邑幷前八百戸除小載師下大夫使北豫州迎司馬消難還
授使持節蒙州諸軍事蒙州刺史先是蠻左等多受齊假署數爲亂逆敷推誠
布信隨方慰撫蠻左等感之相率歸附敷乃送其首四十餘人赴闕請因齊所
假而授之諸蠻等愈更感悅州境獲寧特降璽書勞問加車騎大將軍儀同三
司保定中徵爲司水中大夫夷夏吏民及荊州總管長孫儉並表請留之時議
欲東討將委敷以舟艦轉輸之事故弗許焉陳公純鎭陝西以敷爲總管長史
五年轉司木中大夫軍器副監敷明習吏事所在以勤察著名每歲奏課居最
累獲優賞進位驃騎大將軍開府儀同三司天和六年出爲汾州諸軍事汾州
刺史進爵爲公增邑一千五百戸齊將段孝先率衆五萬來寇梯衝地道晝夜
攻城敷親當矢石隨事扞禦拒守累旬孝先攻之愈急時城中兵不滿二千戰
死者已十四五糧儲又盡公私窮蹙齊公憲總兵赴救憚孝先不敢進軍敷知

必陷沒乃召其衆謂之曰吾與卿等俱在邊鎮實願同心戮力破賊全城但彊寇四面攻圍日久吾等糧食已盡救援斷絕守死窮城非丈夫也今勝兵之士猶數百人欲突圍出戰死生一決儻或得免猶冀生還受罪闕庭孰與死於寇乎吾計決矣於諸君意何如衆咸涕泣從命敷乃率見兵夜出擊殺齊軍數十人齊軍衆稍却俄而孝先率諸軍盡銳圍之敷殊死戰矢盡爲孝先所擒齊人方欲任用之敷不爲之屈遂以憂懼卒於鄴高祖平齊贈使持節大將軍淮廣復三州諸軍事三州刺史謚曰忠壯葬於華陰舊塋子素有文武材略大象末上柱國清河郡公

史臣曰自三方鼎峙羣雄競逐俊能馳騖各吠非主爭奮厲其智勇思赴蹈於仁義臨危不顧前哲所難趙善等或行彰於孝友或誠顯於忠概咸躬志力俱徇功名兵凶戰危城孤援絕楊敷趙善類龐德之勢窮元定裴寬同黃權之無路王旅不振非其罪也敷少而慷慨終能立節仁而有勇其最優乎楊攢屢有奇功狃於數勝輕敵無備兵破身囚未能遠謀良可嗟矣易曰師出以律否臧

凶傳曰不備不虞不可以師其楊㯳之謂也

周書卷三十四

周書卷三十四考證

楊摽傳加撫軍○北史云加撫軍將軍脫將軍二字

周書卷三十四考證

唐　令　狐　德　棻　等　撰

列傳第二十七

鄭孝穆子譯　崔謙弟說　崔猷　裴俠　薛端子冑　弟裕

薛善弟愼　敬珍敬祥

鄭孝穆字道和滎陽開封人魏將作大匠渾之十一世孫祖敬叔魏潁川濮陽郡守本邑中正父瓊范陽郡守贈安東將軍青州刺史孝穆幼而謹厚以清約自居年未弱冠涉獵經史父叔四人並早歿昆季之中孝穆居長撫訓諸弟有如同生閨庭之中怡怡如也魏孝昌初解褐太尉行參軍轉司徒主簿屬盜賊蜂起除假節龍驤將軍別將屢有戰功永安中遷冠軍將軍持節都督從元天穆討平邢杲進驃騎將軍左光祿大夫太師咸陽王長史及魏孝武西遷從入關除司徒左長史領臨洮王友賜爵永寧縣侯大統五年行武功郡事還使持節大將軍行岐州刺史當州都督在任未幾有能名就加通直散騎常侍王羆

時爲雍州刺史欽其善政遣使貽書慰相稱述先是所部百姓久遭離亂饑饉
相仍逃散殆盡孝穆下車之日戶止三千留情綏撫遠近咸至數年之內有四
萬家每歲考績爲天下最太祖嘉之賜書曰知卿莅職近畿留心治術凋弊之
俗禮教興行厭亂之民襁負而至昔郭伋政成幷部賈琮譽重冀方以古方今
彼有慚德於是徵拜京兆尹十五年梁雍州刺史岳陽王蕭詧稱藩來附時議
欲遣使慰選行人太祖歷觀內外無逾孝穆者十六年乃假孝穆散騎常侍持
節策拜詧爲梁王使還稱旨進車騎大將軍儀同三司加散騎常侍是年太祖
總戎東討除大丞相府右長史封金鄉縣男邑二百戶軍次潼關命孝穆與左
長史長孫儉司馬楊寬尚書蘇亮諮議劉孟良等分掌衆務仍令孝穆引接關
東歸附人士幷品藻才行而任用之孝穆撫納銓敘咸得其宜大將軍達奚武
率衆經略漢中以孝穆爲梁州刺史以疾不之部拜中書令賜姓宇文氏尋以
疾免孝閔帝踐阼加驃騎大將軍開府儀同三司進爵爲子增邑通一千戶晉
公護爲雍州牧辟爲別駕又以疾固辭武成二年徵拜御伯中大夫徙授御正

保定三年出爲宜州刺史轉華州刺史五年除虞州刺史轉陝州刺史頻歷數州皆有政績復以疾篤屢乞骸骨入爲少司空卒於位時年六十贈本官加鄭梁北豫三州刺史諡曰貞子詡嗣歷位納言爲聘陳使後至開府儀同三司大將軍邵州刺史詡弟譯於隋文帝有翊贊功開皇初又追贈孝穆大將軍徐兗等六州刺史改諡曰文

譯幼聰敏涉獵羣書尤善音樂有名於時世宗詔令事輔城公及高祖即位除都督稍遷御正下大夫頗被顧待東宮建以譯爲宮尹下大夫特被太子親愛建德二年爲聘齊使副及太子西征多有失德王軌宇文孝伯等以聞高祖大怒宮臣親幸者咸被譴責譯坐除名後例復官仍拜吏部下大夫宣帝嗣位授開府儀同大將軍內史中大夫封歸昌縣公邑千戶旣以恩舊任遇甚重朝政機密並得參詳尋遷內史上大夫進爵沛國公上大夫之官自譯始也及宣帝大漸御正下大夫劉昉乃與譯謀以隋公受遺輔少主隋文帝執政拜柱國大丞相府長史內史如故尋進位上柱國

崔謙字士遜博陵安平人也祖辯魏平遠將軍武邑郡守父楷散騎常侍光祿大夫殷州刺史贈侍中都督冀定相三州諸軍事驃騎大將軍儀同三司冀州刺史謙幼聰敏神彩嶷然及長深沉有識量歷觀經史不持章句志在博聞而已每覽經國緯民之事心常好之未嘗不撫卷歎息孝昌中解褐著作佐郎從太宰元天穆討邢杲破之以功授輔國將軍太中大夫還平東將軍尚書殿中郎賀拔勝出鎮荊州以謙爲行臺左丞勝雖居方岳之任至於安輯夷夏綱紀衆務皆委謙焉謙亦盡其智能以相匡弼勝有聲南州謙之力也及魏孝武將備齊神武之逼乃詔勝引兵赴洛軍至廣州帝已西遷勝乃遲疑將旋所鎮謙謂勝曰昔周室不造諸侯釋位漢道中微列藩盡節今皇家多故主上蒙塵寔忠臣枕戈之時義士立功之日也公受方面之重總宛葉之衆若杖義而動首唱勤王天下聞風孰不感激誠宜順義勇之志副遐邇之心倍道兼行謁帝關右然後與宇文行臺同心協力電討不庭則桓文之勳復興於玆日矣捨此不爲中道而退便恐人皆解體士各有心一失事機後悔何及勝不能用而人情

果大騷動還未至州州民鄧誕引侯景軍奄至勝與戰敗績遂將麾下數百騎南奔於梁謙亦與勝俱行及至梁每乞師赴援梁武帝雖不爲出軍而嘉勝等志節並許其還國乃令謙先還且通隣好魏文帝見謙甚悅謂之曰卿出萬死之中投身江外今得生還本朝豈非忠貞之報也太祖素聞謙名甚禮之乃授征西將軍金紫光祿大夫賜爵千乘縣男及勝至拜太師以謙有毗輔之功又授太師長史大統三年從太祖擒竇泰戰沙苑並有功進爵爲子遷車騎大將軍右光祿大夫拜尚書右丞謙明練時事及居樞轄時論以爲得人四年從太祖解洛陽圍仍經河橋戰加定州大中正瀛州刺史十五年授車騎大將軍儀同三司又破柳仲禮於隨郡討平李遷哲於魏與並有功進驃騎大將軍開府儀同三司直州刺史賜姓宇文氏魏恭帝初轉利州刺史謙性明悟深曉政術又勤於理務民訟雖繁未嘗有懈倦之色吏民以是敬而愛之時有蜀人賈晃遷舉兵作亂率其黨圍逼州城謙倉卒分部纔得千許人便率拒戰會梁州援兵至遂擒晃遷餘人乃散謙誅其渠帥餘並原之旬日之間遂得安輯世宗初

進爵作唐縣公保定二年遷安州總管隨應等十一州甑山上明魯山三鎭諸
軍事安州刺史四年加大將軍進爵武康郡公天和元年授江陵總管三年遷
荊州總管荊浙等十四州南陽平陽等八防諸軍事荊州刺史州既統攝遐長
俗兼夷夏又南接陳境東隣齊寇謙外禦彊敵內撫軍民風化大行號稱良牧
每年考績常爲天下最屢有詔襃美焉謙隨賀拔勝之在荊州也雖被親遇而
名位未顯及踐其位朝野以爲榮四年卒於州闔境痛惜之乃共立祠堂四時
祭饗子曠嗣謙性至孝少喪父殆將滅性與弟詵特相友愛雖復年事並高名
位各重所有資產皆無私焉其居家嚴肅動遵禮度曠與詵子弘度等並奉其
遺訓云曠少温雅仁而汎愛釋褐中外府記室大象末位至開府儀同大將軍
浙州刺史
詵本名士約少鯁直有節概膂力過人尤工騎射釋褐領軍府錄事轉諮議參
軍及賀拔勝出牧荊州以詵爲假節冠軍將軍防城都督又隨勝奔梁復自梁
歸國授衞將軍都督封安昌縣子邑三百戶從太祖復弘農戰沙苑皆有功進

爵爲侯增邑八百戶除京兆郡守累遷帥都督撫軍將軍通直散騎常侍大都督車騎大將軍儀同三司都官尚書定州大中正改封安固縣侯增邑三百戶賜姓宇文氏弁賜名訦焉進爵驃騎大將軍開府儀同三司加侍中進爵萬年縣公增邑通前二千四百戶除隴州刺史遷總管涼甘瓜三州諸軍事涼州刺史訦莅政彊毅百姓畏之齊王憲東征以訦爲行軍長史軍還除使持節崇德安義等十三防熊和忠等三州諸軍事崇德防主加授大將軍改封安平縣公建德四年卒時年六十四贈鄜延丹綏長五州刺史謚曰壯子弘度猛毅有父風大象末上柱國武鄉郡公

崔猷字宣猷博陵安平人漢尚書寔之十二世孫也祖挺魏光州刺史泰昌縣子贈輔國將軍幽州刺史謚曰景父孝芬左光祿大夫儀同三司兼吏部尚書爲齊神武所害猷少好學風度閑雅性鯁正有軍國籌略釋褐員外散騎侍郎領大行臺郎中尋爲吏部尚書李神儁所薦拜通直散騎侍郎攝尚書駕部郎中普泰初除征虜將軍司徒從事中郎旣遭家難遂間行入關及謁魏孝武哀

勳左右帝爲之改容旣退帝目送之曰忠孝之道萃此一門卽以本官奏門下事大統初兼給事黃門侍郎封平原縣伯邑八百戶二年除正黃門加中軍將軍擒竇泰復弘農破沙苑猷常以本官從軍典文翰五年除司徒左長史加驃騎將軍時太廟初成四時祭祀猶設俳優角抵之戲其郊廟祭官多有假兼猷屢上疏諫書奏並納焉遷京兆尹時婚姻禮廢嫁娶之辰多舉音樂又廛里富室衣服奢淫乃有織成文繡者猷又請禁斷事亦施行與盧辯等刱修六官十二年除大都督驃騎將軍淅州刺史加車騎大將軍儀同三司十四年侯景據河南歸款遣行臺王思政赴之太祖與思政書曰崔宣猷智略明贍有應變之才若有所疑宜與量其可不思政初領兵襄城後欲於潁川爲行臺治所遣使人魏仲奉啓陳之幷致書於猷論將移之意猷復書曰夫兵者務在先聲後實故能百戰百勝以弱爲彊也但襄城控帶京洛寔當今之要地如有動靜易相應接潁川旣隣寇境又無山川之固賊若充斥徑至城下輒以愚情權其利害莫若頓兵襄城爲行臺治所潁川置州遣郭賢鎭守則表裏膠固人心易安縱

有不虞豈能爲患仲見太祖具以啓聞太祖卽遣仲還令依猷之策思政重啓求與朝廷立約賊若水攻乞一周爲斷陸攻請三歲爲期限內有事不煩赴援過此以往惟朝廷所裁太祖以思政旣親其事兼復固請遂許之及潁川沒後太祖深追悔焉十六年以疾去職屬大軍東征太祖賜以馬輿命隨軍與之籌議十七年進侍中驃騎大將軍開府儀同三司本州大中正賜姓宇文氏魏恭帝元年太祖欲開梁漢舊路乃命猷督儀同劉道通陸騰等五人率衆開通車路鑿山堙谷五百餘里至于梁州卽以猷爲都督梁利等十二州白馬儻城二防諸軍事梁州刺史及太祖崩始利沙興等諸州阻兵爲逆信合開楚四州亦叛唯梁州境內民無貳心利州刺史崔謙請援猷遣兵六千赴之信州糧盡猷又送米四千斛二鎭獲全猷之力也進爵固安縣公邑二千戶猷深爲晉公護所重護乃養猷第三女爲己女封富平公主世宗卽位徵拜御正中大夫時依周禮稱天王又不建年號猷以爲世有澆淳運有治亂故帝王以之沿革聖哲因時制宜今天子稱王不足以威天下請遵秦漢稱皇帝建年號朝議從之武

成二年除司會中大夫御正如故世宗崩遺詔立高祖晉公護謂猷曰魯國公稟性寬仁太祖諸子之中年又居長今奉遵遺旨翊戴爲主君以爲何如猷對曰殷道尊尊周道親親今朝廷既遵周禮無容輒違此義護曰天下事大但恐畢公沖幼耳猷曰昔周公輔成王以朝諸侯況明公親賢莫二若行周公之事方爲不負顧託事雖不行當時稱其守正保定元年重授總管梁利開等十四州白馬儻成二防諸軍事梁州刺史尋復爲司會天和二年陳將華皎來附晉公護議欲南伐公卿莫敢正言猷獨進曰前歲東征死傷過半比雖加撫循而瘡痍未復近者長星爲災乃上玄所以垂鑒誡也誠宜修德以禳天變豈可窮兵極武而重其譴負哉今陳氏保境息民共敦隣好無容違盟約之重納其叛臣興無名之師利其土地詳觀前載非所聞也護不從其後水軍果敗而裨將元定等遂沒江南建德四年出爲同州司會六年徵拜小司徒加上開府儀同大將軍隋文帝踐極以猷前代舊齒授大將軍進爵汲郡公增邑通前三千戶開皇四年卒謚曰明子仲方字不齊早知名機神穎悟文學優敏大象末儀同

大將軍司玉下大夫

裴俠字嵩和河東解人也祖思齊舉秀才拜議郎父欣博涉經史魏昌樂王府司馬西河郡守贈晉州刺史俠幼而聰慧有異常童年十三遭父憂哀毀有若成人州辟主簿舉秀才魏正光中解巾奉朝請稍遷員外散騎侍郎義陽郡守元顥入洛俠執其使人焚其赦書魏孝莊嘉之授輕車將軍東郡太守帶防城別將及魏孝武與齊神武有隙徵河南兵以備之俠率所部赴洛陽授建威將軍左中郎將俄而孝武西遷俠將行而妻子猶在東郡滎陽鄭偉謂俠曰天下方亂未知烏之所集何如東就妻子徐擇木焉俠曰忠義之道庸可忽乎吾既食人之祿寧以妻子易圖也遂從入關賜爵清河縣伯除丞相府士曹參軍大統三年領鄉兵從戰沙苑先鋒陷陣俠本名協至是太祖嘉其勇決乃曰仁者必有勇因命改焉以功進爵爲侯邑八百戸拜行臺郎中王思政鎮玉壁以俠爲長史未幾爲齊神武所攻神武以書招思政思政令俠草報辭甚壯烈太祖善之曰雖魯連無以加也除河北郡守俠躬履儉素愛民如子所食唯菽麥鹽

菜而已吏民莫不懷之此郡舊制有漁獵夫三十人以供郡守俠曰以口腹役人吾所不爲也乃悉罷之又有丁三十人供郡守役使俠亦不以入私並收庸直爲官市馬歲月既積馬遂成羣去職之日一無所取民歌之曰肥鮮不食丁庸不取裴公貞惠爲世規矩俠嘗與諸牧守俱謁太祖太祖命俠別立謂諸牧守曰裴俠清慎奉公爲天下之最今衆中有如俠者可與之俱立衆皆默然無敢應者太祖乃厚賜俠朝野歎服號爲獨立君俠又撰九世伯祖貞侯潛傳以爲裴氏清公自此始也欲使後生奉而行之宗室中知名者咸付一通從弟伯鳳世彥時並爲丞相府佐笑曰人生仕進須身名並裕清苦若此竟欲何爲俠曰夫清者莅職之本儉者持身之基況我大宗世濟其美故能存見稱於朝廷沒流芳於典策今吾幸以凡庸濫蒙殊遇固其窮困非慕名也志在自修懼辱先也飜被嗤笑知復何言伯鳳等慚而退九年入爲大行臺郎中居數載出爲郢州刺史加儀同三司尋轉拓州刺史徵拜雍州別駕孝閔帝踐阼除司邑下大夫加驃騎大將軍開府儀同三司進爵爲公增邑通前一千六百戶遷民部

中大夫時有姦吏主守倉儲積年隱沒至千萬者及俠在官勵精發摘數旬之
內姦盜略盡轉工部中大夫有大司空掌錢物典李貴乃於府中悲泣或問其
故對曰所掌官物多有費用裴公清嚴有名懼遭罪責所以泣耳俠聞之許其
自首貴言隱費錢五百萬俠之肅遏姦伏皆此類也初俠嘗遇疾沉頓大司空
許國公宇文貴小司空北海公申徽並來伺候俠俠所居第屋不免風霜貴等
還言之於帝帝矜其貧苦乃爲起宅幷賜良田十頃奴隸耕牛糧粟莫不備足
搢紳咸以爲榮武成元年卒於位贈太子少師蒲州刺史謚曰貞河北郡前功
曹張回及吏民等感俠遺愛乃作頌紀其清德焉子祥性忠謹有治劇才少爲
成都令清不及俠斷決過之後除長安令爲權貴所憚遷司倉下大夫俠之終
也遂以毀卒祥弟肅貞亮有才藝天和中舉秀才拜給事中士稍遷御正大夫
賜爵胡原縣子

薛端字仁直河東汾陰人也本名沙陁魏雍州刺史汾陰侯辨之六世孫代爲
河東著姓高祖謹秦州刺史內都坐大官涪陵公曾祖洪隆河東太守以隆兄

洪阼尚魏文帝女西河公主有賜田在馮翊洪隆子麟駒徙居之遂家於馮翊
之夏陽焉麟駒舉秀才拜中書博士兼主客郎中贈河東太守父英集通直散
騎常侍端少有志操遭父憂居喪合禮與弟裕勵精篤學不交人事年十七司
空高乾辟爲參軍賜爵汾陰縣男端以天下擾亂遂棄官歸鄉里魏孝武西遷
太祖令大都督薛崇禮據龍門引端同行崇禮尋失守遂降東魏東魏遣行臺
薛循義都督乙干貴率衆數千西度據楊氏壁端與宗親及家僮等先在壁中
循義乃令其兵逼端等東度方欲濟河會日暮端密與宗室及家僮等叛之循
義遣騎追端且戰且馳遂入石城柵得免柵中先有百家端與幷力固守貴等
數來慰喻知端無降意遂拔還河東東魏又遣其將賀蘭懿南汾州刺史薛琰
達守楊氏壁端率其屬幷招喻村民等多設奇以臨之懿等疑有大軍便卽東
遁爭船溺死者數千人端收其器械復還楊氏壁太祖遣南汾州刺史蘇景恕
鎭之降書勞問徵端赴闕以爲大丞相府戶曹參軍從擒竇泰復弘農戰沙苑
並有功加冠軍將軍中散大夫進爵爲伯轉丞相東閤祭酒加本州大中正遷

兵部郎中改封文城縣伯加使持節平東將軍吏部郎中端性彊直每有奏請不避權貴太祖嘉之故賜名端欲令名質相副自居選曹先盡賢能雖貴遊子弟才劣行薄者未嘗升擢之每啓太祖云設官分職本康時務苟非其人不如曠職太祖深然之大統十六年大軍東討柱國李弼爲別道元帥妙簡首僚數日不定太祖謂弼曰爲公思得一長史無過薛端弼對曰眞其才也乃遣之加授車騎大將軍儀同三司轉尙書左丞仍掌選事進授吏部尙書賜姓宇文氏端久處選曹雅有人倫之鑒其所擢用咸得其才六官建拜軍司馬加侍中驃騎大將軍開府儀同三司進爵爲侯孝閔帝踐阼除工部中大夫轉民部中大夫進爵爲公增邑通前一千八百戸晉公護將廢帝召羣官議之端頗有同異護不悅出爲蔡州刺史爲政寬惠民吏愛之尋轉基州刺史基州地接梁陳事藉鎭撫總管史寧遣司馬梁榮催令赴任蔡州父老訴榮請留端者千餘人至基州未幾卒時年四十三遺誡薄葬府州贈遺勿有所受贈本官加大將軍追封文城郡公諡曰質子胄字紹玄幼聰敏涉獵羣書雅達政事起家帥都督累

遷上儀同歷司金中大夫徐州總管府長史合州刺史大象中位至開府儀同大將軍端弟裕字仁友少以孝悌聞於州里初爲太學生時黌中多是貴遊好學者少唯裕躭翫不倦弱冠辟丞相參軍事是時京兆韋敻志安放逸不干世務裕慕其恬靜數載酒餚候之談宴終日敻遂以從孫女妻之裕嘗謂親友曰大丈夫當聖明之運而無灼然文武之用爲世所知雖復栖栖遑遑徒爲勞苦耳至如韋居士退不丘壑進不市朝怡然守道榮辱不及何其樂也尋遇疾而卒時年四十一文章之士誄之者數人太祖傷惜之贈洛州刺史

薛善字仲良河東汾陰人也祖瑚魏河東郡守父和南青州刺史善少爲司空府參軍事遷儻城郡守轉鹽池都將魏孝武西遷東魏攻河東圍秦州以善爲別駕善家素富僮僕數百人兄元信仗氣豪侈每食方丈坐客恆滿絃歌不絕而善獨供己率素愛樂閑靜大統三年齊神武敗於沙苑留善族兄崇禮守河東太祖遣李弼圍之崇禮固守不下善密謂崇禮曰高氏戎車犯順致令主上播越與兄忝是衣冠緒餘荷國榮寵今大軍已臨而兄尚欲爲高氏盡力若城

詔之日送首長安云逆賊某甲之首死而有靈豈不歿有餘愧不如早歸誠款雖未足以表奇節庶獲全首領而崇禮猶持疑不決會善從弟馥妹夫高子信爲防城都督守城南面遣馥來詣善云意欲應接西軍但恐力所不制善卽令弟濟將門生數十人與信馥等斬關引弼軍入時預謀者並賞五等爵善以背逆歸順臣子常情豈容闔門大小俱叨封邑遂與弟愼並固辭不受太祖嘉之以善爲汾陰令善幹用彊明一郡稱最太守王羆美之令善兼督六縣事尋徵爲行臺郎中時欲廣置屯田以供軍費乃除司農少卿領同州夏陽縣二十屯監又於夏陽諸山置鐵冶復令善爲冶監每月役八千人營造軍器善親自督課兼加慰撫甲兵精利而皆忘其勞苦焉加通直散騎常侍遷大丞相府從事中郎追論屯田功賜爵龍門縣子還黃門侍郎加車騎大將軍儀同三司除河東郡守進驃騎大將軍開府儀同三司賜姓宇文氏六官建拜工部中大夫進爵博平縣公尋除御正中大夫轉民部中大夫時晉公護執政儀同齊軌語善云兵馬萬機須歸天子何因猶在權門善白之護乃殺軌以善忠於己引爲中

外府司馬遷司會中大夫副總六府事加授京兆尹仍治司會出爲隆州刺史兼治益州總管府長史徵拜少傅卒於位時年六十七贈蒲虞勳三州刺史高祖以善告齊軌事諡曰繆公子裒嗣官至高陽守善弟愼

愼字佛護好學能屬文善草書少與同郡裴叔逸裴諏之柳虯范陽盧柔隴西李璨竝相友善起家丞相府墨曹參軍太祖於行臺省置學取丞郎及府佐德行明敏者充生悉令旦理公務晚就講習先六經後子史又於諸生中簡德行淳懿者侍太祖讀書愼與李璨及隴西李伯良辛韶武功蘇衡譙郡夏侯裕安定梁曠梁禮河南長孫璋河東裴舉薛同滎陽鄭朝等十二人竝應其選又以愼爲學師以知諸生課業太祖雅好談論幷簡名僧深識玄宗者一百人於第內講說又命愼等十二人兼學佛義使內外俱通由是四方競爲大乘之學數年復以愼爲宜都公侍讀轉丞相府記室魏東宮建除太子舍人遷庶子仍領舍人加通直散騎常侍兼中書舍人轉禮部郎中六官建拜膳部下大夫愼兄善又任工部竝居清顯時人榮之孝閔帝踐阼除御正下大夫進車騎大將軍

儀同三司封淮南縣子邑八百戶歷師氏御伯中大夫保定初出爲湖州刺史州界既雜蠻左恆以劫掠爲務慎乃集諸豪帥具宣朝旨仍令首領每月一參或須言事者不限時節慎每引見必殷勤勸誡及賜酒食一年之間翕然從化諸蠻乃相謂曰今日始知刺史眞民父母也莫不欣悅自是繦負而至者千有餘戶蠻俗婚娶之後父母雖在卽與別居慎謂守令曰牧守令長是化民者也豈有其子娶妻便與父母離析非唯氓俗之失亦是牧守之罪慎乃親自誘導示以孝慈幷遣守令各喩所部有數戶蠻別居數年遂還侍養及行得果膳歸奉父母慎感其從善之速具以狀聞有詔蠲其賦役於是風化大行有同華俗尋入爲蕃部中大夫以疾去職卒於家有文集頗爲世所傳薛善之以河東應李弼也敬珍敬祥亦率屬縣歸附

敬珍字國寶河東蒲坂人也漢揚州刺史韶之十世孫父伯樂州主簿安邑令珍偉容儀有氣俠學業騎射俱爲當時所稱祥卽珍從祖兄也亦慷慨有大志唯以交結英豪爲務珍與之深相友愛每同遊處及齊神武趨沙苑珍謂祥曰

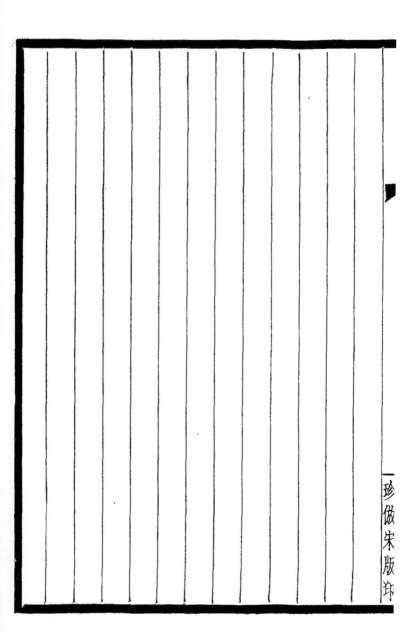

周書卷三十五考證

崔謙傳崔謙字士遜○北史作崔士謙

薛端傳司空高乾○北史作高乾邕

周書卷三十五考證

周書卷三十六

唐 令狐德棻等撰

列傳第二十八

鄭偉 族人頂 楊纂 段永 王士良

崔彥穆 令狐整 子熙 弟休 司馬裔 子侃 裴果 劉志

鄭偉字子直滎陽開封人也小名闍提魏將作大匠渾之十一世孫祖思明少勇悍仕魏至直閤將軍贈濟州刺史父先護亦以武勇聞起家員外散騎侍郎魏孝莊帝在藩先護早自結託及即位歷通直散騎常侍平南將軍廣州刺史賜爵平昌縣侯元顥入洛以禦扞之功累遷都督二豫郢雍四州諸軍征東將軍豫州刺史兼尚書右僕射進爵郡公尋入爲車騎將軍左衞將軍及尒朱榮死徐州刺史尒朱仲遠擁兵將入洛詔先護以本官假驃騎將軍大都督率所部與行臺楊昱及都督賀拔勝同討之勝於陣降仲遠又聞京師不守衆遂潰先護奔梁尋自梁歸爲仲遠所害魏孝武初贈使持節都督青齊兗豫四州刺

史偉少倜儻有大志每以功名自許善騎射膽力過人尒朱氏滅後自梁歸魏起家通直散騎侍郎及孝武西遷偉亦歸鄉里不求仕進大統三年河內公獨孤信旣復洛陽偉乃謂其親族曰今嗣主中興鼎業據有崤函河內公親董衆軍克復瀍洛率土之內孰不延首望風況吾等世荷朝恩家傳忠義誠宜以此時効臣子之節成富貴之資豈可碌碌爲懦夫之事也於是與宗人榮業糺合州里建義於陳留信宿閒衆有萬餘人遂攻拔梁州擒東魏刺史鹿永吉及鎮城令狐德弁獲陳留郡守趙季和乃率衆來附因是梁陳之閒相次降款偉馳入朝太祖與語歎美之拜龍驤將軍北徐州刺史封武陽縣伯邑六百戶從戰河橋及解玉壁圍偉常先鋒陷陣侯景歸款太祖命偉率所部應接之及景後叛偉亦全軍而還錄前後功除中軍將軍滎陽郡守加散騎常侍大都督進爵襄城郡公邑二千戶加車騎大將軍開府儀同三司魏恭帝二年進位大將軍除江陵防主都督十五州諸軍事偉性麤獷不遵法度睚眦之閒便行殺戮朝廷以其有立義之効每優容之及在江陵乃專戮副防主杞賓王坐除名保定

元年詔復官爵仍除宜州刺史天和六年轉華州刺史偉前後莅職皆以威猛為治吏民莫敢犯禁盜賊亦為之休止雖無仁政然頗以此見稱其年卒於州時年五十七贈本官加少傅都督司豫洛相冀五州諸軍事司州刺史諡曰肅偉性吃少時嘗逐鹿於野失之遇牧豎而問焉牧豎答之其言亦吃偉怒謂其效己遂射殺之其忍暴如此子大士嗣偉族人頂字寧伯少有幹用起家員外散騎侍郎稍遷行臺左丞陽城陳留二郡守與偉同謀立義後隨偉入朝賜爵魏昌縣伯除太府少卿出為扶風郡守復為太府少卿轉衛尉少卿歷職內外並有恪勤之稱尋卒官贈儀同三司豫州刺史子常字子元頗涉學有當官譽歷撫軍將軍通直散騎常侍司皮下大夫還信東徐南兗三州刺史以立義及累戰功授上開府儀同大將軍賜爵饒陽侯卒贈本官加郢鄀陝三州諸軍事郢州刺史子神符

楊纂廣寧人也父安仁魏北道都督朔州鎮將纂少習軍旅慷慨有志略尤工騎射勇力兼人年二十從齊神武起兵於信都以軍功稍遷安西將軍武州刺

史自以功高賞薄志懷怨憤每歎曰大丈夫富貴何必故鄉若以妻子撓懷豈
不沮人雄志大統初乃間行歸款太祖執纂手曰人所貴者忠義也所懼者危
亡也其能不憚危亡蹈茲忠義者今方見之於卿耳卽授征南將軍大都督封
永興縣侯邑八百戶加通直散騎常侍從太祖解洛陽圍經河橋邙山之戰纂
每先登軍中咸推其敢勇累遷使持節車騎大將軍儀同三司散騎常侍驃騎
大將軍開府儀同三司加侍中進爵爲公增邑通前一千戶賜姓莫胡盧氏俄
授岐州刺史孝閔帝踐阼進爵宋熙郡公保定元年進位大將軍改封隴東郡
公除隴州刺史三年從隋公楊忠東伐至并州而還天和六年進授柱國大將
軍轉華州刺史纂性質樸又不識文字前後莅職但推誠信而已史以其忠恕
頗亦懷之尋卒於州時年六十七子睿嗣位至上柱國漁陽郡公
段永字永賓其先遼西石城人晉幽州刺史匹磾之後也曾祖愰仕魏黃龍鎮
將因徙高陸之河陽焉永幼有志操閭里稱之魏正光末六鎮擾亂遂攜老幼
避地中山後赴洛陽拜殿中將軍稍遷平東將軍封沃陽縣伯邑五百戶青州

人崔社客舉兵反承討平之進爵爲侯除左光祿大夫時有賊魁元伯生率數百騎西自崤潼東至鞏洛屠陷塢壁所在爲患魏孝武遣京畿大都督匹婁昭討之昭請以五千人行承進曰此賊既無城柵唯以寇抄爲資安則蟻聚窮則鳥散取之在速不在衆也若星馳電發出其不虞精騎五百自足平殄若徵兵而後往彼必遠竄雖有大衆無所用之帝然其計於是命承代昭以五百騎討之承覘知所在倍道兼進遂破平之帝西遷承時不及從大統初乃結宗人潛謀歸款密與都督趙業等襲斬西中郎將慕容顯和傳首京師以功別封昌平縣子邑三百戶除北徐州刺史從擒竇泰復弘農破沙苑並有戰功進爵爲公河橋之役承力戰先登授南汾州刺史累遷大都督車騎大將軍儀同三司散騎常侍驃騎大將軍開府儀同三司賜姓爾綿氏魏廢帝元年授恆州刺史于時朝貴多其部人謁承之日冠蓋盈路當時榮之孝閔帝踐阼進爵廣城郡公轉文州刺史入爲工部中大夫還軍司馬保定四年拜大將軍承歷任內外所在頗有聲稱輕財好士朝野以此重焉前後累增凡三千九百戶天和四年授

小司寇壽爲右二軍總管率兵北道講武遇疾卒於賀葛城年六十八喪還高祖親臨贈使持節柱國大將軍同華等五州刺史謚曰基子岌嗣官至儀同三司兵部下大夫

王士良字君明其先太原晉陽人也後因晉亂避地涼州魏太武平沮渠氏曾祖景仁歸魏爲燉煌鎮將祖公禮平城鎮司馬因家於代父延蘭陵郡守士良少修謹不妄交遊魏建明初尒朱仲遠啓爲府參軍事歷大行臺郎中諫議大夫封石門縣男邑二百戶後與紇豆陵步藩交戰軍敗爲步藩所擒遂居河右僞行臺紇豆陵伊利欽其才擢授右丞妻以孫女士良既爲姻好便得盡言遂曉以禍福伊利等並卽歸附朝廷嘉之太昌初進爵晉陽縣子邑四百戶尋進爵琅邪縣侯授太中大夫右將軍出爲殷州車騎府司馬東魏徙鄴之後置京畿府專典兵馬時齊文襄爲大都督以士良爲司馬領外兵參軍尋遷長史加安西將軍徙封符壘縣侯增邑七百戶武定初除行臺左中兵郎中又轉大將軍府屬從事中郞仍攝外兵事王思政鎮潁川齊文襄率衆攻之授士良大行

臺右丞加鎮西將軍增邑一千戶進爵爲公令輔其弟演於并州居守齊文宣
卽位入爲給事黃門侍郎領中書舍人仍總知并州兵馬事加征西將軍別封
新豐縣子邑三百戶俄除驃騎將軍尚書吏部郎中齊文宣自晉陽赴鄴宮復
以士良爲尚書左丞統留後事仍還御史中丞轉七兵尚書未幾入爲侍中轉
殿中尚書頃之復爲侍中除吏部尚書士良頓首固讓文宣不許久之還爲侍
中又攝度支五兵二曹尚書士良少孤事繼母梁氏以孝聞及卒居喪合禮文
宣尋起令視事士良屢表陳誠再三不許方應命文宣見其毀瘠乃許之因此
臥疾歷年文宣每自臨視疾愈除滄州刺史乾明初徵還鄴授儀同三司孝昭
卽位遣三道使搜揚人物士良與尚書令趙郡王高叡太常卿崔昂分行郡國
但有一介之善者無不以聞齊武成初除太子少傅少師復除侍中轉太常卿
尋加開府儀同三司出爲豫州道行臺豫州刺史保定四年晉公護東伐權景
宣以山南兵圍豫州士良舉城降授大將軍小司徒賜爵廣昌郡公尋除荊州
總管行荊州刺史復入爲小司徒俄除鄜州刺史轉金州總管七州諸軍事金

州刺史建德六年授幷州刺史士良去鄉既久忽臨本州耆舊故人猶有存者
遠近咸以爲榮加授上大將軍以老疾乞骸骨優詔許之隋開皇元年卒時年
八十二子德衡大象末儀同大將軍
崔彥穆字彥穆清河東武城人也魏司空安陽侯林之九世孫曾祖顗魏平東
府諮議祖蔚遭從兄司徒浩之難南奔江左仕宋爲給事黃門侍郎汝南義陽
二郡守延興初復歸於魏拜潁川郡守因家焉後終於郢州刺史父稚篤志經
史不以世事嬰心起家祕書郎稍遷永昌郡守隋開皇初以獻后外曾祖追贈
上開府儀同三司新州刺史彥穆幼明悟神彩卓然年十五與河間邢子才京
兆韋孝寬俱入中書學偏相友愛伏膺儒業爲時輩所稱魏吏部尚書隴西李
神儁有知人之鑒見而歎曰王佐才也永安末除司徒府參軍事轉記室遷大
司馬從事中郎魏孝武西遷彥穆時不得從大統三年乃與兄彥珍於成臯舉
義因攻拔滎陽擒東魏郡守蘇淑仍與鄉郡王元洪威攻潁川斬其刺史李景
道孝武嘉之拜鎮東將軍金紫光祿大夫滎陽郡守四年兼行右民郎中潁川

邑中正賜爵千乘縣侯十四年加使持節車騎大將軍儀同三司散騎常侍司農卿時軍國草刱衆務殷繁太祖乃詔彥穆入幕府兼掌文翰及于謹平江陵彥穆以本官從平之世宗初進驃騎大將軍開府儀同三司俄拜安州總管十一州諸軍事安州刺史入爲御正中大夫陳氏請敦鄰好詔彥穆使焉彥穆風韻閑曠器度方雅善玄言解談謔甚爲江陵所稱轉民部中大夫進爵爲公天和三年復爲使主聘於齊使還除金州總管七州諸軍事金州刺史進位大將軍尋徵拜小司徒大象二年宣帝崩隋文帝輔政三方兵起以彥穆爲行軍總管率兵與襄州總管王誼討司馬消難軍次荆州彥穆疑荆州總管獨孤永業有異志遂收而戮之及事平隋文帝徵王誼入朝卽以彥穆爲襄州總管六州諸軍事襄州刺史加授上大將軍進爵東郡公邑二千戶頃之永業家自理得雪彥穆坐除名尋復官爵隋開皇元年卒子君綽嗣君綽性夷簡博覽經史有父風大象末丞相府賓曹參軍君綽弟君肅解巾爲道王侍讀大象末潁川郡守

令狐整字延保燉煌人也本名延世爲西土冠冕曾祖嗣祖詔安並官至郡守咸爲良二千石父虬早以名德著聞仕歷瓜州司馬燉煌郡守郢州刺史封長城縣子大統末卒於家太祖傷悼之遣使者監護喪事又勑鄉人爲營墳壟贈龍驤將軍瓜州刺史整幼聰敏沉深有識量學藝騎射並爲河右所推刺史魏東陽王元榮辟整爲主簿加盪寇將軍整進趨詳雅對揚辯暢謁見之際州府傾目榮器整德望嘗謂僚屬曰令狐延保西州令望方城重器豈州郡之職所可縶維但一日千里必基武步寡人當委以庶務畫諾而已頃之魏孝武西遷河右擾亂榮仗整防扞州境獲寧及鄧彥竊瓜州拒不受代整與開府張穆等密應使者申徽執彥送京師太祖嘉其忠節表爲都督尋而城民張保又殺刺史成慶與涼州刺史宇文仲和搆逆規據河西晉昌人呂興等復害郡守郭肆以郡應保初保等將圖爲亂慮整守義不從既殺成慶因欲及整以整人之望也復恐其下叛之遂不敢害雖外加禮敬內甚忌整整亦僞若親附而密欲圖之陰令所親說保曰君與仲和結爲脣齒今東軍漸逼涼州彼勢孤危恐不能

敵若或摧衂則禍及此土宜分遣銳師星言救援二州合勢則東軍可圖然後保境息人計之上者保然之而未知所任整又令說保曰歷觀成敗在於任使所擇不善旋致傾危令狐延保兼資文武才堪統御若使爲將蔑不濟矣保納其計具以整父兄等並在城中弗之疑也遂令整行整至玉門郡召集豪傑說保罪逆馳還襲之先定晉昌斬呂興進軍擊保州人素服整威名並棄保來附保遂奔吐谷渾衆議推整爲刺史整曰本以張保肆逆毒害無辜闔州之人俱陷不義今者同心戮力務在除兇若其自相推薦復恐效尤致禍於是乃推波斯使主張道義行州事具以狀聞詔以申徽爲刺史徵整赴闕授壽昌郡守封驤武縣男邑二百戶太祖謂整曰卿少懷英略早建殊勳今者官位未足酬賞方當與卿共平天下同取富貴遂立爲瓜州義首仍除持節撫軍將軍通直散騎常侍大都督整以國難未寧常願舉宗効力遂率鄉親二千餘人入朝隨軍征討整善於撫馭躬同豐約是以人衆並忘羈旅盡其力用遷使持節車騎將軍儀同三司散騎常侍太祖常從容謂整曰卿遠祖立忠而去卿今立忠而來

可謂積善餘慶世濟其美者也整遠祖漢建威將軍邁不爲王莽屈其子稱避
地河右故太祖稱之云尋除驃騎大將軍開府儀同三司加侍中太祖又謂整
曰卿勳同婁項義等骨肉立身敦雅可以範人遂賜姓宇文氏幷賜名整焉宗
人二百餘戶並列屬籍孝閔帝踐阼拜司憲中大夫處法平允爲當時所稱進
爵彭陽縣公增邑一千戶初梁興州刺史席固以州來附太祖以固爲豐州刺
史固莅職既久猶習梁法凡所施爲多虧治典朝議密欲代之而難其選遂令
整權鎭豐州委以代固之略整廣布威恩傾身撫接數月之間化洽州府於是
除整豐州刺史以固爲湖州豐州舊治不居人民賦役參集勞逸不均整請移
治武當詔可其奏獎勵撫導遷者如歸旬月之閒城府周備固之遷也其部曲
多願留爲整左右整諭以朝制弗之許也流涕而去及整秩滿代至民吏戀之
老幼送整遠近畢集數日停留方得出界其得人心如此拜御正中大夫出爲
中華郡守轉同州司會遷始州刺史整雅識情僞尤明政術恭謹廉慎常懼盈
滿故歷居內外所在見稱天和六年進位大將軍增邑通前二千一百戶晉公

護之初執政也欲委整以腹心整辭不敢當頗迕其意護以此疏之及護誅附
會者咸伏法而整獨保全時人稱其先覺建德二年卒時年六十一贈本官加
鄜宜丹鹽四州諸軍事鄜州刺史謚曰襄子熙嗣熙字長熙性方雅有度量雖
在私室容止儼然非一時賢俊未嘗與之遊處善騎射解音律涉羣書尤明三
禮累遷居職任並有能名大象中位至吏部中大夫儀同大將軍整弟休幼聰
敏有文武材起家太學生後與整同起兵逐張保授都督累遷大都督樂安郡
守入爲中外府樂曹參軍時諸功臣多爲本州刺史晉公護謂整曰以公勳望
應得本州但朝廷藉公委任無容遠出然公門之內須有衣錦之榮乃以休爲
燉煌郡守在郡十餘年甚有政績進位儀同三司遷合州刺史尋卒官
司馬裔字遵胤河內溫人也晉宣帝弟太常馗之後曾祖楚之屬宋武帝誅晉
氏戚屬避難歸魏位至使持節侍中鎮西大將軍開府儀同三司朔州刺史封
琅邪王裔少孤有志操州郡辟召並不應命起家司徒府參軍事後以軍功授
中堅將軍員外散騎常侍及魏孝武西遷裔時在鄴潛歸鄉里志在立功大統

三年大軍復弘農乃於溫城起義遣使送款與東魏將高永洛王陵等晝夜交戰衆寡不敵義徒死傷過半及大軍東征裔率所部從戰河橋又別攻懷縣獲其將吳輔叔自此頻與東魏交戰每有克獲六年授河內郡守尋加持節平東將軍北徐州刺史八年率其義衆入朝太祖嘉之特蒙賞勞頃之河內有四千餘家歸附並裔之鄉舊乃授前將軍太中大夫領河內郡守令安集流民十三年攻拔東魏平齊柳泉蓼塢三城獲其鎮將李熙之加授都督十五年太祖令山東立義諸將等能率衆入關者並加重賞裔領戶千室先至太祖欲以封裔裔固辭曰立義之士辭鄉里捐親戚遠歸皇化者皆是誠心內發豈裔能率之乎今以封裔便是賣義士以求榮非所願也太祖善而從之授帥都督拜其妻元爲襄城郡公主十六年大軍東伐裔請爲前鋒遂入建州破東魏將劉雅與拔其五城魏廢帝元年徵裔令以本兵鎮漢中除白馬城主帶華陽郡守加授撫軍將軍大都督通直散騎常侍二年轉鎮宋熙郡尋率所部兵從尉遲迥伐蜀與叱羅協破叛兵趙雄傑於槐林平鄧朏於梓潼以功賜爵龍門縣子行蒲

州刺史尋行新城郡事魏恭帝元年授使持節車騎大將軍儀同三司散騎常侍本郡中正孝閔帝踐阼除巴州刺史進使持節驃騎大將軍開府儀同三司進爵琅邪縣伯邑五百戶保定二年入爲御伯中大夫增邑通前一千五百戶四年轉御正中大夫進爵爲公大軍東討裔率義兵與少師楊摽守軹關即授懷州刺史東道慰勞大使五年轉始州刺史天和初信州蠻酋冉令賢等反連結二千餘里裔隨上庸公陸騰討之裔自開州道入先遣使宣示禍福蠻酋冉三公等三十餘城皆來降附進次雙城蠻酋向寶勝等率其種落據險自固向天王之徒爲其外援裔晝夜攻圍腹背受敵自春至秋五十餘戰寶勝糧仗俱竭力屈乃降時尙有龍東一城未下尋亦拔之又獲賊帥冉西梨向天王等出師再朞羣蠻率服拜信州刺史五年還潼州刺史六年徵拜大將軍除西寧州刺史未及之部卒於京師裔性清約不事生業所得俸祿並散之親戚身死之日家無餘財宅宇卑陋喪庭無所有詔爲起祠堂焉贈大將軍加懷邵汾晉四州刺史諡曰定子偘嗣偘字道遷少敢勇未弱冠便從戎旅保定四年隨少師

楊摽東征與齊人交戰摽爲敵所擒倔力戰得免天和二年授右侍上士加都督進大都督從大軍攻晉州以功授使持節車騎將軍儀同三司又從平幷鄴除樂安郡守後更論晉州及平齊勳加驃騎大將軍開府儀同三司遷兗州刺史未之部而卒贈本官加豫州刺史諡曰惠子運嗣

裴果字戎昭河東聞喜人也祖思賢魏青州刺史父遵齊州刺史果少慨慷有志略魏太昌初起家前將軍乾河軍主除陽平郡丞太祖曾使幷州與果相遇果知非常人密託附焉永安末盜賊蜂起果從軍征討乘黃驄馬衣青袍每先登陷陣時人號爲黃驄年少永熙中授河北郡守及齊神武敗於沙苑果乃率其宗黨歸闕太祖嘉之賜田宅奴婢牛馬衣服什物等從戰河橋解玉壁圍並摧鋒奮擊所向披靡大統九年又從戰邙山於太祖前挺身陷陣生擒東魏都督賀婁烏蘭勇冠當時人莫不歎服以此太祖愈親待之補帳內都督遷平東將軍後從開府楊忠平隨郡安陸以功加大都督除正平郡守正平果本郡也以威猛爲政百姓畏之盜賊亦爲之屛息遷使持節車騎大將軍儀同三司散

騎常侍司農卿又從大將軍尉遲迥伐蜀果率所部爲前軍開劍閣破李慶保降楊乾運皆有功魏廢帝三年授龍州刺史封冠軍縣侯邑五百戸俄而州民張道李祏驅率百姓圍逼州城時糧仗皆闕兵士又寡果設方略以拒之賊便退走於是出兵追擊累戰破之旬月之閒州境清晏轉陵州刺史孝閔帝踐阼除隆州刺史加使持節驃騎大將軍開府儀同三司進爵爲公增邑一千戸武成末轉眉州刺史保定五年授復州刺史果性嚴猛能斷決每抑挫豪右申理屈滯歷牧數州號爲稱職天和二年卒於位贈本官加絳晉建三州刺史謚曰質子孝仁嗣孝仁幼聰敏涉獵經史有譽於時起家舍人上士累遷大都督儀同三司出爲長寧鎮將扞禦齊人甚有威邊之略建德末還建州刺史轉譙州刺史大象末又還亳州刺史鄭偉等之以梁州歸款時劉志亦以廣州來附

志弘農華陰人本名思漢太尉寬之十世孫也高祖隆宋武帝平姚泓以宗室首望召拜馮翊郡守後屬赫連氏入寇避地河洛因家于汝頴祖𢁉魏大安中舉秀才拜中書博士後至弘農郡守北雍州刺史父瓌汝南郡守贈徐州刺史

志少好學博涉羣書植性方重兼有武略魏正光中以明經徵拜國子助教除
行臺郎中永安初加宣威將軍給事中二年轉東中郎府司馬征虜將軍永熙
二年除安北將軍銀青光祿大夫廣州別駕三年齊神武舉兵入洛魏孝武西
還志據城不從東魏潛遣間使奉表長安魏孝武嘉之授缺二字長史襄城郡守
後齊神武遣兵攻圍志力屈城陷潛遯得免大統三年太祖遣領軍將軍獨孤
信復洛陽志糺合義徒舉廣州歸國拜大丞相府墨曹參軍封華陰縣男邑二
百戶加大都督撫軍將軍轉中外府屬還國子祭酒世宗出牧宜州太祖以志
爲幕府司錄世宗雅愛儒學特欽重之事無大小咸委於志志亦忠恕謹慎甚
得匡贊之體太祖嘉之嘗謂之曰卿之所爲每會吾志於是遂賜名志焉仍於
宜州賜田宅令徙居之世宗還蒞岐州又令志以本官翊從及世宗即位除右
金紫光祿大夫車騎大將軍儀同三司進爵武鄉縣公增邑通前一千戶仍賜
姓宇文氏高祖時爲魯公詔又以志爲其府司馬高祖嗣位進授驃騎大將軍
開府儀同三司拜刑部中大夫志執法平允甚得時譽蓮芍界內數有羣盜攻

刼行旅郡縣不能制乃以志爲延壽郡守以督之志示以恩信羣盜相率請罪
志表陳其狀詔並免之自是郡界肅清寇盜屏息遷使持節成州諸軍事成州
刺史政存寬恕民吏愛之天和五年卒贈大將軍揚州刺史謚曰文子子明嗣
子明弘雅有父風歷官右侍上士大都督絳州別駕隋文帝踐極除行臺郎中
順陽郡守子明弟子陵司右中士帥都督涼州別駕隋開皇初拜姑臧郡守尋
加儀同三司歷衞州蔚州長史幽州總管府長史
史臣曰昔陽貨外叛庶其竊邑而春秋譏之韓信背項陳平歸漢而史遷美之
蓋以運屬既安君道已著則徇利忘德者罪也時逢擾攘臣禮未備則轉禍爲
福者可也鄭偉崔彥穆等之在山東並以不羈之才遭回於驚雀終能翻然豹
變自致龜組其知機之士歟王士良之仕于齊班職上卿出爲牧伯而臨危苟
免失忠與義其背叛之徒歟令狐整器幹確然雅望重於河右處州里則勳著
方隅升朝廷則績宣中外而畏避權寵克保終吉不如是亦何以立韙名取高
位乎

周書卷三十六

周書卷三十六考證

王士良傳復士良爲尚書左丞○北史復以士良爲尚書左丞此脫以字

裴果傳俄而州民張道○北史作張遁　臣文淳按本書宇文貴傳作張遁北史又作張道未知孰是

周書卷三十六考證

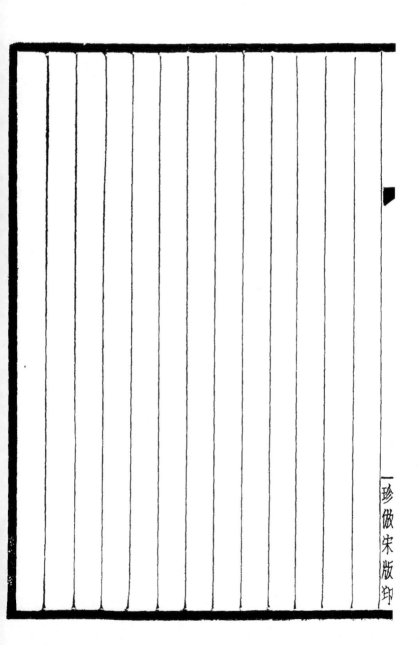

周書卷三十七

唐　令　狐　德　棻　等　撰

列傳第二十九

寇儁　韓褎　趙肅 徐招　張軌

李彥　郭彥　裴文舉 高賓　寮允

寇儁字祖儁上谷昌平人也祖讚魏南雍州刺史父臻安遠將軍郢州刺史儁性寬雅幼有識量好學強記兄祖訓祖禮及儁並有志行閨門雍睦白首同居父亡雖久而猶於平生所處堂宇備設帷帳几杖以時節列拜垂涕陳薦若宗廟焉吉凶之事必先啓告遠行往返亦如之性又廉恕不以財利爲心家人曾賣物與人而剩得絹五匹儁於後知之乃曰惡木之陰不可暫息盜泉之水無容悞飲得財失行吾所不取遂訪主還之其雅志如此以選爲魏孝文帝挽郎除奉朝請大乘賊起燕齊擾亂儁參護軍事東討以功授員外散騎侍郎遷尚書左民郎中以母憂不拜正光三年拜輕騎將軍遷揚烈將軍司空府功曹參

軍轉主簿時靈太后臨朝減食祿官十分之一造永寧佛寺令儁典之資費巨萬主吏不能欺隱寺成又極壯麗靈太后嘉之除左軍將軍孝昌中朝議以國用不足乃置鹽池都將秩比上郡前後居職者多有侵隱乃以儁爲之加龍驤將軍仍主簿永安初華州民史底與司徒楊椿訟田長史以下以椿勢貴皆言椿直欲以田給椿儁曰史底窮民楊公横奪其地若欲損不足以給有餘見使雷同未敢聞命遂以地還史底孝莊帝後知之嘉儁守正不撓卽拜司馬賜帛百匹其附椿者咸譴責焉二年出爲左將軍涼州刺史民俗荒獷多爲盜賊儁乃令郡縣立庠序勸其耕桑敦以禮讓數年之中風俗頓革梁遣其將曹琰之鎭魏興繼日版築琰之屢擾疆埸邊人患之儁遣長史杜休道率兵攻克其城幷擒琰之琰之卽梁大將軍景宗之季弟也於是梁人憚焉屬魏室多故州又僻遠梁人知無外援遂遣大兵頓魏興志圖攻取儁撫勵將士人思効命梁人知其得衆心也弗之敢逼儁在州清苦不治產業秩滿其子等並徒步而還吏人送儁留連於道久之乃得出界大統二年東魏授儁洛州刺史儁因此乃謀

歸闕五年將家及親屬四百餘口入關拜祕書監時軍國草創墳典散逸儁始選置令史抄集經籍四部羣書稍得周備加鎭東將軍封西安縣男邑二百戶十七年除車騎大將軍儀同三司加散騎常侍儁以年老乞骸骨太祖弗許遂稱疾篤不復朝覲魏恭帝三年賜姓若口引氏孝閔帝踐阼進爵爲子增邑五百戶武成元年進驃騎大將軍開府儀同三司增邑幷前二千戶儁年齒雖邁而志識未衰教授子孫必先禮典世宗尙儒重道特欽賞之數加恩錫思與相見儁不得已乃入朝世宗與同席而坐因顧訪洛陽故事儁身長八尺鬚鬢皓然容止端詳音韻淸朗帝與之談論不覺屢爲前膝及儁辭還帝親執其手曰公年德俱尊朕所欽尙乞言之事所望於公宜數相見以慰虛想以御輿令於帝前乘出顧謂左右曰如此之事唯積善者可以致之何止見重於今亦將傳之萬古時人咸以爲榮保定三年卒時年八十高祖歎惜之贈本官加冀定瀛三州諸軍事冀州刺史謚曰元儁篤於仁義期功之有孤者衣食豐約俱與之同少爲司徒崔光所知光命其子勵與儁結友儁每造光常淸言移日小宗伯

盧辯以傳業行俱崇待以師友之禮每有閑暇輒詣傳讌語彌日恒謂人曰不見西安君煩憂不遣其爲通人所敬重如此子奉位至儀同三司大將軍順陽郡守洵州刺史昌國縣公奉弟顒少好學最知名居喪哀毁歷官儀同大將軍掌朝布憲典祀下大夫小納言濩澤郡公

韓襃字弘業其先潁川潁陽人也徙居昌黎祖瓌魏鎮西將軍平涼郡守安定郡公父演征虜將軍中散大夫恆州刺史襃少有志尚好學而不守章句其師怪而問之對曰文字之間常奉訓誘至於商較異同請從所好師因此大奇之及長涉獵經史深沉有遠略魏建明中起家奉朝請加彊弩將軍遷太中大夫屬魏室喪亂襃避地於夏州時太祖爲刺史素聞其名待以客禮及賀拔岳爲侯莫陳悅所害諸將遣使迎太祖太祖問以去留之計襃曰方今王室淩遲海內鼎沸使君天資英武恩結士心賀拔公奄及於難物情危駭寇洛自知庸懦委身而託使君若總兵權據有關中之地此天授也何疑乎且侯莫陳悅亂常速禍乃不乘勝進取平涼反自遁逃屯營洛水斯乃井中蛙耳使君往必擒之

不世之勳在斯一舉時者難得而易失誠願使君圖之太祖納焉太祖爲丞相引褒爲錄事參軍賜姓侯呂陵氏大統初遷行臺左丞賜爵三水縣伯尋轉丞相府屬加中軍將軍銀青光祿大夫二年梁人北寇商洛東魏復侵樊鄧於是以褒爲鎮南將軍丞相府從事中郎出鎮淅酈居二年徵拜丞相府司馬進爵爲侯出爲北雍州刺史加衞大將軍州帶北山多有盜賊褒密訪之並豪右所爲也而陽不之知厚加禮遇謂之曰刺史起自書生安知督盜所賴卿等共分其憂耳乃悉詔桀黠少年素爲鄉里患者署爲主帥分其地界有盜發而不獲者以故縱論於是諸被署者莫不惶懼皆首伏曰前盜發者並某等爲之所有徒侶皆列其姓名或亡命隱匿者亦悉言其所在褒乃取盜名簿藏之因大牓州門曰自知行盜者可急來首卽除其罪盡今月不首者顯戮其身籍沒妻子以賞前首者旬日之間諸盜咸悉首盡褒取名簿勘之一無差異並原其罪許以自新由是羣盜屏息入爲給事黃門侍郎九年遷侍中十二年除都督西涼州刺史羌胡之俗輕貧弱尚豪富豪富之家侵漁小民同於僕隸故貧者日削

豪者益富褒乃悉募貧人以充兵士優復其家蠲免徭賦又調富人財物以振
給之每西域商貨至又先盡貧者市之於是貧富漸均戸口殷實十六年加大
都督涼州諸軍事魏廢帝元年轉會州刺史二年進位車騎大將軍儀同三司
尋加驃騎大將軍開府儀同三司進爵爲公武成三年徵拜御伯中大夫保定
二年轉司會三年出爲汾州刺史州界北接太原當千里徑先是齊寇數入民
廢耕桑前後刺史莫能防扞褒至適會寇來褒乃不下屬縣人既不及設備以
故多被抄掠齊人喜相謂曰汾州不覺吾至先未集兵今者之還必莫能追躡
我矣由是益懈不爲營壘褒已先勒精銳伏北山中分據險阻邀其歸路乘其
衆怠縱伏擊之盡獲其衆故事獲生口者並囚送京師褒因是奏曰所獲賊衆
不足爲多俘而辱之但益其忿耳請一切放還以德報怨有詔許焉自此抄兵
頗息四年遷河洮封三州諸軍事河州總管天和三年轉鳳州刺史尋以年老
請致仕詔許之五年拜少保褒歷事三帝以忠厚見知高祖深相敬重常以師
道處之每入朝見必有詔令坐然後始與論政事七年卒贈涇岐燕三州刺史

謚曰貞子繼伯嗣

趙肅字慶雍河南洛陽人也世居河西及沮渠氏滅曾祖武始歸於魏賜爵金城侯祖興中書博士父申侯舉秀才後軍府主簿肅早有操行知名於時魏正光五年酈元爲河南尹辟肅爲主簿孝昌中起家殿中侍御史加威烈將軍奉朝請員外散騎侍郎尋除直後轉直寢永安初授廷尉天平二年轉監後以母憂去職起爲廷尉正以疾免久之授征虜將軍中散大夫遷左將軍太中大夫東魏天平初除新安郡守秩滿還洛大統三年獨孤信東討肅率宗人爲鄉導授司州治中轉別駕監督糧儲軍用不匱太祖聞之謂人曰趙肅可謂洛陽主人也七年加鎮南將軍金紫光祿大夫都督仍別駕領所部義徒據守大塢又兼行臺左丞東道尉勞九年行華山郡事十三年除廷尉少卿明年元日當行朝禮非有封爵者不得預焉肅時未有茅土左僕射長孫儉白太祖請之太祖乃召肅謂曰歲初行禮豈得使卿不預然何爲不早言也於是令肅自選封名肅曰河清乃太平之應竊所願也於是封清河縣子邑三百戶十六年除廷尉

卿加征東將軍肅久在理官執心平允凡所處斷咸得其情廉慎自居不營產業時人以此稱之十七年進位車騎大將軍儀同三司散騎常侍賜姓乙弗氏先是太祖命肅撰定法律肅積思累年遂感心疾去職卒於家子正禮齊王憲府屬大都督新安郡守時有高平徐招少好法律發言措筆常欲辨析秋毫歷職內外有當官之譽從魏孝武入關爲給事黄門侍郎尚書右丞時朝廷播遷典章有闕至於臺閣軌儀多招所參定論者稱之尋遷侍中度支尚書大統初卒

張軌字元軌濟北臨邑人也父崇高平令軌少好學志識開朗初在洛陽家貧與樂安孫樹仁爲莫逆之友每易衣而出以此見稱永安中隨尒朱榮擊元顥除討寇將軍奉朝請軌常謂所親曰秦雍之間必有王者尒朱氏敗後遂杖策入關賀拔岳以軌爲記室參軍典機務尋轉倉曹加鎮遠將軍時穀糴湧貴或有請貸官倉者軌曰以私害公非吾宿志濟人之難詎得相違乃賣所服衣物糴粟以賑其乏及岳被害太祖以軌爲都督從征侯莫陳悅悅平使於洛陽見

領軍斛斯椿椿曰高歡逆謀已傳行路人情西望以日爲年未知宇文何如賀拔也軌曰宇文公文足經國武可定亂至於高識遠度非愚管所測椿曰誠如卿言真可恃也太祖爲行臺授軌郎中魏孝武西遷除中書舍人封壽張縣子邑三百戶加左將軍濟州大中正兼著作佐郎修起居注遷給事黃門侍郎兼吏部郎中六年出爲河北郡守在郡三年聲績甚著臨人治術有循吏之美大統閒宰人者多推尙之入爲丞相府從事中郎行武功郡事章武公導出鎭秦州以軌爲長史加撫軍將軍大都督通直散騎常侍魏廢帝元年進車騎大將軍儀同三司散騎常侍二年賜姓宇文氏行南秦州事魏恭帝二年徵拜度支尙書復除隴右府長史卒於位時年五十五謚曰質軌性清素臨終之日家無餘財唯有素書數百卷子肅世宗初爲宣納上士轉中外府記室參軍中山公訓侍讀早有才名性頗輕猾時人比之魏諷卒以罪考竟終

李彥字彥士梁郡下邑人也祖先之魏淮南郡守父靜南青州刺史彥少有節操好學慕古爲鄉閭之所敬憚孝昌中解褐奉朝請加輕車將軍從魏孝武入

關兼著作佐郎修起居注加寧朔將軍進號冠軍將軍中散大夫遷平東將軍太中大夫大統初除通直散騎侍郎三年拜安東將軍銀青光祿大夫太保轉太傅長史儀曹郎中左民郎中十二年省三十六曹爲十二部改授民部郎中封平陽縣子邑三百戶十五年進號中軍將軍兼尚書左丞領選部大軍東討加持節大都督通直散騎常侍掌留臺事魏廢帝初拜尚書左丞轉左丞彥在尚書十有五載屬軍國草創庶務殷繁留心省閱未嘗懈怠斷決如流略無疑滯臺閣莫不歎其公勤服其明察遷給事黃門侍郎仍左丞尋進車騎大將軍儀同三司賜姓宇文氏出爲鄜州刺史彥以東夏未平固辭州任詔許之拜兵部尚書加驃騎大將軍開府儀同三司仍兼著作六官建改授軍司馬進爵爲伯彥性謙恭有禮節雖居顯要於親黨之間恂恂如也輕財重義好施愛士時論以此稱之然素多疾而勤於莅職雖沉頓枕席猶理務不輟遂至於卒時年四十六諡曰敬彥臨終遺誡其子等曰昔人以窾木爲櫝葛虆爲緘下不亂泉上不泄臭此實吾平生之志也但事既矯枉恐爲世士所譏今可斂以時服葬

於境埒之地勿用明器芻塗及儀衞等爾其念之朝廷嘉焉不奪其志子昇明
嗣少歷顯職大象末太府中大夫儀同大將軍

郭彥太原陽曲人也其先從宦關右遂居馮翊父胤郡功曹靈武令彥少知名
太祖臨雍州辟爲西曹書佐尋除開府儀同主簿轉司空記室太尉府屬遷虞
部郎中大統十二年初選當州首望統領鄉兵除帥都督持節平東將軍以居
郎官著稱封龍門縣子邑三百戶進大都督遷車騎大將軍儀同三司司農卿
是時岷州羌酋傍乞鐵忽與鄭五醜等寇擾西服彥從大將軍宇文貴討平之
魏恭帝元年除兵部尚書仍以本兵從柱國于謹南伐江陵進驃騎大將軍開
府儀同三司增邑五百戶進爵爲伯六官建拜民部中大夫孝閔帝踐祚出爲
澧州刺史蠻左生梗未遵朝憲至於賦稅違命者多聚散無恆不營農業彥勸
以耕稼禁其遊獵民皆務本家有餘糧亡命之徒咸從賦役先是以澧州糧儲
乏少每令荊州遞送自彥蒞職倉庾充實無復轉輸之勞齊南安城主馮顯密
遣使歸降其衆未之知也柱國宇文貴令彥率兵應接齊人先令顯率所部送

糧南下彥懼其衆不從命乃於路邀之顯因得自拔其衆果拒戰彥縱兵奮擊
並虜獲之以南安無備卽引軍掩襲顯外兵參軍鄒紹旣爲彥所獲因請爲鄉
導彥遂夜至城下令紹詐稱顯歸門者開門待之彥引兵而入遂有其城俘獲
三千餘人晉公護嘉之進爵懷德縣公邑一千戸以南安縣遠尋令班師及秩
滿還朝民吏號泣送彥二百餘里尋爲東道大使觀省風俗除蒲州總管府長
史入爲工部中大夫保定四年護東討彥從尉遲迥攻洛陽迥復令彥與權景
宣南出汝穎及軍次豫州彥請攻之景宣以城守旣嚴卒難攻取將欲南轅更
圖經略彥以奉命出師須與大軍相接若向江畔立功更非朝廷本意固執不
從兼晝攻取之計會其刺史王士良妻弟董遠秀密遣送款景宣乃從於是引
軍圍之士良遂出降仍以彥鎭豫州增邑六百戸尋以洛陽班師亦棄而不守
屬純州刺史樊舍卒其地旣東接陳境俗兼蠻左初喪州將境內騷然朝議以
彥威信著於東南便令鎭撫彥至吏人畏而愛之天和元年除益州總管府長
史轉隴右總管府長史四年卒於位贈小司空宜鄜丹三州刺史

裴文舉字道裕河東聞喜人也祖秀業魏中散大夫天水郡守贈平州刺史父
邃性方嚴爲州里所推挹解褐散騎常侍奉車都尉累遷諫議大夫司空從事
中郎大統三年東魏來寇邃乃糾合鄉人分據險要以自固時東魏以正平爲
東雍州遣其將司馬恭鎮之每遣間人扇動百姓邃密遣都督韓僧明入城喻
其將士即有五百餘人許爲內應期日未至恭知之乃棄城夜走因是東雍遂
內屬及李弼略地東境邃爲之鄉導多所降下太祖嘉之特賞衣物封澄城縣
子邑三百戶進安東將軍銀青光祿大夫加散騎常侍太尉府司馬除正平郡
守尋卒官贈儀同三司定州刺史文舉少忠謹涉獵經史大統十年起家奉朝
請遷丞相府墨曹參軍時太祖諸子年幼盛簡賓友文舉以選與諸公子遊雅
相欽敬未嘗戲狎遷威烈將軍著作郎中外府參軍事魏恭帝二年賜姓賀蘭
氏孝閔帝踐阼襲爵澄城縣子齊公憲初開幕府以文舉爲司錄世宗初累遷
帥都督寧遠將軍大都督及憲出鎮劍南復以文舉爲益州總管府中郎武成
二年就加使持節車騎大將軍儀同三司蜀土沃饒商販百倍或有勸文舉以

利者文舉答之曰利之爲貴莫若安身身安則道隆非貨之謂是以不爲非惡
財也憲矜其貧窶每欲資給之文舉恆自謙遜辭多受少保定三年遷絳州刺
史遂之往正平也以廉約自守每行春省俗單車而已及文舉臨州一遵其法
百姓美而化之總管韋孝寬特相欽重每與談論不覺膝前於席天和初進驃
騎大將軍開府儀同三司尋爲孝寬柱國府司馬六年入爲司憲中大夫進爵
爲公增邑通前一千戶俄轉軍司馬建德二年又增邑七百戶文舉少喪父其
兄又在山東唯與弟璣幼相訓養友愛甚篤璣又早亡文舉撫視遺孤逾於己
子時人以此稱之初文舉叔父季和爲曲沃令卒於聞喜川而叔母韋氏卒於
正平縣屬東西分隔韋氏墳壠在齊境及文舉在本州每加賞募齊人感其孝
義潛相要結以韋氏柩西歸竟得合葬六年除南青州刺史宣政元年卒於位
子胄嗣官至大都督早卒時有高賓者歷官內外亦以幹用見稱
賓渤海修人也其先因官北邊遂沒於遼左祖暠以魏太和初自遼東歸魏官
至安定郡守衛尉卿父季安撫軍將軍兗州刺史賓少聰穎有文武幹用仕東

魏歷官至龍驤將軍諫議大夫立義都督同列有忌其能者譖之於齊神武賓懼及於難大統六年乃棄家屬閒行歸闕太祖嘉之授安東將軍銀青光祿大夫稍遷通直散騎常侍撫軍將軍大都督世宗初除咸陽郡守政存簡惠甚得民和世宗聞其能賜田園於郡境賓既羈旅歸國親屬在齊常慮見疑無以取信乃於所賜田內多蒔竹木盛構堂宇并鑿池沼以環之有終焉之志朝廷以此知無貳焉加使持節車騎大將軍儀同三司散騎常侍賜姓獨孤氏武成元年除御正下大夫兼小載師出爲益州總管府長史保定初徵拜計部中大夫治中外府從事中郎賜爵武陽縣伯賓敏於從政果敢決斷案牘雖繁綽有餘裕轉太府中大夫齊公憲府長史天和二年除鄀州諸軍事鄀州刺史進位驃騎大將軍開府儀同三司治襄州總管府司錄六年卒於州時年六十八子頫爲隋文帝佐命開皇中贈賓禮部尚書武陽公謚曰簡又有安定梁允本性牛氏亦有器幹知名於時歷官侍中驃騎大將軍開府儀同三司工部尚書臨涇縣公賜姓宇文氏失其事故不爲傳允子弘博學洽聞宣政中內史下大夫儀

同大將軍大象末復姓牛氏

史臣曰寇儁委質兩朝以儒素見重韓褒奉事三帝以忠厚知名趙肅平允當官張軌循良播美李彥譽流省閤郭彥信著蠻陬歷官外內並當時之選也文舉之在絳州世載清德辭多受少有廉讓之風焉

周書卷三十七

周書卷三十七考證

史臣論○此下南北監本俱有注云附高賓贊缺　臣文淳按賓乃附傳不必有贊今削之

周書卷三十七考證

周書卷三十八

唐　令　狐　德　棻　等　撰

列傳第三十

蘇亮弟湛　湛弟景恕　柳虯　呂思禮崔騰　董紹

薛憕　薛真　李昶檀翥　元偉

蘇亮字景順武功人也祖權魏中書侍郎玉門郡守父祐泰山郡守亮少通敏博學好屬文善章奏初舉秀才至洛陽遇河內常景景深器之退而謂人曰秦中才學可以抗山東者將此人乎魏齊王蕭寶夤引爲參軍後寶夤開府復爲其府主簿從寶夤西征轉記室參軍寶夤遷大將軍仍爲之掾寶夤雅知重亮凡有文檄謀議皆以委之尋行武功郡事甚著聲績寶夤作亂以亮爲黃門侍郎亮善處人間與物無忤及寶夤敗從之者遇禍唯亮獲全及長孫稚尒朱天光等西討並以亮爲郎中專典文翰累遷鎮軍將軍光祿大夫散騎常侍岐州大中正賀拔岳爲關西行臺引亮爲左丞典機密魏孝武西遷除吏部郎中加

衞將軍右光祿大夫大統二年拜給事黃門侍郎領中書舍人魏文帝子宜都王式爲秦州刺史以亮爲司馬帝謂亮曰黃門侍郎豈可爲秦州司馬直以朕愛子出蕃故以心腹相委勿以爲恨臨辭賜以御馬七年復爲黃門郎加驃騎將軍八年還都官尚書使持節行北華州刺史封臨涇縣子邑三百戶除中書監領著作修國史亮有機辯善談笑太祖甚重之有所籌議率多會旨記人之善忘人之過薦達後進常如弗及故當世敬慕焉十四年除祕書監車騎大將軍儀同三司尋拜大行臺尚書出爲岐州刺史朝廷以其作牧本州特給路車鼓吹先還其宅幷給騎士三千列羽儀遊鄉黨經過故人歡飲旬日然後入州世以爲榮十七年徵拜侍中卒於位贈本官亮少與從弟綽俱知名然綽文章少不逮亮至於經畫進趣亮又減之故世稱二蘇焉亮自大統以來無歲不轉官一年或至三遷僉曰才至不怪其速也所著文筆數十篇頗行於世子師嗣以亮名重於時起家爲黃門侍郎

亮弟湛字景儁少有志行與亮俱著名西土年二十餘舉秀才除奉朝請領侍

御史加員外散騎侍郎蕭寶夤西討以湛爲行臺郎中深見委任及寶夤將謀叛逆湛時臥疾於家寶夤乃令湛從母弟天水姜儉謂湛曰吾不能坐受死亡今便爲身計不復作魏臣也與卿死生榮辱方當共之故以相報湛聞之舉聲大哭儉遽止之曰何得便爾湛曰闔門百口卽時屠滅云何不哭哭數十聲徐謂儉曰爲我白齊王王本以窮而歸人賴朝廷假王羽翼遂得榮寵至此旣屬國步多虞不能竭誠報德豈可乘人間隙便有問鼎之心乎今魏德雖衰天命未改王之恩義未洽於民破亡之期必不旋踵蘇湛終不能以積世忠貞之基一旦爲王族滅也寶夤復令儉謂湛曰此是救命之計不得不爾湛復曰凡舉大事當得天下奇士今但共長安博徒小兒輩爲此計豈有辦哉湛不忍見荆棘生王戶庭也願賜骸骨還舊里庶歸全地下無愧先人寶夤素重之知必不爲己用遂聽還武功寶夤後果敗孝莊帝卽位徵拜尚書郎帝嘗謂之曰聞卿答蕭寶夤甚有美辭可爲我說之也湛頓首謝曰臣自惟言辭不如伍被遠矣然始終不易竊謂過之但臣與寶夤周旋契闊言得盡心而不能令其守節此

臣之罪也孝莊大悅加授散騎侍郎尋遷中書侍郎孝武初以疾還鄉里終於家贈散騎常侍鎮西將軍雍州刺史
湛弟讓字景恕幼聰敏好學頗有人倫鑒識初爲本州主簿稍遷別駕武都郡守鎮遠將軍金紫光祿大夫及太祖爲丞相引爲府屬甚見親待出爲衞將軍南汾州刺史治有善政尋卒官贈車騎大將軍儀同三司涇州刺史
柳虬字仲蟠司會慶之兄也年十三便專精好學時貴遊子弟就學者並車服華盛唯虬不事容飾遍授五經略通大義兼博涉子史雅好屬文孝昌中揚州刺史李憲舉虬秀才兗州刺史馮儁引虬爲府主簿旣而樊子鵠爲吏部尚書其兄義爲揚州治中加鎮遠將軍非其好也遂棄官還洛陽屬天下喪亂乃退耕於陽城有終焉之志大統三年馮翊王元季海領軍獨孤信鎮洛陽于時舊京荒廢人物罕極唯有虬在陽城裴諏在潁川信等乃俱徵之以虬爲行臺郎中諏爲都督府屬並掌文翰時人爲之語曰北府裴諏南省柳虬時軍旅務殷虬勵精從事或通夜不寢季海嘗云柳郎中判事我不復重看四年入朝太祖

欲官之蚪辭母老乞侍醫藥太祖許焉久之爲獨孤信開府從事中郎信出鎭
隴右因爲秦州刺史以蚪爲二府司馬雖處元僚不綜府事唯在信左右談論
而已因使見太祖被留爲丞相府記室追論歸朝功封美陽縣男邑二百戶蚪
以史官密書善惡未足懲勸乃上疏曰古者人君立史官非但記事而已蓋所
以爲監誡也動則左史書之言則右史書之彰善癉惡以樹風聲故南史抗節
表崔杼之罪董狐書法明趙盾之愆是知直筆於朝其來久矣而漢魏已還密
爲記注徒聞後世無益當時非所謂將順其美匡救其惡者也且著述之人密
書其事縱能直筆人莫之知何止物生橫議亦自異端互起故班固致受金之
名陳壽有求米之論著漢魏者非一氏造晉史者至數家後代紛紜莫知准的
伏惟陛下則天稽古勞心庶政開誹謗之路納忠讜之言諸史官記事者請皆
當朝顯言其狀然後付之史閣庶令是非明著得失無隱使聞善者日修有過
者知懼敢以愚管輕冒上聞乞以督言訪之衆議事遂施行十四年除祕書丞
祕書雖領著作不參史事自蚪爲丞始令監掌焉十六年遷中書侍郎修起居

注仍領丞事時人論文體者有古今之異蚪又以爲時有今古非文有今古乃
爲文質論文多不載魏廢帝初還祕書監加車騎大將軍儀同三司蚪脫略人
間不事小節弊衣疎食未嘗改操人或譏之蚪曰衣不過適體食不過充饑孜
孜營求徒勞思慮耳魏恭帝元年冬卒時年五十四贈兗州刺史諡曰孝有文
章數十篇行於世子鴻漸嗣
呂思禮東平壽張人也性温潤不雜交遊年十四受學於徐遵明長於論難諸
生爲之語曰講書論易其鋒難敵十九舉秀才對策高第除相州功曹參軍葛
榮圍鄴思禮有守禦勳賜爵平陸縣伯除欒城令普泰中僕射司馬子如薦爲
尚書二千戶郎中尋以地寒被出兼國子博士乃求爲關西大行臺賀拔岳所
重專掌機密甚得時譽岳爲侯莫陳悅所害趙貴等議遣赫連達迎太祖思禮
預其謀及太祖爲關西大都督以思禮爲府長史尋除行臺右丞以迎魏孝武
功封汝陽縣子邑四百戶加冠軍將軍拜黃門侍郎魏文帝卽位領著作郎除
安東將軍都官尚書兼七兵殿中二曹事從擒竇泰進爵爲侯邑八百戶大統

四年以謗訕朝政賜死思禮好學有文才雖務兼軍國而手不釋卷晝理政事夜則讀書令蒼頭執燭燭燼夜有數升沙苑之捷命爲露布食頃便成太祖歎其工而且速所爲碑誄表頌並傳於世七年追贈車騎大將軍定州刺史子亶嗣大象末位至駕部下大夫時有博陵崔騰新蔡董紹並早有名譽歷職清顯騰爲丞相府長史紹爲御史丞俱以投書謗議賜死

薛憕字景猷河東汾陰人也曾祖弘敞值赫連之亂率宗人避地襄陽憕早喪父家貧躬耕以養祖母有暇則覽文籍時人未之奇也江表取人多以世族憕既羇旅不被擢用然負才使氣未嘗趣世祿之門左中郎將京兆韋潛度謂憕曰君門地非下身材不劣何不曳裾數參吏部憕曰世冑躡高位英俊沉下僚古人以爲歎息竊所未能也潛度告人曰此年少極慷慨但不遭時耳孝昌中杖策還洛陽先是憕從祖真度與族祖安都擁徐兗歸魏其子懷儁見憕甚相親善屬尒朱榮廢立遂還河東止懷儁家不交人物終日讀書手自抄略將二百卷唯郡守元襲時相要屈與之抗禮懷儁每曰汝還鄉里不營產業不肯取

妻豈復欲南乎憕亦恬然自處不改其舊普泰中拜給事中加伏波將軍及齊
神武起兵憕乃東遊陳梁間謂族人孝通曰高歡阻兵陵上喪亂方始關中形
勝之地必有霸王居之乃與孝通俱遊長安侯莫陳悅聞之召爲行臺郎中除
鎮遠將軍步兵校尉及悅害賀拔岳軍人咸相慶慰憕獨謂所親曰悅才略本
寡輒害良將敗亡之事其則不遠吾屬今即爲人所虜何慶慰之有乎聞者以
憕言爲然乃有憂色尋而太祖平悅引憕爲記室參軍魏孝武西遷授征虜將
軍中散大夫封夏陽縣男邑二百戶魏文帝即位拜中書侍郎加安東將軍增
邑百戶進爵爲伯大統四年宣光清徽殿初成憕爲之頌魏文帝又造二欹器
一爲二仙人共持一鉢同處一盤鉢蓋有山山有香氣一仙人又持金瓶以臨
器上以水灌山則出於瓶而注乎器煙氣通發山中謂之仙人欹器一爲二荷
同處一盤相去盈尺中有蓮下垂器上以水注荷則出於蓮而盈乎器爲鳧鴈
蟾蜍以飾之謂之水芝欹器二盤各處一牀鉢圓而牀方中有人言三才之象
也皆置清徽殿前器形似觥而方滿則平溢則傾憕各爲作頌大統初儀制多

闕太祖令憕與盧辯檀翥等參定之自以流離世故不聽音樂雖幽室獨處嘗
有慼容後坐事死子舒嗣官至禮部下大夫儀同大將軍聘陳使副
薛寘河東汾陰人也祖遵彥魏平遠將軍河東郡守安邑侯父乂尚書吏部郎
清河廣平二郡守寘幼覽篇籍好屬文年未弱冠爲州主簿郡功曹起家奉朝
請稍遷左將軍太中大夫從魏孝武西遷封郃陽縣子邑四百戶進號中軍將
軍魏廢帝元年領著作佐郎修國史尋拜中書侍郎修起居注遷中書令車騎
大將軍儀同三司燕公于謹征江陵以寘爲司錄軍中謀略寘並參之江陵平
進爵爲伯增邑五百戶朝廷方改物刱制欲行周禮乃令寘與小宗伯盧辯斟
酌古今共詳定之六官建授內史下大夫孝閔帝踐阼進爵爲侯增邑五百戶
轉御正中大夫時前中書監盧柔學業優深文藻華贍而寘與之方駕故世號
曰盧薛焉久之進位驃騎大將軍開府儀同三司出爲淅州刺史卒於位吏民
哀惜之贈虞州刺史謚曰理所著文筆二十餘卷行於世又撰西京記三卷引
據該洽世稱其博聞焉寘性至孝雖年齒已衰職務繁廣至於温凊之禮朝夕

無違當時以此稱之子明嗣大象末儀同大將軍淸水郡守

李昶頓丘臨黃人也小名那祖彪名重魏朝爲御史中尉父遊亦有才行爲當世所稱遊兄志爲南荆州刺史遊隨從至州屬尒朱之亂與志俱奔江左昶性峻急不雜交遊幼年已解屬文有聲洛下時洛陽𠞰置明堂昶年十數歲爲明堂賦雖優洽未足而才制可觀見者咸曰有家風矣初謁太祖太祖深奇之厚加資給令入太學太祖每見學生必問才行於昶昶神情淸悟應對明辨太祖每稱歎之綏德公陸通盛選僚寀請以昶爲司馬太祖許之昶雖年少通特加接待公私之事咸取決焉又兼二千石郎中典儀注累遷都官郎中相州大中正丞相府東閤祭酒中軍將軍銀青光祿大夫昶雖處郎官太祖恒欲以書記委之於是以昶爲丞相府記室參軍著作郎修國史轉大行臺郎中中書侍郎頃之轉黃門侍郎封臨黃縣伯邑五百戶太祖嘗謂昶曰卿祖昔在中朝爲御史中尉卿操尚貞固理應不墜家風但孤以中尉彈劾之官愛憎所在故未即授卿耳然此職久曠無以易卿乃奏昶爲御史中尉歲餘加使持節車騎大將

軍儀同三司賜姓宇文氏六官建拜內史下大夫進爵爲侯增邑五百戶遷內史中大夫世宗初行御伯中大夫武成元年除中外府司錄保定初進驃騎大將軍開府儀同三司二年轉御正中大夫時以近侍清要盛選國華乃以昶及安昌公元則中都公陸逞臨淄公唐瑾等並爲納言尋進爵爲公增邑通前一千三百戶五年出爲昌州刺史在州遇疾啓求入朝詔許之還未至京卒於路時年五十贈相瀛二州刺史昶於太祖世已當樞要兵馬處分專以委之詔冊文筆皆昶所作也及晉公護執政委任如舊昶常曰文章之事不足流於後世經邦致治庶及古人故所作文筆了無藁草唯留心政事而已又以父在江南身寓關右自少及終不飲酒聽樂時論以此稱焉子丹嗣時有高平檀翥字鳳翔好讀書善屬文能鼓瑟早爲瑯邪王誦所知年十九爲魏孝明帝挽郎其後司州牧城陽王元徽以翥爲從事非其好也尋謝病客遊三輔時毛遐爲行臺鎮北雍州表翥爲行臺郎中會尒朱天光東拒齊神武翥隨赴洛除西兗州錄事參軍歷司空田曹參軍加鎮遠將軍兼殿中侍御史臺中表奏皆翥爲之尋

副毛鴻賓鎮潼關加前將軍太中大夫魏孝武西遷賜爵高唐縣子兼中書舍
人修國史加鎮軍將軍後坐談論輕躁爲黃門侍郎徐招所駁死於廷尉獄
元偉字猷道河南洛陽人也魏昭成之後曾祖忠尚書左僕射陽城王祖盛通
直散騎常侍陽城公父順以左衞將軍從魏孝武西遷拜中書監雍州刺史開
府儀同三司封濮陽王偉少好學有文雅弱冠授員外散騎侍郎以侍從之勞
賜爵高陽縣伯大統初拜伏波將軍度支郎中領太子舍人十一年遷太子庶
子領兵部郎中尋拜東南道行臺右丞十六年進位車騎大將軍儀同三司以
魏氏宗室進爵南安郡王邑五百戶十七年除幽州都督府長史及尉遲迥伐
蜀以偉爲司錄書檄文記皆偉之所爲蜀平以功增邑五百戶六官建拜師氏
下大夫爵隨例降改封淮南縣公孝閔帝踐祚除晉公護府司錄世宗初拜師
氏中大夫受詔於麟趾殿刊正經籍尋除隴右總管府長史加驃騎大將軍開
府儀同三司保定二年遷成州刺史偉政尚清靜百姓悅附流民復業者三千
餘口天和元年入爲匠師中大夫轉司宗中大夫六年出爲隨州刺史偉辭以

母老不拜還爲司宗尋以母憂去職建德二年復爲司宗轉司會中大夫兼民部中大夫遷小司寇四年以偉爲使主報聘于齊是秋高祖親戎東討偉遂爲齊人所執六年齊平偉方見釋高祖以其久被幽縶加授上開府大象二年除襄州刺史進位大將軍偉性溫柔好虛靜居家不治生業篤學愛文政事之暇未嘗棄書謹慎小心與物無忤時人以此稱之初自鄴還也庾信贈其詩曰號亡垂棘反齊平寶鼎歸其爲辭人所重如此後以疾卒太祖天縱寬仁性罕猜忌元氏戚屬並保全之內外任使布於列職孝閔踐祚無替前緒明武纘業亦遵先志雖天厭魏德鼎命已遷枝葉榮茂足以逾於前代矣然簡牘散亡事多湮沒今錄其名位可知者附於此云

柱國大將軍太傅大司徒廣陵王元欣

柱國大將軍特進尙書令少師義陽王元子孝

尙書僕射馮翊王元季海

七兵尙書陳郡王元玄

大將軍淮安王元育
大將軍梁王元儉
大將軍尙書令少保小司徒廣平郡公元贊
大將軍納言小司空荆州總管安昌郡公元則
侍中驃騎大將軍開府儀同三司少師韓國公元羅
侍中驃騎大將軍開府儀同三司吏部尙書魯郡公元正
侍中驃騎大將軍開府儀同三司中書監洵州刺史宜都郡公元顏子
侍中驃騎大將軍開府儀同三司鄭州刺史安樂縣公元壽
侍中驃騎大將軍開府儀同三司武衞將軍遂州刺史房陵縣公元審
史臣曰太祖除暴寧亂創業開基昃食求賢共康庶政既焚林而訪阮亦牓道以求孫可謂野無遺才朝多君子蘇亮等並學稱該博文擅雕龍或揮翰鳳池或著書麟閣咸居祿位各逞琳琅擬彼陳徐慚後生之可畏論其任遇實當時之良選也魏文帝有言古今文人類不護細行其呂思禮薛憕之謂也

周書卷三十八

周書卷三十八考證

蘇亮傳祖權○北史作祖雅字天祐

呂思禮傳乃求爲關西大行臺賀拔岳所重○北史云乃求爲關西大行臺郎中與姚幼瑜茹文就俱入關爲行臺賀拔岳所重此脫十五字

周書卷三十八考證

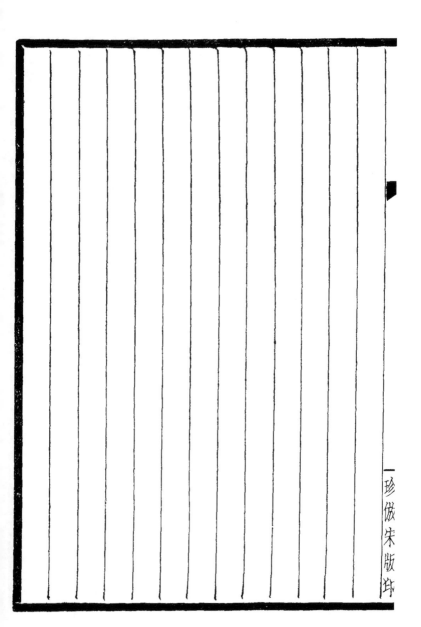

周書卷三十九

唐 令 狐 德 棻 等 撰

列傳第三十一

韋瑱 族人仲景　梁昕 弟榮　皇甫璠　辛慶之 族子昂　王子直　杜杲

韋瑱字世珍京兆杜陵人也世爲三輔著姓曾祖惠度姚泓尙書郎隨劉義真過江仕宋爲鎭西府司馬順陽太守行南雍州事後於襄陽歸魏拜中書侍郎贈安西將軍洛州刺史祖千雄略陽郡守父英代郡守贈兗州刺史瑱幼聰敏有夙成之量閭里咸敬異之篤志好學兼善騎射魏孝昌三年起家太尉府法曹參軍稍遷直後除明威將軍雍州治中假鎭遠將軍防城州將累遷諫議大夫冠軍將軍太祖爲丞相加前將軍太中大夫封長安縣男食邑三百戶轉行臺左丞加撫軍將軍銀青光祿大夫遷使持節都督南郢州諸軍事南郢州刺史復入爲行臺左丞瑱明察有幹局再居左轄時論榮之從復弘農戰沙苑加

衛大將軍左光祿大夫又從戰河橋進爵爲子增邑二百戶大統八年齊神武侵汾絳瑱從太祖禦之軍還令瑱以本官鎮蒲津關帶中潬城主尋除蒲州總管府長史頃之徵拜鴻臚卿以望族兼領鄉兵加帥都督遷大都督通直散騎常侍行京兆郡事進車騎大將軍儀同三司散騎常侍魏恭帝二年賜姓宇文氏三年除瓜州諸軍事瓜州刺史州通西域蕃夷往來前後刺史多受賂遺胡寇犯邊又莫能禦瑱雅性清儉兼有武略蕃夷贈遺一無所受胡人畏威不敢爲寇公私安靜夷夏懷之孝閔帝踐阼進爵平齊縣伯增邑五百戶秩滿還京吏民戀慕老幼追送留連十數日方得出境世宗嘉之進授侍中驃騎大將軍開府儀同三司武成三年卒時年六十一贈岐宜二州刺史諡曰惠天和二年又追封爲公增邑通前三千戶仍詔其子峻襲峻後位至車騎大將軍儀同三司峻弟師起家中外府記室歷兵部小府下大夫建德末蒲州總管府中郎行河東郡事

梁昕字元明安定烏氏人也世爲關中著姓其先因官徙居京兆之盩厔焉祖

重耳漳縣令父勸儒州主簿冠軍將軍中散大夫贈涇州刺史昕少温恭見稱州里正光五年秦隴構亂蕭寶夤爲大都督統兵出討以昕爲行臺參軍孝昌初拜盪寇將軍稍遷驤威將軍給事中仍從寶夤征万俟醜奴相持二年前後數十戰以功封征西將軍尒朱天光入關復引爲外兵參軍從天光征討拜右將軍太中大夫太祖迎魏孝武軍次雍州昕以三輔望族上謁太祖見昕容貌瓌偉深賞異之即授右府長流參軍大統初加鎮南將軍金紫光祿大夫轉丞相府戶曹參軍從復弘農戰沙苑皆有功除車騎將軍丞相府主簿出爲洛安郡守徵拜大將軍行臺兵部郎中加帥都督十二年除河南郡守鎮大塢尋又移鎮閻韓式遏邊壘甚著誠信還東荊州刺史昕撫以仁惠蠻夷悅之流民歸附者相繼而至封安定縣子邑三百戶累遷大都督車騎大將軍散騎常侍儀同三司孝閔帝踐阼進位驃騎大將軍開府儀同三司世宗初進爵胡城縣伯邑五百戶三年除九曲城主保定元年還中州刺史增邑八百戶轉邵州刺史二年以母喪去職尋起復本任天和初徵拜工部中大夫出爲陝西總管府長

史昕性温裕有幹能歷官內外咸著聲稱尋卒於位贈大將軍謚曰貞
昕弟榮歷位匠師下大夫中外府中郎蕃部郡伯司倉計部下大夫開府儀同
三司朝郡縣伯贈涇寧豳三州刺史謚曰靜
皇甫璠字景瑜安定三水人也世爲西州著姓後徙居京兆焉父和本州治中
大統末追贈散騎常侍儀同三司涇州刺史璠少忠謹有幹略永安中辟州都
督太祖爲牧補主簿以勤事被知每蒙褒賞大統四年引爲丞相府行參軍尋
轉田曹參軍東閤祭酒加散騎侍郎稍遷兼太常少卿都水使者歷蕃部兵部
虞部民部吏部等諸曹郎中六官建拜計部下大夫孝閔帝踐阼轉守廟下大
夫以選爲東道大使撫巡州防尋加車騎大將軍儀同三司封長樂縣子邑五
百戶出爲玉壁總管府長史保定中遷鴻州刺史入爲小納言俄除隴右總管
府司馬轉陝州總管府長史徵拜蕃部中大夫進驃騎大將軍開府儀同三司
復出爲隴右總管府長史璠性平和小心奉法安分守志恆以清白自處當時
號爲善人建德元年除民部中大夫三年授隨州刺史政存簡惠百姓安之其

年增邑幷前二千戶六年卒於位贈交渭二州刺史諡曰恭子諒少知名大象中位至吏部下大夫
辛慶之字慶之隴西狄道人也世爲隴右著姓父顯崇馮翊郡守贈雍州刺史慶之少以文學徵詣洛陽對策第一除祕書郎屬尒朱氏作亂魏孝莊帝令司空楊津爲北道行臺節度山東諸軍以討之津啓慶之爲行臺左丞典參謀議至鄴聞孝莊帝暴崩遂出兗冀閒謀結義徒以赴國難尋而節閔帝立乃還洛陽普泰二年遷平北將軍太中大夫及賀拔岳爲行臺復啓慶之爲行臺吏部郎中開府掾尋除雍州別駕大統初加車騎將軍俄遷衞大將軍左光祿大夫後太祖東討爲行臺左丞時初復河東以本官兼鹽池都將四年東魏攻正平郡陷之遂欲經略鹽池慶之守禦有備乃引軍退河橋之役大軍不利河北守令棄城走慶之獨因鹽池抗拒彊敵時論稱其仁勇六年行河東郡事九年入爲丞相府右長史兼給事黃門侍郎除度支尚書復行河東郡事還通直散騎常侍南荊州刺史加儀同三司慶之位遇雖隆而率性儉素車馬衣服亦不尙

華侈志量淹和有儒者風度特爲當時所重又以其經明行修令與盧誕等教授諸王魏廢帝二年拜祕書監尋卒於位子加陵主寢上士慶之族子昂

昂字進君年數歲便有成人志行有善相人者謂其父仲略曰公家雖世載冠冕然名德富貴莫有及此兒者仲略亦重昂志氣深以爲然年十八侯景辟爲行臺郎中加鎮遠將軍景後來附昂遂入朝除丞相府行參軍大統十四年追論歸朝之勳封襄城縣男邑二百戶轉丞相府田曹參軍及尉遲迥伐蜀昂召募從軍蜀平以功授輔國將軍魏都督迥仍表昂爲龍州長史領龍安郡事州帶山谷舊俗生梗昂威惠洽著吏民畏而愛之成都一方之會風俗舛雜迥以昂達於從政復表昂行成都令昂到縣即與諸生祭文翁學堂因共歡宴謂諸生曰子孝臣忠師嚴友信立身之要如斯而已若不事斯語何以成名各宜自勉克成令譽昂言切理至諸生等並深感悟歸而告其父老曰辛君教誡如此不可違之於是井邑肅然咸從其化遷梓潼郡守進位帥都督加通直散騎常侍六官建入爲司隸上士襲爵繁昌縣公世宗初授天官府上士加大都督武

成二年授小職方下大夫治小兵部保定二年進車騎大將軍儀同三司轉小吏部四年大軍東討昂與大將軍權景宣下豫州以功賞布帛二百匹時益州殷阜軍國所資經途艱險每苦劫盜詔昂使於梁益軍民之務皆委決焉昂撫導荒梗安置城鎮數年之中頗得寧靜天和初陸騰討信州羣蠻歷時未克高祖詔昂便於通渠等諸州運糧饋之時臨信楚合等諸州民庶亦多從逆昂諭以禍福赴者如歸乃令老弱負糧壯夫拒戰咸願爲用莫有怨者使還屬巴州萬榮郡民反叛攻圍郡城遏絶山路昂謂其同侶曰凶奴狂悖一至於此若待上聞或淹旬月孤城無援必淪寇黨欲救近溺寧暇遠求越人苟利百姓專之可也於是遂募開通二州得三千人倍道兼行出其不意又令其衆皆作中國歌直趣賊壘賊既不以爲虞謂有大軍赴救於是望風瓦解郡境獲寧朝廷嘉其權以濟事詔梁州總管杞國公亮卽於軍中賞昂奴婢二十口繒綵四百匹亮又以昂威信布於宕渠遂表爲渠州刺史俄轉通州刺史昂推誠布信甚得夷獠歡心秩滿還京首領皆隨昂詣闕朝覲以昂化洽夷華進位驃騎大將軍

開府儀同三司時晉公護執政昂稍被護親待高祖以是頗銜之及護誅加之捶楚因此遂卒昂族人仲景好學有雅量其高祖欽後趙吏部尚書雍州刺史子孫因家焉父歡魏隴州刺史宋陽公仲景年十八舉文學對策高第拜司空府主簿遷員外散騎侍郎建德中位至內史下大夫開府儀同三司卒於官子衡

王子直字孝正京兆杜陵人也世爲郡右族父琳州主簿東雍州長史子直性節儉有幹能魏正光中州辟主簿起家奉朝請除太尉府水曹行參軍加明威將軍時梁人圍壽春臨淮王元彧率軍赴援子直以本官參彧軍事與梁人戰斬其軍主夏侯景超梁人乃退淮南民庶因兵寇之後猶聚爲盜彧令子直招撫之旬日之間咸來復業自合肥以北安堵如舊永安初拜員外散騎常侍鴻臚少卿普泰初進後軍將軍太中大夫賀拔岳入關以子直爲開府主簿還行臺郎中魏孝武西遷封山北縣男邑二百戶大統初漢熾屠各阻兵於南山與隴東屠各共爲脣齒太祖令子直率涇州步騎五千討破之南山平太祖嘉之

賜書勞問除尚書左外兵郎中三年進車騎將軍兼中書舍人四年從太祖解洛陽圍經河橋戰兼尚書左丞出爲秦州總管府司馬時涼州刺史宇文仲和據州逆命子直從隴右大都督獨孤信討平之復入爲大行臺郎中兼丞相府記室吐谷渾寇西平以子直兼尚書兵部郎中出隴右經略之大破渾衆於長寧川渾賊遁走十五年進車騎將軍左光祿大夫除太子中庶子領齊王友尋行馮翊郡事十六年魏齊王廓出牧秦隴復以子直爲秦州別駕仍領王友隨陸初平授安州長史領別駕加帥都督轉幷州長史魏廢帝元年拜使持節大都督行瓜州事子直性清靜務以德政化民西土悅附魏恭帝初徵拜黃門侍郎卒於位子宣禮柱國府參軍事

杜杲字子暉京兆杜陵人也祖建魏輔國將軍贈豫州刺史父皎儀同三司武都郡守杲學涉經史有當世幹略其族父瓚清貞有識鑒深器重之常曰吾家千里駒也瓚時仕魏爲黃門侍郎兼度支尚書衞大將軍西道行臺尚孝武妹新豐公主因薦之於朝廷永熙二年起家奉朝請累遷輔國將軍成州長史漢

陽郡守世宗初轉脩城郡守屬鳳州人仇周貢等搆亂攻逼修城杲信洽於民
部內遂無叛者尋而開府趙昶諸軍進討杲率郡兵與昶合勢遂破平之入爲
司命上士初陳文帝弟安成王頊爲質於梁及江陵平頊隨例遷長安陳人請
之太祖許而未遣至是帝欲歸之命杲使焉陳文帝大悅卽遣使報聘并賂黔
中數州之地仍請畫野分疆永敦隣好以杲奉使稱旨進授都督治小御伯更
往分界焉陳人於是以魯山歸我帝乃拜頊柱國大將軍詔杲送之還國陳文
帝謂杲曰家弟今蒙禮遣實是周朝之惠然不還彼魯山亦恐未能及此杲答
曰安成之在關中乃咸陽一布衣耳然是陳之介弟其價豈止一城本朝親睦
九族恕己及物上遵太祖遺旨下思繼好之義所以發德音者蓋爲此也若知
止侔魯山固當不貪一鎭況魯山梁之舊地梁卽本朝蕃臣若以始末言之魯
山自合歸國云以尋常之土易己骨肉之親使臣猶謂不可何以聞諸朝廷陳
文帝慚恧久之乃曰前言戲之耳自是接遇有加常禮及杲還命引升殿親降
御座執手以別朝廷嘉之授大都督小載師下大夫治小納言復聘於陳中山

公訓爲蒲州總管以杲爲府司馬州治中兼知州府事加使持節車騎大將軍儀同三司及華皎來附詔令衞公直督元定等援之與陳人交戰我師不利元定等並沒自是連兵不息東南騷動高祖患之乃授杲御正中大夫後四年遷温州刺史賜爵義興縣伯大象元年徵拜御正中大夫復使於陳二年除申州刺史加開府儀同大將軍進爵爲侯邑一千三百戸除同州司會隋開皇元年以杲爲同州總管進爵爲公俄遷工部尚書二年除西南道行臺兵部尚書尋以疾卒子運大象末宣納上士杲兄長暉位至儀同三司

史臣曰韋辛皇甫之徒並關右之舊族也或紆組登朝獲當官之譽或張旃出境有專對之才旣茂國猷克隆家業美矣夫

周書卷三十九

周書卷三十九考證

辛慶之傳辛慶之字慶之○北史云字餘慶

周書卷三十九考證

周書卷四十

唐　令　狐　德　棻　等　撰

列傳第三十二

尉遲運　王軌　宇文神舉　宇文孝伯

顏之儀 樂運

尉遲運大司空吳國公綱之子也少彊濟志在立功魏大統十六年以父勳封安喜縣侯邑一千戶孝閔帝踐阼授使持節車騎大將軍儀同三司俄而帝廢朝議欲尊立世宗乃令運奉迎於岐州以預定策勳進爵周城縣公增邑五百戶保定元年進驃騎大將軍開府儀同三司三年從楊忠攻齊之并州以功別封第二子端保城縣侯邑一千戶四年出爲隴州刺史地帶汧渭民俗難治運垂情撫納甚得時譽天和五年入爲小右武伯六年遷左武伯中大夫尋加軍司馬武伯如故運既職兼文武甚見委任齊將斛律明月寇汾北運從齊公憲禦之攻拔其伏龍城進爵廣業郡公增邑八百戶建德元年授右侍伯轉右司

衞時宣帝在東宮親狎謟佞數有罪失高祖於朝臣內選忠諒鯁正者以匡弼之於是以運爲右宮正二年帝幸雲陽宮又令運以本官兼司武與長孫覽輔皇太子居守俄而衞刺王直作亂率其黨襲肅章門覽懼走行在所運時偶在門中直兵奄至不暇命左右乃手自闔門直黨與運爭門斫傷運手指僅而得閉直旣不得入乃縱火燒門運懼火盡直黨得進乃取宮中材木及牀等以益火更以膏油灌之火勢轉熾久之直不得進乃退運率留守兵因其退以擊之直大敗而走是日微運宮中已不守矣高祖嘉之授大將軍賜以直田宅妓樂金帛車馬及什物等不可勝數四年出爲同州蒲津潼關等六防諸軍事同州刺史高祖將伐齊召運參議東夏底定頗有力焉五年拜柱國進爵盧國公邑五千戸宣政元年轉司武上大夫總宿衞軍事高祖崩於雲陽宮祕未發喪運總侍衞兵還京師宣帝卽位授上柱國運之爲宮正也數進諫於帝帝不能納反疎忌之時運又與王軌宇文孝伯等皆爲高祖所親待軌屢言帝失於高祖帝謂運預其事愈更銜之及軌被誅運懼及於禍問計於宇文孝伯語在孝伯

傳壽而得出爲秦州總管秦渭等六州諸軍事秦州刺史然運至州猶懼不免
大象元年二月遂以憂薨於州時年四十一贈大後丞秦渭河鄯成洮文等七
州諸軍事秦州刺史諡曰忠子靖嗣大象末儀同大將軍
王軌太原祁人也小名沙門漢司徒允之後世爲州郡冠族累葉仕魏賜姓烏
丸氏父光少雄武有將帥才略每從征討頻有戰功太祖知其勇決遇之甚厚
位至驃騎大將軍開府儀同三司平原縣公軌性質直慷慨有遠量臨事彊正
人不敢干起家事輔城公及高祖即位授前侍下士俄轉左侍上士頗被識顧
累遷內史上士內史下大夫加授儀同三司自此親遇彌重遂處腹心之任時
晉公護專政高祖密欲圖之以軌沉毅有識度堪屬以大事遂問以可否軌贊
成之建德初轉內史中大夫加授開府儀同三司又拜上開府儀同大將軍封
上黃縣公邑一千戶軍國之政皆參預焉五年高祖總戎東伐六軍圍晉州刺
史崔景嵩守城北面夜中密遣送款詔令軌率衆應之未明士皆登城鼓噪齊
人駭懼因即退走遂克晉州擒其城主特進海昌王尉相貴俘甲士八千人於

是遂從平幷鄴以功進位上大將軍進爵郯國公邑三千戶及陳將吳明徹入
寇呂梁徐州總管梁士彥頻與戰不利乃退保州城不敢復出明徹遂堰清水
以灌之列船艦於城下以圖攻取詔以軌爲行軍總管率諸軍赴救軌潛於清
水入淮口多豎大木以鐵鏁貫車輪橫截水流以斷其船路方欲密決其堰以
斃之明徹知之懼乃破堰遽退冀乘決水之勢以得入淮比至清口川流已闊
水勢亦衰船艦並礙於車輪不復得過軌因率兵圍而蹙之唯有騎將蕭摩訶
以二千騎先走得免明徹及將士三萬餘人幷器械輜重並就俘獲陳之銳卒
於是殲焉高祖嘉之進位柱國仍拜徐州總管七州十五鎮諸軍事軌性嚴重
多謀略兼有呂梁之捷威振敵境陳人甚憚之宣帝之征吐谷渾也高祖令軌
與宇文孝伯並從軍中進取皆委軌等帝仰成而已時宮尹鄭譯王端等並得
幸帝帝在軍中頗有失德譯等皆預焉軍還軌等言之於高祖高祖大怒乃撻
帝除譯等名仍加捶楚帝因此大銜之軌又嘗與小內史賀若弼言及此事且
言皇太子必不克負荷弼深以爲然勸軌陳之軌後因侍坐乃謂高祖曰皇太

子仁孝無聞復多涼德恐不了陛下家事愚臣短暗不足以論是非陛下恆以賀若弼有文武奇才識度宏遠而弼比每對臣深以此事爲慮高祖召弼問之弼乃詭對曰皇太子養德春宮未聞有過未審陛下何從得聞此言旣退軌誚弼曰平生言論無所不道今者對揚何得乃爾翻覆弼曰此公之過也皇太子國之儲副豈易攸言事有蹉跌便至滅門之禍本謂公密陳臧否何得遂至昌言軌默然久之乃曰吾專心國家遂不存私計向者對衆良寔非宜後軌因內宴上壽又捋高祖鬚曰可愛好老公但恨後嗣弱耳高祖深以爲然但漢王次長又不才此外諸子並幼故不能用其說及宣帝卽位追鄭譯等復爲近侍軌自知必及於禍謂所親曰吾昔在先朝寔申社稷至計今日之事斷可知矣此州控帶淮南隣接彊寇欲爲身計易同反掌但忠義之節不可虧違況荷先帝厚恩每思以死自効豈以獲罪於嗣主便欲背德於先朝止可於此待死義不爲他計冀千載之後知吾此心大曆元年帝令內史杜虔信就徐州殺軌御正中大夫顏之儀切諫帝不納遂誅之軌立朝忠恕兼有大功忽以無罪被戮天

下知與不知無不傷惜

宇文神舉太祖之族子也高祖晉陵曾祖求男仕魏位並顯達祖金殿魏鎮遠將軍兗州刺史安吉縣侯父顯和少而襲爵性矜嚴頗涉經史膂力絕人彎弓數百斤能左右馳射魏孝武之在藩也顯和早蒙眷遇時屬多難嘗問計於顯和顯和具陳宜杜門晦迹相時而動孝武深納焉及即位擢授冠軍將軍閤內都督封城陽縣公邑五百戶孝武以顯和藩邸之舊遇之甚厚時顯和所居宅隘陋乃撤殿省賜爲寢室其見重如此及齊神武專政帝每不自安謂顯和曰天下洶洶將若之何對曰當今之計莫若擇善而從之因誦詩云彼美人兮西方之人兮帝曰是吾心也遂定入關之策帝以顯和母老家累又多令預爲計對曰今日之事忠孝不可並立然臣不密則失身安敢預爲私計帝愴然改容曰卿即我之王陵也遷朱衣直閤閤內大都督改封長廣縣公邑一千五百戶從帝入關至溱水太祖素聞其善射而未之見也俄而水傍有一小鳥顯和射而中之太祖笑曰我知卿工矣其後引爲帳內大都督俄出爲持節衞將軍東

夏州刺史以疾去職深爲吏民所懷尋進位車騎大將軍儀同三司加散騎常
侍魏恭帝元年卒時年五十七太祖親臨之哀動左右建德二年追贈使持節
驃騎大將軍開府儀同三司延丹綏三州諸軍事延州刺史神舉早歲而孤有
夙成之量族兄安化公深器異之及長神情倜儻志略英贍眉目疏朗儀貌魁
梧有識欽之莫不許以遠大世宗初起家中侍上士世宗留意翰林而神舉雅
好篇什帝每有遊幸神舉恆得侍從保定元年襲爵長廣縣公邑二千三百戶
尋授帥都督遷大都督使持節車騎大將軍儀同三司拜右大夫四年進驃騎
大將軍開府儀同三司治小宮伯天和元年遷右宮伯中大夫進爵清河郡公
增邑一千戶高祖將誅晉公護也神舉得預其謀建德元年遷京兆尹三年出
爲熊州刺史神舉威名素重齊人甚憚之五年攻拔齊陸渾等五城及高祖東
伐詔神舉從軍幷州平卽授幷州刺史加上開府儀同大將軍州既齊氏別都
控帶要重平定甫爾民俗澆訛豪右之家多爲姦猾神舉勵精爲治示以威恩
旬月之間遠邇悅服尋加上大將軍改封武德郡公增邑二千戶俄進柱國大

將軍改封東平郡公增邑通前六千九百戶所部東壽陽縣土人相聚爲盜率其黨五千人來襲州城神舉以州兵討平之宣政元年轉司武上大夫高祖親戎北伐令神舉與原國公如願等率兵五道俱入高祖至雲陽疾甚乃班師幽州人盧昌期祖英伯等聚衆據范陽反詔神舉率兵擒之齊黃門侍郎盧思道亦在反中賊平見獲解衣將伏法神舉素欽其才名乃釋而禮之卽令草露布其待士禮賢如此屬稽胡反叛入寇西河神舉又率衆與越王盛討平時突厥與稽胡連和遣騎赴救神舉以奇兵擊之突厥敗走稽胡於是款服卽授幷潞肆石等四州十二鎮諸軍事幷州總管初神舉見待於高祖遂處心腹之任王軌宇文孝伯等屢言皇太子之短神舉亦頗與焉及宣帝卽位荒淫無度神舉懼及於禍懷不自安初定范陽之後威聲甚振帝亦忌其名望兼以宿憾遂使人齎鴆酒賜之薨於馬邑時年四十八神舉偉風儀善辭令博涉經史性愛篇章尤工騎射臨戎對寇勇而有謀蒞職當官每著聲績兼好施愛士以雄豪自居故得任兼文武聲彰中外百僚無不仰其風則先輩舊齒至于今而稱之子同

嗣位至儀同大將軍神舉弟神慶少有壯志武藝絕倫大象末位至柱國汝南郡公

宇文孝伯字胡三吏部安化公深之子也其生與高祖同日太祖甚愛之養於第內及長又與高祖同學武成元年拜宗師上士時年十六孝伯性沉正謇諤好直言高祖卽位欲引置左右時政在冢臣不得專制乃託言少與孝伯同業受經思相啓發由是晉公護弗之猜也得入爲右侍上士恆侍讀書天和元年遷小宗師領右侍儀同及遭父憂詔令於服中襲爵高祖嘗從容謂之曰公之於我猶漢高之與盧綰也乃賜以十三環金帶自是恆侍左右出入臥內朝之機務皆得預焉孝伯亦竭心盡力無所迴避至於時政得失及外閒細事皆以奏聞高祖深委信之當時莫與爲比及高祖將誅晉公護密與衞王直圖之唯孝伯及王軌宇文神舉等頗得參預護誅授開府儀同三司歷司會中大夫左右小宮伯東宮左宮正建德之後皇太子稍長既無令德唯昵近小人孝伯白高祖曰皇太子四海所屬而德聲未聞臣忝宮官寔當其責且春秋尚少志業

未成請妙選正人爲其師友調護聖質猶望日就月將如或不然悔無及矣帝
斂容曰卿世載鯁直竭誠所事觀卿此言有家風矣孝伯拜謝曰非言之難受
之難也深願陛下思之帝曰正人豈復過君於是以尉遲運爲右宮正孝伯仍
爲左宮正尋拜宗師中大夫及吐谷渾入寇詔皇太子征之軍中之事多決於
孝伯俄授京兆尹入爲左宮伯轉右宮伯嘗因侍坐帝問之曰我兒比來漸長
進不答曰皇太子比懼天威更無罪失及王軌因內宴捋帝鬚言太子之不善
帝罷酒責孝伯曰公常語我云太子無過今軌有此言公爲誑矣孝伯再拜曰
臣聞父子之際人所難言臣知陛下不能割情忍愛遂爾結舌帝知其意默然
久之乃曰朕已委公矣公其勉之五年大軍東討拜內史下大夫令掌留臺事
軍還帝曰居守之重無忝戰功於是加授大將軍進爵廣陵郡公邑三千戶并
賜金帛及女妓等六年復爲宗師每車駕巡幸常令居守其後高祖北討至雲
陽宮遂寢疾驛召孝伯赴行在所帝執其手曰吾自量必無濟理以後事付君
是夜授司衛上大夫總宿衛兵馬事又令馳驛入京鎮守以備非常宣帝卽位

授小冢宰帝忌齊王憲意欲除之謂孝伯曰公能爲朕圖齊王當以其官位相授孝伯叩頭曰先帝遺詔不許濫誅骨肉齊王陛下之叔父戚近功高社稷重臣棟梁所寄陛下若妄加刑戮微臣又順旨曲從則臣爲不忠之臣陛下爲不孝之子也帝不懌因漸疎之乃與于智王端鄭譯等密圖其事後令智告憲謀逆遣孝伯召憲入遂誅之帝之西征也在軍有過行鄭譯時亦預焉軍還孝伯及王軌盡以白高祖怒撻帝數十仍除譯名至是譯又被帝親昵帝既追憾被杖乃問譯曰我脚上杖痕誰所爲也譯答曰事由宇文孝伯及王軌譯又因說王軌捋鬚事帝乃誅軌尉遲運懼私謂孝伯曰吾徒必不免禍爲之奈何孝伯對曰今堂上有老母地下有武帝爲臣爲子知欲何之且委質事人本徇名義諫而不入將焉逃死足下若爲身計宜且遠之於是各行其志運尋出爲秦州總管然帝荒淫日甚誅戮無度朝章弛紊無復綱紀孝伯又頻切諫皆不見從由是益疎斥之後稽胡反令孝伯爲行軍總管從越王盛討平之及軍還帝將殺之乃託以齊王之事誚之曰公知齊王謀反何以不言孝伯對曰臣知齊王

忠於社稷爲羣小媒孽加之以罪臣以言必不用所以不言且先帝付囑微臣唯令輔導陛下今諫而不從寔負顧託以此爲罪是所甘心帝大慚俛首不語乃命將出賜死于家時年三十六及隋文帝踐極以孝伯及王軌忠而獲罪並令收葬復其官爵又嘗謂高熲曰宇文孝伯寔有周之良臣若使此人在朝我輩無措手處也子歆嗣

顏之儀字子升瑯邪臨沂人也晉侍中含九世孫祖見遠齊御史治書正色立朝有當官之稱及梁武帝執政遂以疾辭尋而齊和帝暴崩見遠慟哭而絕梁武帝深恨之謂朝臣曰我自應天從人何預天下人事而顏見遠乃至於此當時嘉其忠烈咸稱歎之父協以見遠蹈義忤時遂不仕進梁元帝爲湘東王引協爲其府記室參軍協不得已乃應命梁元帝後著懷舊志及詩並稱贊其美之儀幼穎悟三歲能讀孝經及長博涉羣書好爲詞賦嘗獻神州頌辭致雅贍梁元帝手勑報曰枚乘二葉俱得遊梁應貞兩世並稱文學我求才子鯁慰良深江陵平之儀隨例遷長安世宗以爲麟趾學士稍遷司書上士高祖初建儲

宮戚選師傅以之儀爲侍讀太子後征吐谷渾在軍有過行鄭譯等並以不能匡弼坐譴唯之儀以累諫獲賞卽拜小宮尹封平陽縣男邑二百戶宣帝卽位遷上儀同大將軍御正中大夫進爵爲公增邑一千戶帝後刑政乖僻昏縱日甚之儀犯顏驟諫雖不見納終亦不止深爲帝所忌然以恩舊每優容之及帝殺王軌之儀固諫帝怒欲幷致之於法後以其諒直無私乃舍之宣帝崩劉昉鄭譯等矯遺詔以隋文帝爲丞相輔少主之儀知非帝旨拒而弗從昉等草詔署記逼之儀連署之儀厲聲謂昉等曰主上升遐嗣子沖幼阿衡之任宜在宗英方今賢戚之內趙王最長以親以德合膺重寄公等備受朝恩當思盡忠報國奈何一旦欲以神器假人之儀有死而已不能誣罔先帝於是昉等知不可屈乃代之儀署而行之隋文帝後索符璽之儀又正色曰此天子之物自有主者宰相何故索之於是隋文帝大怒命引出將戮之然以其民之望也乃止出爲西疆郡守隋文帝踐極詔徵還京師進爵新野郡公開皇五年拜集州刺史在州清靜夷夏悅之明年代還遂優遊不仕十年正月之儀隨例入朝隋文帝

望而識之命引至御坐謂之曰見危授命臨大節而不可奪古人所難何以加
卿乃賜錢十萬米一百石十一年冬卒年六十九有文集十卷行於世時京兆
郡丞樂運亦以直言數諫於帝
運字承業南陽淯陽人晉尚書令廣之八世孫祖文素齊南郡守父均梁義陽
郡守運少好學涉獵經史而不持章句年十五而江陵滅運隨例遷長安其親
屬等多被籍而運積年爲人傭保皆贖免之又事母及寡嫂甚謹由是以孝義
聞梁故都官郎琅邪王澄美之爲次其行事爲孝義傳性方直未嘗求媚於人
天和初起家夏州總管府倉曹參軍轉柱國府記室參軍尋而臨淄公唐瑾薦
爲露門學士前後犯顏屢諫高祖多被納用建德二年除萬年縣丞抑挫豪右
號稱彊直高祖嘉之特許通籍事有不便於時者令巨細奏聞高祖嘗幸同州
召運赴行在所既至高祖謂運曰卿來日見太子不運曰臣來日奉辭高祖曰
卿言太子何如人運曰中人也時齊王憲以下並在帝側高祖顧謂憲等曰百
官佞我皆云太子聰明睿知唯運獨云中人方驗運之忠直耳於是因問運中

人之狀運對曰班固以齊桓公爲中人管仲相之則霸豎貂輔之則亂謂可與爲善亦可與爲惡也高祖曰我知之矣遂妙選宮官以匡弼之仍超拜運京兆郡丞太子聞之意甚不悅及高祖崩宣帝嗣位葬訖詔天下公除帝及六宮便議即吉運上疏曰三年之喪自天子達于庶人先王制禮安可誣之禮天子七月而葬以俟天下畢至今葬期既促事訖便除文軌之內奔赴未盡鄰境遠聞使猶未至若以喪服受弔不可既吉更凶如以玄冠對使未知此出何禮進退無據愚臣竊所未安書奏帝不納自是德政不修數行赦宥運又上疏曰臣謹案周官曰國君之過市刑人赦此謂市者交利之所君子無故不遊觀焉若遊觀則施惠以悅之也尙書曰眚災肆赦此謂過誤爲害罪雖大當緩赦之呂刑云五刑之疑有赦此謂赦疑從罰罰疑從免論語曰赦小過舉賢才謹尋經典未有罪無輕重溥天大赦之文逮茲末葉不師古始無益於治未可則之故管仲曰有赦者奔馬之委轡不赦者痤疽之礪石又曰惠者民之仇讎法者民之父母吳漢遺言猶云唯願無赦王符著論亦云赦者非明世之所宜豈可數施

非常之惠以肆姦宄之惡乎帝亦不納而昏暴滋甚運乃與櫬詣朝堂陳帝八
失一曰內史御正職在弼諧皆須參議共治天下大尊比來小大之事多獨斷
之堯舜至聖尙資輔弼比大尊未爲聖主而可專恣己心凡諸刑罰爵賞爰及
軍國大事請參諸宰輔與衆共之二曰內作色荒古人重誡大尊初臨四海德
惠未洽先搜天下美女用實後宮又詔儀同以上女不許輒嫁貴賤同怨聲溢
朝野請姬媵非幸御者放還本族欲嫁之女勿更禁之三曰天子未明求衣日
旰忘食猶恐萬機不理天下擁滯大尊比來一入後宮數日不出所須聞奏多
附內豎傳言失實是非可懼事由宦者亡國之徵請準高祖居外聽政四曰變
故易常乃爲政之大忌嚴刑酷罰非致治之弘規若罰無定刑則天下皆懼政
無常法則民無適從豈有削嚴刑之詔未及半祀便卽追改更嚴前制政令不
定乃至於是今宿衞之官有一人夜不直者罪至削除因而逃亡者遂便籍沒
此則大逆之罪與十杖同科雖爲法愈嚴恐人情愈散一人心散尙或可止若
天下皆散將如之何秦網密而國亡漢章疎而祚永請遵輕典並依大律則億

兆之民手足有所措矣五曰高祖斲雕爲朴本欲傳之萬世大尊朝夕趣庭親承聖旨豈有崩未逾年而遽窮奢麗成父之志義豈然乎請興造之制務從卑儉雕文刻鏤一切勿營六曰都下之民徭賦稍重必是軍國之要不敢憚勞豈容朝夕徵求唯供魚龍爛漫士民從役祗爲俳優角觝紛紛不已財力俱竭業業相顧無復聊生凡此無益之事請並停罷七曰近見有詔上書字誤者卽治其罪假有忠讜之人欲陳時事尺有所短文字非工不密失身義無假手脫有舛謬便陷嚴科嬰徑尺之鱗其事非易下不諱之詔猶懼未來更加刑戮能無鉗口大尊縱不能採誹謗之言無宜杜獻書之路請停此詔則天下幸甚八曰昔桑穀生朝殷王因之獲福今玄象垂誡此亦興周之祥大尊雖減膳撤懸未盡銷譴之理誠願諮諏善道修布德政解兆民之慍引萬方之罪則天變可除鼎業方固大尊若不革茲八事臣見周廟不血食矣帝大怒將戮之內史元巖給帝曰樂運知書奏必死所以不顧身命者欲取後世之名陛下若殺之乃成其名也帝然之因而獲免翌日帝頗感悟召運謂之曰朕昨夜思卿所奏寔是

忠臣先皇明聖卿數有規諫朕既昏暗卿復能如此乃賜御食以賞之朝之公卿初見帝盛怒莫不爲運寒心後見獲宥皆相賀以爲幸免虎口內史鄭譯嘗以私事請托運而弗之許因此銜之及隋文帝爲丞相譯爲長史遂左遷運爲廣州滍陽令開皇五年轉毛州高唐令頻歷二縣並有聲績運常願處一諫官從容諷議而性訐直爲人所排抵遂不被任用乃發憤錄夏殷以來諫諍事集而部之凡六百三十九條合四十一卷名曰諫苑奏上之隋文帝覽而嘉焉

史臣曰士有不因學藝而重不待爵祿而貴者何亦云忠孝而已若乃竭力以奉其親者人子之行也致身以事其君者人臣之節也斯固彌綸三極囊括百代當宣帝之在東朝凶德方兆王軌宇文孝伯神舉志惟無隱盡言於父子之閒淫刑既逞相繼夷滅隋文之將登庸人懷去就顏之儀風烈懍然正辭以明節崎嶇雷電之下僅而獲濟斯數子者豈非社稷之臣歟或人以爲不忠則天下莫之信也自古以外戚而居重任多藉一時之恩至若尉遲運者可謂位以才升爵由功進美矣哉

周書卷四十

周書卷四十考證

史臣論孝伯神舉○臣文淳按當云神舉孝伯蓋神舉於孝伯爲族父傳又在孝伯前敘次當爾

周書卷四十考證

周書卷四十一

唐　令狐德棻等撰

列傳第三十三

王褒　庾信

王褒字子淵琅邪臨沂人也曾祖儉齊侍中太尉南昌文憲公祖騫梁侍中金紫光祿大夫南昌安侯父規梁侍中左民尚書南昌章侯並有重名於江左褒識量淵通志懷沉靜美風儀善談笑博覽史傳尤工屬文梁國子祭酒蕭子雲褒之姑夫也特善草隸褒少以姻戚去來其家遂相模範俄而名亞子雲並見重於世梁武帝喜其才藝遂以弟鄱陽王恢之女妻之起家祕書郎轉太子舍人襲爵南昌縣侯稍遷祕書丞宣成王大器簡文帝之冢嫡即褒之姑子也于時盛選僚佐乃以褒爲文學尋遷安成郡守及侯景渡江建業擾亂褒輯寧所部見稱於時梁元帝承制轉智武將軍南平內史及嗣位於江陵欲待褒以不次之位褒時猶在郡敕王僧辯以禮發遣褒乃將家西上元帝與褒有舊相得

甚歡拜侍中累還吏部尚書左僕射褒既世冑名家文學優贍當時咸相推挹故旬月之間位升端右寵遇日隆而褒愈自謙虛不以位地矜人時論稱之初元帝平侯景及擒武陵王紀之後以建業彫殘方須修復江陵殷盛便欲安之又其故府臣寮皆楚人也並願即都荊郢嘗召羣臣議之領軍將軍胡僧祐吏部尚書宗懍太府卿黃羅漢御史中丞劉瑴等曰建業雖是舊都王氣已盡且與北寇鄰接止隔一江若有不虞悔無及矣臣等又嘗聞之荊南之地有天子氣今陛下龍飛纘業其應斯乎天時人事徵祥如此臣等所見遷徙非宜元帝深以爲然時褒及尚書周弘正咸侍座乃顧謂褒等曰卿意以爲何如褒性謹慎知元帝多猜忌弗敢公言其非當時唯唯而已後因清閑密諫言辭甚切元帝頗納之然其意好荊楚已從僧祐等策明日乃於衆中謂褒曰卿昨日勸還建業不爲無理褒以宣室之言豈宜顯之於衆知其計之不用也於是止不復言及大軍征江陵元帝授褒都督城西諸軍事褒本以文雅見知一旦委以總戎深自勉勵盡忠勤之節被圍之後上下猜懼元帝唯於褒深相委信朱買臣

珍倣宋版印

率衆出宣陽之西門與王師戰買臣大敗褒督進不能禁乃貶爲護軍將軍王師攻其外柵城陷褒從元帝入子城猶欲固守俄而元帝出降褒遂與衆俱出見柱國于謹謹甚禮之褒曾作燕歌行妙盡關塞寒苦之狀元帝及諸文士並和之而競爲淒切之詞至此方驗焉褒與王克劉瑴宗懍殷不害等數十人俱至長安太祖喜曰昔平吳之利二陸而已今定楚之功羣賢畢至可謂過之矣又謂褒及王克曰吾卽王氏甥也卿等並吾之舅氏當以親戚爲情勿以去鄉介意於是授褒及克殷不害等車騎大將軍儀同三司常從容上席資餼甚厚褒等亦並荷恩眄忘其羈旅焉孝閔帝踐阼封石泉縣子邑三百戶世宗卽位篤好文學時褒與庾信才名最高特加親待帝每遊宴命褒等賦詩談論常在左右尋加開府儀同三司保定中除內史中大夫高祖作象經令褒注之引據該洽甚見稱賞褒有器局雅識治體既累世在江東爲宰輔高祖亦以此重之建德以後頗參朝議凡大詔冊皆令褒具草東宮既建授太子少保遷小司空仍掌綸誥乘輿行幸褒常侍從初褒與梁處士汝南周弘讓相善及弘讓兄弘

正自陳來聘高祖許褒等通親知音問褒贈弘讓詩并致書曰嗣宗窮途楊朱歧路征蓬長逝流水不歸舒慘殊方炎涼異節木皮春厚桂樹冬榮想攝衞惟宜動靜多豫賢兄入關敬承款曲猶依杜陵之水尚保池陽之田鏟迹幽蹊銷聲穹谷何期愉樂幸甚幸甚弟昔因多疾亟覽九仙之方晚涉世途常懷五嶽之舉同夫關令物色異人譬彼客卿服膺高士上經說道屢聽玄牝之談中藥養神每稟丹沙之說頃年事適盡容髮衰謝芸其黃矣零落無時還念生涯繁憂總集視陰愒日猶趙孟之徂年負杖行吟同劉琨之積慘河陽北臨空思鞏縣霸陵南望還見長安所冀書生之魂來依舊壤射聲之鬼無恨他鄉白雲在天長離別矣會見之期邈無日矣援筆攬紙龍鍾橫集弘讓復書曰甚矣悲哉此之爲別也雲飛泥沉金鑠蘭滅玉音不嗣瑤華莫因家兄至自鎬京致書於穹谷故人之跡有如對面開題申紙流臉沾膝江南燠熱橘柚冬青渭北沍寒楊榆晚葉土風氣候各集所安餐衞適時寢興多福甚善甚善與弟分袂西陝言反東區雖保周陵還依蔣徑三姜離析二仲不歸麋鹿爲曹更多悲緒丹經

在握貧病莫諧芝朮可求恆爲採掇昔吾壯日及弟富年俱值邕熙並歡衡泌南風雅操清商妙曲絃琴促坐無乏名晨玉瀝金華冀獲難老不虞一旦翻覆波瀾吾已惕陰弟非茂齒禽尚之契各在天涯永念生平難爲胷臆且當視陰數箭排愁破涕人生樂耳憂戚何爲豈能遽悲次房遊魂不反遠缺二字產骸柩無託但願愛玉體珍金箱保期頤享黃髮猶冀蒼鷹赬鯉時傳尺素清風朗月俱寄相思子淵子淵長爲別矣握管操觚聲淚俱咽尋出爲宣州刺史卒於位時年六十四子彝嗣

庾信字子山南陽新野人也祖易齊徵士父肩吾梁散騎常侍中書令信幼而俊邁聰敏絕倫博覽羣書尤善春秋左氏傳身長八尺腰帶十圍容止頹然有過人者起家湘東國常侍轉安南府參軍時肩吾爲梁太子中庶子掌管記東海徐摛爲左衞率摛子陵及信並爲抄撰學士父子在東宮出入禁闥恩禮莫與比隆既有盛才文並綺豔故世號爲徐庾體焉當時後進競相模範每有一文京都莫不傳誦累遷尚書度支郎中通直正員郎出爲郢州別駕尋兼通直

散騎常侍聘于東魏文章辭令盛爲鄴下所稱還爲東宮學士領建康令侯景
作亂梁簡文帝命信率宮中文武千餘人營於朱雀航及景至信以衆先退臺
城陷後信奔于江陵梁元帝承制除御史中丞及卽位轉右衛將軍封武康縣
侯加散騎常侍來聘于我屬大軍南討遂留長安江陵平拜使持節撫軍將軍
右金紫光祿大夫大都督尋進車騎大將軍儀同三司孝閔帝踐阼封臨清縣
子邑五百戶除司水下大夫出爲弘農郡守遷驃騎大將軍開府儀同三司司
憲中大夫進爵義城縣侯俄拜洛州刺史信多識舊章爲政簡靜吏民安之時
陳氏與朝廷通好南北流寓之士各許還其舊國陳氏乃請王褒及信等十數
人高祖唯放王克殷不害等信及褒並留而不遣尋徵爲司宗中大夫世宗高
祖並雅好文學信特蒙恩禮至於趙滕諸王周旋款至有若布衣之交羣公碑
誌多相請託唯王褒頗與信相埒自餘文人莫有逮者信雖位望通顯常有鄉
關之思乃作哀江南賦以致其意云其辭曰粤以戊辰之年建亥之月大盜移
國金陵瓦解余乃竄身荒谷公私塗炭華陽奔命有去無歸中興道消窮於甲

戌三日哭於都亭三年囚於別館天道周星物極不反傅燮之但悲身世無所求生袁安之每念王室自然流涕昔桓君山之志事杜元凱之生平並有著書咸能自序潘岳之文彩始述家風陸機之詞賦多陳世德信年始二毛卽逢喪亂藐是流離至于暮齒燕歌遠別悲不自勝楚老相逢泣將何及畏南山之雨忽踐秦庭讓東海之濱遂飡周粟下亭漂泊臯橋羈旅楚歌非取樂之方魯酒無忘憂之用追惟此賦聊以記言不無危苦之辭唯以悲哀爲主日暮途遠人間何世將軍一去大樹飄零壯士不還寒風蕭瑟荆璧睨柱受連城而見欺載書橫階捧珠盤而不定鍾儀君子入就南冠之囚季孫行人留守西河之館申包胥之頓地碎之以首蔡威公之淚盡加之以血釣臺移柳非玉關之可望華亭唳鶴豈河橋之可聞孫策以天下爲三分衆裁一旅項羽用江東之子弟人唯八千遂乃分裂山河宰割天下豈有百萬義師一朝卷甲芟夷斬伐如草木焉江淮無涯岸之阻亭壁無藩籬之固頭會箕斂者合從締交鉏耰棘矜者因利乘便將非江表王氣應終三百年乎是知并吞六合不免軹道之災混一車

書無救平陽之禍嗚呼山嶽崩頹既履危亡之運春秋迭代必有去故之悲天意人事可以悽愴傷心者矣況復舟楫路窮星漢非乘槎可上風飈道阻蓬萊無可到之期窮者欲達其言勞者須歌其事陸士衡聞而撫掌是所甘心張平子見而陋之固其宜矣我之掌庾承周以世功而爲族經邦佐漢用論道而當官稟嵩華之玉石潤河洛之波瀾居負洛而重世邑臨河而晏安逮永嘉之艱虞始中原之乏主民枕倚於牆壁路交橫於豺虎值五馬之南奔逢三星之東聚彼凌江而建國此播遷於吾祖分南陽而賜田裂東嶽而胙土誅茅宋玉之宅穿徑臨江之府水木交運山川崩竭家有直道人多全節訓子見於純深事君彰於義烈新野有生祠之廟河南有胡書之碣況乃少微眞人天山逸民階庭空谷門巷蒲輪移談講樹就簡書筠降生世德載誕貞臣文詞高於甲觀模楷盛於漳濱嗟有道而無鳳歎非時而有麟既姦回之贔屓終不悅於仁人王子洛濱之歲蘭成射策之年始含香於建禮仍矯翼於崇賢游洊雷之講肆齒明離之胄筵既傾蠡而酌海遂測管以窺天方塘水白釣渚池圓侍戎韜於武

帳聽雅曲於文絃乃解懸而通籍遂崇文而會武居笠轂而掌兵出蘭池而典
午論兵於江漢之君拭圭於西河之主于時朝野歡娛池臺鐘鼓里爲冠蓋門
成鄒魯連茂苑於海陵跨橫塘於江浦東門則鞭石成橋南極則鑄銅爲柱樹
則園植萬株竹則家封千戶西贐浮玉南琛沒羽吳歈越吟荊豔楚舞草木之
藉春陽魚龍之得風雨五十年中江表無事王歙爲和親之侯班超爲定遠之
使馬武無預於兵甲馮唐不論於將帥豈知山嶽闇然江湖潛沸漁陽有閭左
戍卒離石有將兵都尉天子方刪詩書定禮樂設重雲之講開士林之學談劫
燼之灰飛辯常星之夜落地平魚齒城危獸角臥刁斗於滎陽絆龍媒於平樂
宰衡以干戈爲兒戲縉紳以淸談爲廟略乘漬水而膠船馭奔駒以朽索小人
則將及水火君子則方成猨鶴弊箄不能救鹽池之鹹阿膠不能止黃河之濁
旣而魴魚赬尾四郊多壘殿狎江鷗宮鳴野雉湛盧去國艅皇失水見被髮於
伊川知其時爲戎矣彼姦逆之熾盛久遊魂而放命大則有鯨有鯢小則爲梟
爲獍負其牛羊之力凶其水草之性非玉燭之能調豈璿璣之可正值天下之

無爲尚有欲於羈縻飲其琉璃之酒賞其虎豹之皮見胡桐於大夏識鳥卵於條支豺牙密厲虺毒潛吹輕九鼎而欲問聞三川而遂窺始則王子召戎姦臣介胄既官政而離逷遂師言而泄漏望廷尉之逋因反淮南之窮寇飛狄泉之蒼鳥起横江之困獸地則石鼓鳴山天則金精動宿北闕龍吟東陵麟鬬爾乃桀黠構扇憑陵畿甸擁狼望於黄圖填盧山於赤縣青袍如草白馬如練天子履端廢朝單于長圍高宴兩觀當戟千門受箭白虹貫日蒼鷹擊殿競遭夏臺之禍遂視堯城之變官守無奔問之人干戚非平戎之戰陶侃則空裝米船顧榮則虛搖羽扇將軍死綏路絶重圍烽隨星落書逐鳶飛遂乃韓分趙裂鼓卧旗折失羣班馬迷輪亂轍猛士嬰城謀臣卷舌昆陽之戰象走林常山之陣蚍奔穴五郡則兄弟相悲三州則父子離别護軍慷慨忠能死節三世爲將終於此滅濟陽忠壯身參末將兄弟三人義聲俱唱主辱臣死名存身喪狄人歸元三軍悽愴尚書多算守備是長雲梯可拒地道能防有齊將之閉壁無燕帥之臥牆大事去矣人之云亡申子奮發勇氣咆勃實總元戎身先士卒冑落魚門

兵填馬窟屢犯通中頻遭刮骨功業夭枉身名埋沒或以隼翼鷃披虎威狐假
霑漬鋒鏑脂膏原野兵弱虜彊城孤氣寡聞鶴唳而虛驚聽胡笳而淚下據神
亭而亡戟臨橫江而棄馬崩於鉅鹿之沙碎於長平之瓦於是桂林顛覆長洲
麋鹿潰潰沸騰茫茫慘黷天地離阻人神怨酷晉鄭靡依魯衞不睦競動天關
爭回地軸探雀鷇而未飽待熊蹯而詎熟乃有車側郭門筋懸廟屋鬼同曹社
之謀人有秦庭之哭余乃假刻璽於關塞稱使者之詶對逢鄂坂之譏嫌值彤
門之征稅乘白馬而不前策青騾而轉礙吹落葉之扁舟飄長颿於上游彼鋸
牙而勾爪又巡江而習流排青龍之戰艦鬬飛鷰之船樓張遼臨於赤壁王濬
下於巴丘乍風驚而射火或箭重而回舟未辨聲於黃蓋已先沈於杜侯落帆
黃鶴之浦藏船鸚鵡之洲路已分於湘漢星猶看於斗牛若乃陰陵失路釣臺
斜趣望赤岸而霑衣艤烏江而不度雷池柵浦鵲陵焚戍旅舍無烟巢禽失樹
謂荊衡之杞梓庶江漢之可恃淮海維揚三千餘里過漂渚而寄食託蘆中而
度水居于七澤濱于十死嗟天保之未定見殷憂之方始本不達於危行又無

情於祿仕謬掌衞於中軍濫尸丞於御史信生世等於龍門辭親同於河洛奉立身之遺訓受成書之顧託昔三世而無慚今七葉而始落泣風雨於梁山惟枯魚之銜索入欹斜之小徑掩蓬藋之荒扉就汀洲之杜若待蘆葦之單衣于時西楚霸王劒及繁陽鼞兵金匱校戰玉堂蒼鷹赤雀鐵舳牙檣沈白馬而誓衆負黃龍而度湘海潮迎艦江萍送王戎車屯于石城戈船掩乎淮泗諸侯則鄭伯前驅盟主則荀罃暮至剖巢燻穴奔魑走魅埋長狄於駒門斬蚩尤於中冀然腹爲燈飲頭爲器直虹貫壘長星屬地昔之虎據龍盤加以黃旗紫氣莫不隨狐兔而窟穴與風塵而殄瘁西瞻博望北臨玄圃月榭風臺池平樹古倚弓於玉女牕扉繫馬於鳳凰樓柱仁壽之鏡徒懸茂陵之書空聚若夫立德立言謨明寅亮聲超於繫表道高於河上既不遇於浮丘遂無言於師曠指愛子而託人知西陵而誰望非無北闕之兵猶有雲臺之仗司徒之表裏經綸狐偃之惟王寳勤橫琱戈而對霸主執金鼓而問賊臣平吳之功壯於杜元凱王室是賴深於温太真始則地名全節終以山稱枉人南陽校書去之已遠上蔡逐

獵知之何晚鎮北之負譽矜前風飈懍然水神遭箭山靈見鞭是以蟄熊傷馬浮蛟沒船才子幷命俱非百年中宗之夷凶靜亂大雪寃恥去代邸而承基遷唐郊而纂祀反舊章於司隸歸餘風於正始沉猜則方逞其欲藏疾則自矜於己天下之事沒焉諸侯之心搖矣既而齊交北絕秦患西起況背關而懷楚異端委而開吳驅綠林之散卒拒驪山之叛徒營軍梁溠蒐乘巴渝問諸淫昏之鬼求諸厭劾之巫荆門遭廩延之戮夏首濫逵泉之誅蔑因親於教愛忍和樂於彎弧慨無謀於肉食非所望於論都未深思於五難先自擅於二端登陽城而避險臥底柱而求安既言多於忌刻實志勇於刑殘但坐觀於時變本無情於急難地爲黑子城猶彈丸其怨則黷其盟則寒豈寃禽之能塞海非愚叟之可移山況以沴氣朝浮妖精夜殞赤烏則三朝夾日蒼雲則七重圍軫亡吳之歲既窮入郢之年斯盡周含鄭怒楚結秦寃有南風之不競值西鄰之責言俄而梯衝亂舞冀馬雲屯棧秦車於暢轂沓漢鼓於雷門下陳倉而連弩度臨晉而横船雖復楚有七澤人稱三戸箭不麗於六麋雷無驚於九虎辭洞庭兮落

木去涔陽兮極浦熾火兮焚旗貞風兮害蠱乃使玉軸揚灰龍文斫柱下江餘
城長林故營徒思箝馬之秣未見燒牛之兵章曼支以轂走宮之奇以族行河
無冰而馬度關未曉而雞鳴忠臣解骨君子吞聲章華望祭之所雲夢僞遊之
地荒谷縊於莫敖冶父囚乎羣帥硎穽摺拉鷹鸇批㩜寃霜夏零憤泉秋沸城
崩杞婦之哭竹染湘妃之淚水毒秦涇山高趙陘十里五里長亭短亭饑隨蟄
鷰闇逐流螢秦中水黑關上泥青于時瓦解冰泮風飛電散渾然千里淄澠一
亂雪暗如沙冰橫似岸逢赴洛之陸機見離家之王粲莫不聞隴水而掩泣向
關山而長歎況復君在交河妾在清波石望夫而逾遠山望子而逾多才人之
憶代郡公主之去清河栩陽亭有離別之賦臨江王有愁思之歌別有飄颻武
威羇旅金微班超生而望反溫序死而思歸李陵之雙鳧永去蘇武之一鴈空
飛昔江陵之中否乃金陵之禍始雖借人之外力實蕭牆之內起撥亂之主忽
焉中興之宗不祀伯兮叔兮同見戮於猶子荊山鵲飛而玉碎隨岸蛇生而珠
死鬼火亂於平林殤魂驚於新市梁故豐徙楚實秦亡不有所廢其何以昌有

嫣之後遂育于姜輸我神器居爲讓王天地之大德曰生聖人之大寶曰位用無賴之子孫舉江東而全棄惜天下之一家遭東南之反氣以鶉首而賜秦天何爲而此醉且夫天道回旋民生賴焉余烈祖於西晉始流播於東川洎余身而七葉又遭時而北遷提挈老幼關河累年死生契闊不可問天況復零落將盡靈光巍然日窮于紀歲將復始逼切危慮端憂暮齒踐長樂之神皐望宣平之貴里渭水貫於天門驪山回於地市幕府大將軍之愛客丞相平津侯之待士見鍾鼎於金張聞絃歌於許史豈知灞陵夜獵猶是故時將軍咸陽布衣非獨思歸王子大象初以疾去職卒隋文帝深悼之贈本官加荊淮二州刺史子立嗣

史臣曰兩儀定位日月揚暉天文彰矣八卦以陳書契有作人文詳矣若乃墳索所紀莫得而云典謨以降遺風可述是以曲阜多才多藝鑒二代以正其本闕里性與天道修六經以維其末故能範圍天地綱紀人倫窮神知化稱首於千古經邦緯俗藏用於百代至矣哉斯固聖人之述作也逮乎兩周道喪七十

義乖淹中稷下八儒三墨辯博之論蜂起漆園黍谷名法兵農宏放之詞霧集雖雅誥奧義或未盡善考其所長蓋賢達之源流也其後逐臣屈平作離騷以敘志宏才豔發有惻隱之美宋玉南國詞人追逸轡而亞其迹大儒荀況賦禮智以陳其情含章鬱起有諷論之義賈生洛陽才子繼清景而奮其暉並陶鑄性靈組織風雅詞賦之作實爲其冠自是著述滋繁體制匪一孝武之後雅尚斯文揚葩振藻者如林而二馬王楊爲之傑東京之朝茲道愈扇咀徵含商者成市而班傅張蔡爲之雄當塗受命尤好蟲篆金行勃興無替前烈曹王陳阮負宏衍之思挺棟幹於鄧林潘陸張左擅侈麗之才飾羽儀於鳳穴斯並高視當世連衡孔門雖時運推移質文屢變譬猶六代並湊易俗之用無爽九流競逐一致之理同歸歷選前英於茲爲盛既而中州版蕩戎狄交侵僭僞相屬士民塗炭故文章黜焉其潛思於戰爭之間揮翰於鋒鏑之下亦往往而間出矣若乃魯徽杜廣徐光尹弼之疇知名於二趙宋諺封奕朱彤梁讜之屬見重於燕秦然皆迫於倉卒牽於戰爭競奏符檄則粲然可觀體物緣情則寂寥於世

非其才有優劣時運然也至朔漠之地蕞爾夷俗胡義周之頌國都足稱宏麗區區河右而學者埒於中原劉延明之銘酒泉可謂清典子曰十室之邑必有忠信豈徒言哉洎乎有魏定鼎沙朔南包河淮西吞關隴當時之士有許謙崔宏崔浩高允高閭游雅等先後之間聲實俱茂詞義典正有永嘉之遺烈焉及太和之辰雖復崇尚文雅方駿並路多乖往轍涉海登山罕值良寶其後袁翻才稱澹雅常景思標沉鬱彬彬焉蓋一時之俊秀也周氏創業運屬陵夷纂遺文於既喪聘奇士如弗及是以蘇亮蘇綽盧柔唐瑾元偉李昶之徒咸奮鱗翼自致青紫然綽建言務存質朴遂糠粃魏晉憲章虞夏雖屬詞有師古之美矯枉非適時之用故莫能常行焉既而革車電邁渚宮雲撤爾其荊衡杞梓東南竹箭備器用於廟堂者衆矣唯王褒庾信奇才秀出牢籠於一代是時世宗雅詞雲委滕趙二王雕章間發咸築宮虛館有如布衣之交由是朝廷之人閭閻之士莫不忘味於遺韻眩精於末光猶丘陵之仰嵩岱川流之宗溟渤也然則子山之文發源於宋末盛行於梁季其體以淫放爲本其詞以輕險爲宗故能

誇目侈於紅紫蕩心逾於鄭衛昔楊子雲有言詩人之賦麗以則詞人之賦麗以淫若以庾氏方之斯又詞賦之罪人也原夫文章之作本乎情性覃思則變化無方形言則條流遂廣雖詩賦與奏議異軫銘誄與書論殊塗而撮其指要舉其大抵莫若以氣爲主以文傳意考其殿最定其區域摭六經百氏之英華探屈宋卿雲之祕奧其調也尚遠其旨也在深其理也貴當其辭也欲巧然後瑩金璧播芝蘭文質因其宜繁約適其變權衡輕重斟酌古今和而能壯麗而能典煥乎若五色之成章紛乎猶八音之繁會夫然則魏文所謂通才足以備體矣士衡所謂難能足以逮意矣

周書卷四十一

周書卷四十一考證

庾信傳過漂渚而寄食○日知錄云漂渚當是溧渚之訛張勃吳錄曰子胥乞食處在丹陽溧陽縣金陵志曰江上有渚曰瀨渚是也古溧瀨同字

周書卷四十一考證

珍做朱版印

周書卷四十二

唐　令狐德棻等撰

列傳第三十四

蕭　撝子濟　　蕭世怡　　蕭圓肅　　蕭大圜

宗　懍　　劉　璠子祥　　柳　霞子靖 莊

蕭撝字智遐蘭陵人也梁武帝弟安成王秀之子也性溫裕有儀表年十二入國學博觀經史雅好屬文在梁封永豐縣侯邑一千戶初爲給事中歷太子洗馬中舍人東魏遣李諧盧元明使於梁梁武帝以撝辭令可觀令兼中書侍郎受幣於賓館尋遷黃門侍郎出爲寧遠將軍宋寧宋興二郡守轉輕車將軍巴西梓潼二郡守及侯景作亂武陵王紀承制授撝使持節忠武將軍又遷平北將軍散騎常侍領益州刺史軍防事紀稱尊號於成都除侍中中書令封秦郡王邑三千戶給鼓吹一部紀率衆東下以撝爲中書令征西大將軍都督益梁秦潼安瀘青戎寧華信渠萬江新邑楚義十八州諸軍事益州刺史守成都又

令梁州刺史楊乾運守潼州太祖知蜀兵寡弱遣大將軍尉遲迥總衆討之及
迥入劍閣乾運以州降蜀中因是大駭無復抗拒之志迥長驅至成都撝見兵
不滿萬人而倉庫空竭軍無所資遂爲城守之計迥圍之五旬撝屢遣其將出
城挑戰多被殺傷外援雖至又爲迥所破語在迥傳撝遂請降迥許之撝於是
率文武於益州城北共迥升壇歃血立盟以城歸國魏恭帝元年授侍中驃騎
大將軍開府儀同三司封歸善縣公邑一千戶孝閔帝踐阼進爵黃臺郡公增
邑一千戶武成中世宗令諸文儒於麟趾殿校定經史仍撰世譜撝亦預焉尋
以母老兼有疾疹五日番上便隔晨昏請在外著書有詔許焉保定元年授禮
部中大夫又以撝有歸款之功別賜食多陵縣五百戶收其租賦三年出爲上
州刺史爲政仁恕以禮讓爲本嘗至元日獄中所有囚繫悉放歸家聽三日然
後赴獄主者固執不可撝曰昔王長虞延見稱前史吾雖寡德竊懷景行導民
以信方自此始以之獲罪彌所甘心幸勿慮也諸囚荷恩並依限而至吏民稱
其惠化秩滿當還部民李漆等三百餘人上表乞更留兩載詔雖弗許甚嘉美

之及撝入朝屬置露門學高祖以撝與唐瑾元偉王褒等四人俱爲文學博士撝以母老表請歸養私門曰臣聞出忠入孝理深人紀昏定晨省事切天經伏惟陛下握鎮臨朝垂衣御宇孝治天下仁覃草木是以微臣冒陳至願臣母妾褚年過養禮乞解今職侍奉私庭伏願天慈特垂矜許臣披款歸朝十有六載恩深海岳報淺涓埃肆師掌禮竟無稱職淛隈督察空妨能官方辭違闕庭屏迹閭里低佪係慕戀悚兼深高祖未許詔曰開府梁之宗英今則任等三事所謂楚雖有材周實用之方藉謀猷匡朕不逮然進思盡忠退安侍養者義在公私兼濟豈容全欲徇己虧此至公乖所望也尋以母憂去職天和六年授少保建德元年轉少傅後改封蔡陽郡公增邑通前三千四百戶二年卒時年五十九高祖舉哀於正武殿賜穀麥三百石布帛三百匹贈使持節大將軍大都督少傅益新始信四州諸軍事益州刺史謚曰襄撝善草隸名亞於王褒算數醫方咸亦留意所著詩賦雜文數萬言頗行于世子濟嗣濟字德成少仁厚頗好屬文蕭紀承制授貞威將軍蜀郡太守遷東中郎將從紀東下至巴東聞迴圍

成都紀命濟率所部赴援比至攜已降仍從攜入朝孝閔帝踐阼除中外府記
室參軍後至蒲陽郡守車騎大將軍儀同三司
蕭世怡梁武帝弟鄱陽王恢之子也以名犯太祖諱故稱字焉幼而聰慧頗涉
經史梁大同元年封豐城縣侯邑五百戶除給事中轉太子洗馬尋入直殿省
轉太子中舍人出爲持節仁威將軍譙州刺史及侯景爲亂路由城下襲而陷
之世怡遂被執尋遁逃得免至于江陵梁元帝承制授侍中及平侯景以世怡
爲兼太宰太常卿與中衛長史樂子雲拜謁山陵承聖二年授使持節平西將
軍臨川內史既以陸納據湘川道路擁塞改授平南將軍桂陽內史未至郡屬
于謹平江陵遂隨兄修在郢州及修卒卽以世怡爲刺史湘州刺史王琳率舟
師襲世怡世怡以州輸琳時陳武帝執政徵爲侍中世怡疑而不就乃奔于齊
除車騎大將軍散騎常侍尋出爲永州刺史保定四年晉公護東伐大將軍權
景宣略地河南世怡聞豫州刺史王士良已降遂來歸款五年拜使持節驃騎
大將軍開府儀同三司封義興郡公邑一千三百戶天和二年授蔡州刺史政

存簡惠不尙苛察深爲吏民所安三年卒於州贈本官加幷洛永三州刺史子寶嗣子寶美風儀善談笑年未弱冠名重一時隋文帝輔政引爲丞相府典籤深被識遇開皇中官至吏部侍郎後坐事被誅

蕭圓肅字明恭梁武帝之孫武陵王紀之子也風度淹雅敏而好學紀稱尊號封宜都郡王邑三千戶除侍中寧遠將軍紀率兵下峽令蕭撝守成都以圓肅爲之副及尉遲迥至圓肅與撝俱降授驃騎大將軍開府儀同三司侍中封安化縣公邑一千戶世宗初進封棘城郡公增邑一千戶以圓肅有歸款之勳別賜食思君縣五百戶收其租賦保定三年除畿伯中大夫五年拜咸陽郡守圓肅寬猛相濟甚有政績天和四年遷陵州刺史尋詔令隨衛國公直鎮襄陽遂不之部建德三年授太子少傅增邑九百戶圓肅以任當師傅調護是職乃作少傅箴曰惟王建國辨方正位左史記言右史記事莫不援立太子爲皇之貳是以易稱明兩禮云上嗣東序養德震方主器束髮就學宵雅更肄朝讀百篇乙夜乃寐愛日惜力寸陰無棄視膳再飯寢門三至小心翼翼大孝蒸蒸謀謨

討慮問對疑丞安樂必敬無忘戰兢夫天道益謙人道惡盈漢嗣不絶乎馳道
魏儲回環於鄴城前史攸載後世揚名三善既備萬國以貞姬周長久實賴元
良嬴秦短祚誠由少陽雖卜年七百有德過歷而昌數世萬一無德不及而亡
敬之敬之天惟顯思光副皇極永固洪基觀德審諭授告職司太子見而悅之
致書勞問六年授豐州刺史增邑通前三千七百戸尋進位上開府儀同大將
軍宣政元年入爲司宗中大夫俄授洛州刺史大象末進位大將軍隋開皇初
授貝州刺史以母老請歸就養隋文帝許之四年卒時年四十六有文集十卷
又撰時人詩筆爲文海四十卷廣堪十卷淮海亂離志四卷行於世
蕭大圜字仁顯梁簡文帝之子也幼而聰敏神情俊悟年四歲能誦三都賦及
孝經論語七歲居母喪便有成人之性梁大寶元年封樂梁郡王邑二千戸除
宣惠將軍丹陽尹屬侯景肆虐簡文見弑大圜潛遁獲免明年景平大圜歸建
康時既喪亂之後無所依託乃寓居善覺佛寺人有以告王僧辯者僧辯乃給
船餼得往江陵梁元帝見之甚悅賜以越衫胡帶等改封晉熙郡王邑二千戸

除寧遠將軍瑯邪彭城二郡太守時梁元帝既有克復之功而大圜兄汝南王
大封等猶未通謁梁元帝性既忌刻甚恨望之乃謂大圜曰汝兩兄久不出汝
可以意召之大圜卽日曉諭兩兄相繼出謁元帝乃安之大圜以世多故恐讒
愬生焉乃屏絕人事門客左右不過三兩人不妄遊狎兄姊之間止牋疏而已
恆以讀詩禮書易爲事元帝嘗自問五經要事數十條大圜辭約指明應答無
滯元帝甚歎美之因曰昔河間好學爾既有之臨淄好文爾亦兼之然有東平
爲善彌高前載吾重之愛之爾當效焉及于謹軍至元帝乃令大封充使請和
大圜副焉其實質也出至軍所信宿元帝降魏恭帝二年客長安太祖以客禮
待之保定二年詔曰梁汝南王蕭大封晉熙王蕭大圜等梁國子孫宜存優禮
式遺茅土寔允舊章大封可封晉陵縣公大圜封始寧縣公邑各一千戶尋加
大圜車騎大將軍儀同三司幷賜田宅奴婢牛馬粟帛等俄而開麟趾殿招集
學士大圜預焉梁武帝集四十卷簡文集九十卷各止一本江陵平後並藏祕
閣大圜旣入麟趾方得見之乃手寫二集一年並畢識者稱歎之大圜深信因

果心安閑放嘗言之曰拂衣褰裳無呑舟之漏網挂冠懸節慮我志之未從儻獲展禽之免有美慈明之進如蒙北叟之放實勝濟南之徵其故何哉夫閭閻者有優遊之美朝廷者有簪佩之累蓋由來久矣留侯追蹤於松子陶朱成術於辛文良有以焉況乎智不逸羣行不高物而欲辛苦一生何其僻也豈如知足知止蕭然無累北山之北棄絶人間南山之南超踰世網面修原而帶流水倚郊甸而枕平皋築蝸舍於叢林構環堵於幽薄近瞻煙霧遠睇風雲藉纖草以蔭長松結幽蘭而援芳桂仰翔禽於百仞俯泳鱗於千潯果園在後開窗以臨花卉蔬圃居前坐簷而看灌甽二頃以供饘粥十畝以給絲麻侍兒五三可充紝織家僮數四足代耕耘沽酪牧羊協潘生之志畜鷄種黍應莊叟之言穫菽尋氾氏之書露葵徵尹君之錄烹羔豚而介春酒迎伏臘而候歲時披良書探至賾歌纂纂唱烏烏可以娛神可以散慮有朋自遠揚搉古今田畯相過劇談稼穡斯亦足矣樂不可支永保性命何畏憂責豈若蹙足入絆申脰就羈遊帝王之門趨宰衡之勢不知飄塵之少選寧覺年祀之斯須萬物營營靡存其

意天道昧昧安可問哉嗟乎人生若浮雲朝露寧俟長繩繫景實不願之執燭夜遊驚其迅邁百年何幾擎跽曲拳四時如流俛眉躡足出處無成語默奚當非直丘明所恥抑亦宣尼恥之建德四年除滕王逌友逌嘗問大圜曰吾聞湘東王作梁史有之乎餘傳乃可抑揚帝紀奚若隱則非實記則攘羊對曰言者之妄也如使有之亦不足怪昔漢明爲世祖紀章帝爲顯宗紀殷鑒不遠足爲成例且君子之過如日月之蝕彰於四海安得而隱之如有不彰亦安得而不隱蓋子爲父隱直在其中諱國之惡抑又禮也逌乃大笑其後大軍東討攻拔晉州或問大圜曰齊遂克不對曰高歡昔以晉州肇基僞迹今本既拔矣能無亡乎所謂以此始者必以此終也居數日齊氏果滅聞者以爲知言宣政元年增邑通前二千二百戶隋開皇初拜內史侍郎出爲西河郡守尋卒大圜性好學務於著述撰梁舊事三十卷寓記三卷士喪儀注五卷要決兩卷幷文集二十卷大封位至開府儀同三司大象末爲陳州刺史

宗懍字元懍南陽涅陽人也八世祖承永嘉之亂討陳敏有功封柴桑縣侯除

宜都郡守尋卒官子孫因居江陵父高之梁山陰令懍少聰敏好讀書晝夜不
倦語輒引古事鄉里呼爲小兒學士梁普通六年舉秀才以不及二宮元會例
不對策及梁元帝鎭荆州謂長史劉之遴曰貴鄉多士爲舉一有意少年之遴
以懍應命卽日引見令兼記室嘗夕被召宿省使製龍川廟碑一夜便就詰朝
呈上梁元帝歎美之及移鎭江州以懍爲刑獄參軍兼掌書記歷臨汝建成廣
晉三縣令遭母憂去職哭輒歐血兩旬之內絶而復蘇者三每有羣烏數千集
於廬舍候哭而來哭止而去時論稱之以爲孝感所致梁元帝重牧荆州以懍
爲別駕江陵令及帝卽位擢爲尚書侍郎又手詔曰昔扶柳開國止曰故人西
鄉胙土本由賓客況事涉勳庸而無爵賞尚書侍郎宗懍亟有帷幄之謀誠深
股肱之寄從我於邁多歷歲時可封信安縣侯邑一千戸累遷吏部郎中五兵
尚書吏部尚書初侯景平後梁元帝議還建業唯懍勸都渚宮以其鄉里在荆
州故也及江陵平與王襃等入關太祖以懍名重南土甚禮之孝閔帝踐阼拜
車騎大將軍儀同三司世宗卽位又與王襃等在麟趾殿刊定羣書數蒙宴賜

保定中卒年六十四有集二十卷行於世

劉璠字寶義沛國沛人也六世祖敏以永嘉喪亂徙居廣陵父臧性方正篤志好學居家以孝聞梁天監初爲著作郎璠九歲而孤居喪合禮少好讀書兼善文筆年十七爲上黃侯蕭曄所器重范陽張綰梁之外戚才高口辯見推於世以曄之懿貴亦假借之璠年少未仕而負才使氣不爲之屈綰嘗於新渝侯坐因酒後詬京兆杜騫曰寒士不遜璠厲色曰此坐誰非寒士璠本意在綰而曄以爲屬己辭色不平璠曰何王之門不可曳長裾也遂拂衣而去曄辭謝之乃止後隨曄在淮南璠母在建康遘疾璠弗之知嘗忽一日舉身楚痛尋而家信至云其母病璠卽號泣戒道絕而又蘇當身痛之辰卽母死之日也居喪毀瘠遂感風氣服闋後一年猶杖而後起及曄終於毗陵故吏多分散璠獨奉曄喪還都墳成乃退梁簡文時在東宮遇曄素重諸不送者皆被劾責唯璠獨被優賞解褐王國常侍非其好也璠少慷慨好功名志欲立事邊城不樂隨牒平進會宜豐侯蕭循出爲北徐州刺史卽請爲其輕車府主簿兼記室參軍又領刑

獄循爲梁州除信武府記室參軍領南鄭令又板爲中記室補華陽太守屬侯景度江梁室大亂循以璠有才略甚親委之時寇難繁興未有所定璠乃喟然賦詩以見志其末章曰隨會平王室夷吾匡霸功虛薄無時用徒然慕昔風循開府置佐史以璠爲諮議參軍仍領記室梁元帝承制授樹功將軍鎮西府諮議參軍賜書曰鄧禹文學尙或執戈葛洪書生且云破賊前修無遠屬望良深梁元帝尋又以循紹鄱陽之封且爲雍州刺史復以璠爲循平北府司馬及武陵王紀稱制於蜀以璠爲中書侍郎屢遣召璠使者八返乃至蜀又以爲黃門侍郎令長史劉孝勝深布腹心使工畫陳平度河歸漢圖以遺之璠苦求還中記室韋登私曰殿下忍而蓄憾足下不留將至大禍脫使盜遮於葭萌則卿殆矣孰若共構大廈使身名俱美哉璠正色曰卿欲緩頰於我耶我與府侯分義已定豈以寵辱夷險易其心乎丈夫立志當死生以之耳殿下方布大義於天下終不逞志於一人紀知必不爲己用乃厚其贈而遣之臨別紀又解其佩刀贈璠曰想見物思人璠對曰敢不奉揚威靈剋翦姦宄紀於是遣使就拜循爲

益州刺史封隋郡王以璠爲循府長史加蜀郡太守還至白馬西屬達奚武軍已至南鄭璠不得入城遂降於武太祖素聞其名先誡武曰勿使劉璠死也故武先令璠赴闕璠至太祖見之如舊謂僕射申徽曰劉璠佳士古人何以過之徽曰昔晉主滅吳利在二陸明公今平梁漢得一劉璠也時南鄭尙拒守未下達奚武請屠之太祖將許焉唯令全璠一家而已璠乃請之於朝太祖怒而不許璠泣而固請移時不退柳仲禮侍側曰此烈士也太祖曰事人當如此遂許之城竟獲全璠之力也太祖既納蕭循之降又許其反國循至長安累月未之遣也璠因侍宴太祖曰我於古誰比對曰常以公命世英主湯武莫逮今日所見曾齊桓晉文之不若太祖曰我不得比湯武望與伊周爲匹何桓文之不若乎對曰齊桓存三亡國晉文不失信於伐原語未終太祖撫掌曰我解爾意欲激我耳於是卽命遣循循請與璠俱還太祖不許以璠爲中外府記室尋遷黃門侍郎儀同三司嘗臥疾居家對雪興感乃作雪賦以遂志云其詞曰天地否閉凝而成雪應乎玄冬之辰在於沍寒之節蒼雲暮同嚴風曉別散亂徘徊雰

霏皎潔違朝陽之暄煦就陵陰之慘烈若乃雪山峙於流沙之右雪宮建於碣石之東混二儀而並色覆萬有而皆空埋沒河山之上籠罩寰宇之中日馭潛於濛汜地險失於華嵩既奪朱而成素實矯異而爲同始飄颻而稍落遂紛糅而無窮縈回兮瑣散暠皓兮溟濛綏綏兮颯颯瀌瀌兮渢渢因高兮累仞藉少兮成豐曉兮光而映淨夜合影而通朧似北荒之明月若西崐之閬風爾乃憑集異區遭隨所適遇物淪形觸途湮跡何淨穢之可分豈高卑之能擇體不常消質無定白深谷夏凝小山春積偶仙宮而爲絳值河濱而成赤廣則彌綸而交四海小則淅瀝而緣間隙淺則不過二寸大則平地一尺乃爲五谷之精寔長衆川之魄大壑所以朝宗洪波資其消釋家有趙王之璧人聚漢帝之金既藏牛而沒馬又冰木而凋林已墮白登之指實愴黃竹之心楚客埋魂於樹裏漢使遷飢於海陰斃雲中之狡獸落海上之驚禽庚辰有七尺之厚甲子有一丈之深無復垂霙與雲合唯有變白作泥沉本爲白雪唱翻作白頭吟吟曰昔從天山來忽與狂風閱邀河陰而散漫望衡陽而委絕朝朝自消盡夜夜空凝

結徒云雪之可賦竟何賦之能雪初蕭循在漢中與蕭紀牋及答國家書移襄陽文皆璠之辭也世宗初授內史中大夫掌綸誥尋封平陽縣子邑九百戶在職清白簡亮不合於時左遷同和郡守璠善於撫御莅職未期生羌降附者五百餘家前後郡守多經營以致貲產唯璠秋毫無所取妻子並隨羌俗食麥衣皮始終不改洮陽洪和二郡羌民常越境詣璠訟理焉其德化爲他界所歸仰如此蔡公廣時鎮隴右嘉璠善政及還鎮陝州欲取璠自隨羌人樂從者七百人聞者莫不歎異陳公純作鎮隴右引爲總管府司錄甚禮敬之天和三年卒時年五十九著梁典三十卷有集二十卷行於世子祥嗣

祥字休徵幼而聰慧占對俊辯賓客見者皆號神童事嫡母以至孝聞其伯父黃門郎璆有名江左在嶺南聞而奇之乃令名祥字休徵後以字行於世年十歲能屬文十二通五經解褐梁宜豐侯主簿遷記室參軍江陵平隨例入國齊公憲以其善於詞令召爲記室府中書記皆令掌之尋授都督封漢安縣子食邑七百戶轉從事中郎憲進爵爲王以休徵爲王友俄除內史上士高祖東征

休徵陪侍帷幄平齊露布即休徵之文也累遷車騎大將軍儀同大將軍尋以
去官領萬年令未期月轉長安令頻宰二縣頗獲時譽大象二年卒於官時年
四十七初璠所撰梁典始就未及刊定而卒臨終謂休徵曰能成我志其在此
書乎休徵始定繕寫勒成一家行於世

柳霞字子昇河東解人也曾祖卓晉汝南太守始自本郡徙居襄陽祖叔珍宋
員外散騎常侍義陽內史父季遠梁臨川王諮議參軍宜都太守霞幼而爽邁
神彩嶷然髫歲便有成人之量篤好文學動合規矩其世父慶遠特器異之謂
霞曰吾昔逮事伯父太尉公嘗語吾云我昨夢汝登一樓樓甚峻麗吾以坐席
與汝汝後名宦必達恨吾不及見耳吾向聊復晝寢又夢將昔時座席還以賜
汝汝之官位當復及吾特宜勉勵以應嘉祥也梁西昌侯深藻鎮雍州霞時年
十二以民禮修謁風儀端肅進止詳雅深藻美之試遣左右踐霞衣裾欲觀其
舉措霞徐步稍前曾不顧眄廬陵王續爲雍州刺史辟霞爲主簿起家平西邵
陵王綸府法曹參軍仍轉外兵除尚書工部郎謝舉時爲僕射引霞與語甚嘉

之顧謂人曰江漢英靈見於此矣岳陽王蕭詧莅雍州選爲治中尋遷別駕及詧於襄陽承制授霞吏部郎員外散騎常侍俄遷車騎大將軍儀同三司大都督賜爵聞喜縣公尋進位持節侍中驃騎大將軍開府儀同三司及蕭詧踐帝位於江陵以襄陽歸于我霞乃辭詧曰陛下中興鼎運龍飛舊楚臣昔因幸會早奉名節理當以身許國期之始終自晉氏南遷臣宗族蓋寡從祖太尉世父儀同從父司空並以位望隆重遂家于金陵唯留先臣獨守墳柏常誡臣等使不違此志今襄陽旣入北朝臣若陪隨鑾蹕進則無益塵露退則有虧先旨伏願曲垂照鑒亮臣此心詧重違其志遂許之因留鄉里以經籍自娛太祖世宗頻有徵命霞固辭以疾及詧殂霞舉哀行舊君之服保定中又徵之霞始入朝授使持節驃騎大將軍開府儀同三司霍州諸軍事霍州刺史霞導民務先以德再三不用命者乃微加貶異示之恥而已其下感而化之不復爲過咸曰我君仁惠如此其可欺乎天和中卒時年七十二宣政初贈豳安二州刺史霞有志行初爲州主簿其父卒於揚州霞自襄陽奔赴六日而至哀感行路毀瘁殆

不可識後奉喪泝江西歸中流風起舟中之人相顧失色霞抱棺號慟愬天求哀俄頃之間風浪止息其母嘗乳間發疽醫云此病無可救之理唯得人吮膿或望微止其痛霞應聲卽吮旬日遂瘳咸以爲孝感所致性又溫裕略無喜慍之容弘獎名教未嘗論人之短尤好施與家無餘財臨終遺誡薄葬其子等並奉行之有十子靖莊最知名

靖字思休少方雅博覽墳籍梁大同末釋褐武陵王國左常侍轉法曹行參軍大定初除尚書度支郎遷正員郎隨霞入朝授大都督歷河南德廣二郡守靖雅達政事所居皆有治術吏民畏而愛之然性愛閑素其於名利澹如也及秩滿還便有終焉之志隋文帝踐極特詔徵之靖遂以疾固辭優游不仕閉門自守所對惟琴書而已足不歷園庭殆將十載子弟等奉之若嚴君焉其有過者靖必下帷自責於是長幼相率拜謝於庭靖然後見之勗以禮法鄉里亦慕而化之或有不善者皆曰唯恐柳德廣知也時論方之王烈前後總管到官皆親至靖家問疾遂以爲故事秦王俊臨州賚以几杖并致衣物靖唯受几杖餘並

固辭其爲當時所重如此開皇中以壽終

莊字思敬器量貞固有經世之才初仕梁歷中書舍人尚書右丞給事黃門侍郎尚書吏部郎中鴻臚太府卿入隋位至開府儀同三司給事黃門侍郎饒州刺史

史臣曰蕭撝世怡圓肅大圜並有梁之令望也雖羈旅異國而終享榮名非有玆基夙懷文質亦何能至於此乎方武陵擁衆東下任撝以蕭何之事君臣之道既篤家國之情亦隆金石不足比其心河山不足盟其誓及魏安之至城下旬日而智力俱竭委金湯而不守舉庸蜀而來王若乃見機而作誠有之矣守節沒齒則未可焉宗懍幹局才辭見稱於梁元之世逮乎俘囚楚甸播越秦中屬太祖思治之辰遇世宗好士之日在朝不預政事就列纔忝戎章豈懷道圖全優遊卒歲將用與不用留滯當年乎梁氏據有江東五十餘載挾策紀事勒成不朽者非一家焉劉璠學思通博有著述之譽雖傳疑傳信頗有詳略而屬辭比事足爲清典蓋近代之佳史歟柳霞立身之道進退有節觀其眷戀墳隴

其孝可移於朝廷盡禮舊王其忠可事於新君夫能推此類以求賢則知人幾於易矣

周書卷四十二

周書卷四十二考證

宗懍傳梁普通六年○普通北史作大同

柳霞傳柳霞○北史作柳遐

梁西昌侯深藻○北史無深字

周書卷四十二考證

珍做宋版玞

周書卷四十三

唐　令　狐　德　棻　等　撰

列傳第三十五

李延孫　韋祐　韓雄　陳忻　魏玄

李延孫伊川人也祖伯扶魏太和末從征懸瓠有功爲汝南郡守父長壽性雄豪有武藝少與蠻酋結託屢相招引侵滅關南孝昌中朝議恐其爲亂乃以長壽爲防蠻都督給其鼓節以慰其意長壽冀因此遂得任用亦盡其智力防遏羣蠻伊川左右寇盜爲之稍息永安之後盜賊蜂起長壽乃招集叛亡徒侶日盛魏帝藉其力用因而撫之乃授持節大都督轉鎮張白塢後爲河北郡守轉河內郡守所歷之處咸以猛烈聞討捕諸賊頻有功授衞大將軍北華州刺史賜爵清河郡公及魏孝武西遷長壽率勵義士拒東魏孝武嘉之復授潁川郡守遷廣州刺史東魏遣行臺侯景率兵攻之長壽衆少城陷遂遇害大統元年追贈太尉使持節侍中驃騎大將軍冀定等十二州諸軍事定州刺史延孫亦

雄武有將帥才略少從長壽征討以勇敢聞初爲直閤將軍賀拔勝爲荊州刺史表延孫爲都督肅清鵶路頗有功力焉及長壽被害延孫乃還收集其父之衆自魏孝武西遷之後朝士流亡廣陵王忻錄尚書長孫稚潁川王斌之安昌王子均及建寧江夏隴東諸王幷百官等攜持妻子來投延孫者延孫即率衆衛送幷贈以珍玩咸達關中齊神武深患之遣行臺慕容紹宗等數道攻之延孫獎勵所部出戰遂大破之臨陣斬其揚州刺史薛喜於是義軍更振乃授延孫京南行臺節度河南諸軍事廣州刺史尋進車騎大將軍儀同三司大都督賜爵華山郡公延孫既荷重委每以剋清伊洛爲己任頻以少擊衆威振敵境大統四年爲其長史楊伯蘭所害後贈司空冀定等六州刺史子人傑有祖父風官至開府儀同三司和州刺史改封潁川郡公延孫弟義孫亦官至開府儀同三司

韋祐字法保京兆山北人也少以字行於世世爲州郡著姓祖駢雍州主簿舉秀才拜中書博士父義前將軍上洛郡守魏大統時以法保著勳追贈秦州刺

史法保少好遊俠而質直少言所與交遊皆輕猾亡命人有急難投之者多保存之雖屢被追捕終不改其操父沒事母兄以孝敬聞慕李長壽之爲人遂娶長壽女因寓居關南正光末四方雲擾王公被難者或依之多得全濟以此爲貴遊所德乃拜員外散騎侍郎加輕車將軍及魏孝武西遷法保從山南赴行在所除右將軍太中大夫封固安縣男邑二百戶及長壽被害其子延孫收長壽餘衆守禦東境朝廷恐延孫兵少不能自固乃除法保東洛州刺史配兵數百人以援延孫法保至潼關弘農郡守韋孝寬謂法保曰恐子此役難以吉還也法保曰古人稱不入虎穴不得虎子安危之事未可預量縱爲國殞身亦非所恨遂倍道兼行東魏陝州刺史劉貴以步騎千餘邀之法保命所部爲圓陣且戰且前數日得與延孫兵接乃幷勢置柵於伏流未幾太祖追法保與延孫率衆還朝賞勞甚厚乃授法保大都督四年除河南尹及延孫被害法保乃率所部據延孫舊柵頻與敵人交兵每身先士卒單馬陷陣是以戰必被傷嘗至關南與東魏人戰流矢中頸從口中出當時氣絕輿至營久之乃蘇九年拜車

騎大將軍儀同三司鎮九曲城及侯景以豫州來附法保率兵赴景景欲留之
法保疑其有貳心乃固辭還所鎮十五年加驃騎大將軍開府儀同三司尋進
爵爲公會東魏遣軍送糧饋宜陽法保潛邀之轉戰數十里兵少不敵爲流矢
所中卒於陣諡曰莊子初嗣建德末位至開府儀同大將軍閤韓防主
韓雄字木蘭河南東垣人也祖景魏孝文時爲赭陽郡守雄少敢勇膂力絶人
工騎射有將率材略及魏孝武西遷雄便慷慨有立功之志大統初遂與其屬
六十餘人於洛西舉兵數日間衆至千人與河南行臺楊琚共爲犄角每抄掠
東魏所向剋獲徒衆日盛州縣不能禦之東魏洛州刺史韓賢以狀聞鄴乃遣
其軍司慕容紹宗率兵與賢合勢討雄戰數十合雄兵略盡兄及妻子皆爲賢
所獲將以爲戮乃遣人告雄曰若雄至皆免之雄與其所親謀曰奮不顧身以
立功名者本望上申忠義下榮親戚今若忍而不赴人謂我何既免之後更思
其計未爲晚也於是遂詣賢軍卽隨賢還洛乃潛引賢黨謀欲襲之事泄遁免
時太祖在弘農雄至上謁太祖嘉之封武陽縣侯邑八百戶遣雄還鄉里更圖

進取雄乃招集義衆進逼洛州東魏洛州刺史元湛委州奔河陽其長史孟彥舉城款附俄而領軍獨孤信大軍繼至雄遂從信入洛陽時東魏將侯景等圍蓼塢雄擊走之又從太祖戰於河橋軍還仍鎭洛西拜假平東將軍東郡守還北中郎將邙山之役太祖命雄率衆邀齊神武於隘道神武怒命三軍併力取雄雄突圍得免除東徐州刺史太祖以雄勳勞積年乃徵入朝屢加賞勞復遣還州東魏東雍州刺史郭叔略與雄接境頗爲邊患雄密圖之乃輕將十騎夜入其境伏於道側遣都督韓仕於略城東服東魏人衣服詐若自河陽叛投關西者略出馳之雄自後射之再發咸中遂斬略首除河南尹進爵爲公加車騎大將軍儀同三司大都督散騎常侍尋進驃騎大將軍開府儀同三司侍中河南邑中正孝閔帝踐阼進爵親義郡公增邑通前三千八百戶賜姓宇文氏世宗二年除使持節都督中徐虞洛四州諸軍事中州刺史雄久在邊具知敵人虛實每率衆深入不避艱難前後經四十五戰雖時有勝負而雄志氣益壯東魏深憚之天和三年卒于鎭贈大將軍中華宜義和五州諸軍事中州刺史謚

曰威子禽嗣

陳忻字永怡宜陽人也少驍勇有氣俠姿貌魁岸同類咸敬憚之魏孝武西遷之後忻乃於辟惡山招集勇敢少年數十人寇掠東魏仍密遣使歸附大統元年授持節伏波將軍羽林監立義大都督賜爵霸城縣男三年太祖復弘農東魏揚州刺史段琛拔城遁走忻率義徒於九曲道邀之殺傷甚衆擒其新安令張祗太祖嘉其忠款使行新安縣事及獨孤信入洛忻舉李延孫爲前鋒仍從信守金墉城及河橋戰不利隨軍西還復行新安縣事東魏遣士人牛道恆爲揚州刺史忻率兵擊破之進爵爲子常隨崤東諸將鎮遏伊洛間每有功効九年與李遠迎高仲密仍從戰邙山及大軍西還復與韓雄等依山合勢破東魏三城斬其金門郡守方臺洛增邑六百戶尋行宜陽郡事東魏復遣劉益生爲金門郡守忻又斬之除鎮遠將軍魏郡守俄授使持節平東將軍顯州刺史太祖以忻威著敵境仍留靜邊弗令之任十年侯景築九曲城忻率衆邀之擒其宜陽郡守趙蒿金門郡守樂敬賓十三年從李遠平九曲城授帥都督東魏將

尒朱渾願率精騎三千來向宜城忻與諸將輕兵邀之願遂退走十五年除宜陽郡守加大都督撫軍將軍十六年進車騎大將軍儀同三司散騎常侍與齊將東方老戰於石泉破之俘獲甚衆時東魏每歲遣兵送米饋宜陽忻輒與諸軍邀擊之每多剋獲魏恭帝元年又與開府斛斯璉等共齊將段孝先戰于九曲大破之二年進位驃騎大將軍開府儀同三司加侍中其年授宜陽邑大中正賜姓尉遲氏太祖以忻著績累載贈其祖昆及父與孫俱爲儀同三司昆齊州刺史與孫徐州刺史東魏洛州刺史獨孤永業號有智謀往來境上倚伏難測忻與韓雄等恆令間諜覘其動靜齊兵每至輒擊破之故永業深憚忻等不敢爲寇孝閔帝踐阼徵忻入朝進爵爲伯尋又進爵許昌郡公增邑一千戶武成元年除熊州刺史增邑通前二千六百戶又與開府敕勒慶破齊將王鸞嵩仍從柱國陸通復石泉城天和元年卒於位忻與韓雄里閈姻婭少相親昵俱總兵境上三十餘載每有禦扞二人相赴常若影響故得數對敵而常保功名雖並有武力至於挽彊射中忻不如雄散財施惠得士衆心則雄不如忻身

死之日將吏荷其恩德莫不感慟焉子萬敵嗣朝廷以忻雅得士心還令萬敵領其部曲

魏玄字僧智任城人也六世祖休仕晉爲魯郡守永嘉南遷遂居江左父承祖魏景明中自梁歸魏家於新安玄少慷慨有膽略普泰中除奉朝請頻從軍與梁人交戰永安初以功授征虜將軍中散大夫及魏孝武西遷東魏北徙人情騷動各懷去就玄遂率募鄉曲立義於關南卽從韋法保與東魏司徒高敖曹戰於關口及獨孤信入洛陽隸行臺楊琚防馬渚復與高敖曹接戰自是每率鄉兵抗拒東魏前後十餘戰皆有功邙山之役大軍不利宜陽洛州皆爲東魏守崤東立義者咸懷異望而玄母及弟並在宜陽玄以爲忠孝不兩立乃率義徒還關南鎮撫太祖手書勞之除洛陽令封廣宗縣子邑四百戶十三年與開府李義孫攻拔伏流城又剋孔城卽與義孫鎮之尋移鎮伏流十四年授帥都督東平郡守轉河南郡守加大都督十六年洛安民雍方儁據郡外叛率步騎一千自號行臺攻破郡縣因執守令玄率弘農九曲孔城伏流四城士馬討平

之魏恭帝二年拜車騎大將軍儀同三司孝閔帝踐阼進爵爲伯增邑通前九百戶保定元年移鎭轘谷四年進位驃騎大將軍開府儀同三司徙鎭閻韓仍從尉遲迥圍洛陽天和元年陝西總管尉遲綱遣玄率儀同宇文能趙乾等步騎五百於鹿盧交南邀擊東魏洛州刺史獨孤永業永業有衆二萬餘人玄輕將五騎行前覘之卒與之遇便卽交戰殺傷數十人獲馬鉀甲矟等永業遂退二年進爵爲侯除白超防主三年還熊州刺史政存簡惠百姓悅之四年轉和州刺史伏流防主進爵爲公五年齊將斛律明月率衆向宜陽兵威甚盛玄率兵禦之每戰輒剋後以疾卒於位

史臣曰二國爭彊四郊多壘鎭守要害義屬武臣李延孫等以勇略之姿受扞城之寄灌瓜贈藥雖有愧於昔賢禦侮折衝足方駕於前烈用能覬兵伊洛保據崤函齊人沮西略之謀周朝緩東顧之慮皆數將之力也

周書卷四十三

周書卷四十三考證

陳忻傳及獨孤信入洛忻舉李延孫爲前鋒○舉疑當作與　臣文淳按此事李

延孫傳不載當是史有遺漏也

周書卷四十三考證

周書卷四十四

唐 令狐德棻等撰

列傳第三十六

泉企 子元禮 仲遵　李遷哲　楊乾運　扶猛
陽雄　席固 子世雅　任果

泉企字思道，上洛豐陽人也。世雄商洛。曾祖景言，魏建節將軍，假宜陽郡守，世襲本縣令，封丹水侯。父安志，復爲建節將軍、宜陽郡守，領本縣令，降爵爲伯。企九歲喪父，哀毀類於成人。服闋襲爵。年十二，鄉人皇平、陳合等三百餘人詣州請企爲縣令。州爲申上，時吏部尚書郭祚以企年少，未堪宰民，請別選遣，終此一限，令企代之。魏宣武帝詔曰：「企向成立，且爲本鄉所樂，何爲捨此世襲，更求一限。」遂依所請。企雖童幼，而好學恬靜，百姓安之。尋以母憂去職，縣中父老復表請殷勤，詔許之。起復本任，加討寇將軍。孝昌初，又加龍驤將軍、假節、防洛州別將，尋除上洛郡守。及蕭寶夤反，遣其黨郭子恢襲據潼關，企率鄉兵三千人拒之連戰數日子弟死者二十許人遂大破子恢以功拜征虜將軍寶夤又遣兵萬人趣青泥誘動巴人圖取上洛上洛豪族泉杜二姓密應之企與刺史董紹宗潛兵掩襲二姓散走寶夤軍亦退還左將軍淅州刺史別封涇陽縣伯邑五百戶永安中梁將王玄真入寇荊州加企持節都督率衆援之遇玄真於順陽與戰大破之除撫軍將軍使持節假鎮南將軍東雍州刺史進爵爲侯部民楊羊皮太保椿之從弟恃託椿勢侵害百姓守宰多被其淩侮皆畏而不敢言企收而治之將加極法於是楊氏慚懼宗族詣閣請恩自此豪右屛迹無敢犯者性又清約纖毫不擾於民在州五年每於鄉里運米以自給梁魏興郡與洛州接壤表請與屬詔企爲行臺尚書以撫納之大行臺賀拔岳以企昔莅東雍爲吏民所懷乃表企復爲刺史詔許之蜀民張國儁聚黨剽劫州郡不能制企命收而戮之闔境清肅魏孝武初加車騎大將軍左光祿大夫及齊神武專政魏帝有西顧之心欲委企以山南之事乃除洛州刺史當州都督未幾帝西遷齊神武率衆至潼關企遣其子元禮督鄉里五千人北出大谷以禦之齊神武

不敢進上洛人都督泉岳其弟猛略與順陽人杜䆫等謀翻洛州以應東軍企知之殺岳及猛略等傳首詣闕而䆫亡投東魏錄前後勳授車騎大將軍儀同三司大統初加開府儀同三司兼尚書右僕射進爵上洛郡公增邑通前千戶企志尚廉愼每除一官憂見顏色至是頻讓魏帝手詔不許三年高敖曹率衆圍逼州城杜䆫爲其鄉導企拒守旬餘矢盡援絕城乃陷焉企謂敖曹曰泉企力屈志不服也及竇泰被擒敖曹退走遂執企而東以䆫爲刺史企臨發密誡子元禮仲遵曰吾生平志願不過令長耳幸逢聖運位亞台司今爵祿既隆年齒又暮前途夷險抑亦可知汝等志業方彊堪立功効且忠孝之道不可兩全宜各爲身計勿相隨寇手但得汝等致力本朝吾無餘恨不得以我在東遂虧臣節也爾其勉之乃揮涕而訣餘無所言聞者莫不憤歎尋卒於鄴元禮少有志氣好弓馬頗閑草隸有士君子之風釋褐奉朝請本州別駕累遷員外散騎侍郎洛州大中正員外散騎常侍安東將軍持節都督賜爵臨洮縣伯進征東將軍金紫光祿大夫加散騎常侍及洛州陷與企俱被執而東元禮於路逃歸

時杜窋雖爲刺史然巴人素輕杜而重泉及元禮至與仲遵相見感父臨別之
言潛與豪右結託信宿之間遂率鄉人襲州城斬窋傳首長安朝廷嘉之拜衛
將軍車騎大將軍世襲洛州刺史從太祖戰於沙苑爲流矢所中遂卒子貞嗣
官至儀同三司仲遵少謹實涉獵經史年十三州辟主簿十四爲本縣令及長
有武藝遭世離亂每從父兄征討以勇決聞高敖曹攻洛州企令仲遵率五百
人出戰時以衆寡不敵乃退入城復與企力戰拒守矢盡以杖棒扞之遂爲流
矢中目不堪復戰及城陷士卒歎曰若二郎不傷豈至於此企之東也仲遵以
被傷不行後與元禮斬窋以功封豐陽縣伯邑五百戶加授征東將軍豫州刺
史及元禮於沙苑戰沒復以仲遵爲洛州刺史仲遵宿稱幹略爲鄉里所歸及
爲本州頗得嘉譽東魏北豫州刺史高仲密舉成皐入附太祖率軍應之別遣
仲遵隨于謹攻柏谷塢仲遵力戰先登擒其將王顯明柏谷既拔復會大軍戰
於邙山十三年王思政改鎮潁川以仲遵行荊州刺史事十五年加授大都督
俄進車騎大將軍儀同三司梁司州刺史柳仲禮每爲邊寇太祖令仲遵率鄉

兵從開府楊忠討之梁隨郡守桓和拒守不降忠謂諸將曰本圖仲禮不在隨郡如即攻守恐引日勞師今若先取仲禮則桓和可不攻自服諸君以爲何如仲遵對曰蜂蠆有毒何可輕也若棄和深入遂擒仲禮和之降不尚未可知如仲禮未獲和爲之援首尾受敵此危道也若先攻和指麾可剋剋和而進更無反顧之憂忠從之仲遵以計由己出乃率先登城遂擒和仍從忠擊仲禮又獲之進驃騎大將軍開府儀同三司領本州大中正復爲三荊二廣南雍平信江隨二郢浙等十三州諸軍事行荊州刺史尋遭母憂請終喪制不許大將軍王雄南征上津魏興仲遵率所部兵從雄討平之遂於上津置南洛州以仲遵爲刺史仲遵留情撫接百姓安之流民歸附者相繼而至初蠻帥杜清和自稱巴州刺史以州入附朝廷因其所據授之仍隸東梁州都督清和以仲遵善於撫御請隸仲遵朝議以山川非便弗之許也清和遂結安康酋帥黃衆寶等舉兵共圍東梁州復遣王雄討平之改巴州爲洵州隸於仲遵先是東梁州刺史劉孟良在職貪婪民多背叛仲遵以廉簡處之羣蠻率服仲遵雖出自巴夷而有

方雅之操歷官之處皆以清白見稱朝廷又以其父臨危抗節乃令襲爵上洛
郡公舊封聽回授一子魏恭帝初徵拜左衞將軍尋出爲都督金興等六州諸
軍事金州刺史武成初卒官時年四十五贈大將軍華洛等三州刺史諡曰莊
子𠰥嗣起家本縣令入爲左侍上士保定中授帥都督累遷儀同三司出爲純
州防主建德末位至開府儀同大將軍
李遷哲字孝彥安康人也世爲山南豪族仕於江左祖方達齊末爲本州治中
父元真仕梁歷東宮左衞率東梁衡二州刺史散騎常侍沌陽侯遷哲少修立
有識度慷慨善謀畫起家文德主帥轉直閣將軍武賁中郎將及其父爲衡州
留遷哲本鄉監統部曲事時年二十撫馭羣下甚得其情大同二年除安康郡
守三年加超武將軍太清二年移鎮魏興郡都督魏興上庸等八郡諸軍事襲
爵沌陽侯邑一千五百戸四年遷持節信武將軍散騎常侍都督東梁洵興等
七州諸軍事東梁州刺史及侯景篡逆諸王爭帝遷哲外禦邊寇自守而已大
統十七年太祖遣達奚武王雄等略地山南遷哲率其所部拒戰軍敗遂降於

武然猶意氣自若武乃執送京師太祖謂之曰何不早歸國家乃勞師旅今爲
俘虜不亦愧乎答曰世荷梁恩未有報効又不能死節實以此爲愧耳太祖深
嘉之卽拜使持節車騎大將軍散騎常侍封沌陽縣伯邑千戶魏恭帝初直州
人樂熾洋州人田越金州人黃國等連結爲亂太祖遣鴈門公田弘出梁漢開
府賀若敦趣直谷熾聞官軍至乃燒絶棧道據守直谷敦衆不得前太祖以遷
哲信著山南乃令與敦同往經略熾等或降或獲尋並平蕩仍與賀若敦南出
徇地遷哲先至巴州入其郛郭梁巴州刺史牟安民惶懼開門請降安民子宗
徹等猶據琵琶城招諭不下遷哲攻而剋之斬獲九百餘人軍次鹿城城主遣
使請降遷哲謂其衆曰納降如受敵吾觀其使視瞻猶高得無詐也遂不許之
梁人果於道左設伏以邀遷哲遷哲進擊破之遂屠其城虜獲千餘口自此巴
濮之民降款相繼軍還太祖嘉之以所服紫袍玉帶及所乘馬以賜之幷賜奴
婢三十口加授侍中驃騎大將軍開府儀同三司除直州刺史卽本州也仍給
軍儀鼓節令與田弘同討信州魏恭帝三年正月軍次幷州梁幷州刺史杜滿

各望風送款進圍疊州尅之獲刺史冉助國等還哲每率驍勇爲前鋒所在攻
戰無不身先士卒凡下十八州拓地三千餘里時信州爲蠻酋向五子王等所
圍弘又遣還哲赴援比至信州已陷五子王等聞還哲至狼狽遁走還哲入據
白帝賀若敦等復至遂共追擊五子王等破之及田弘旋軍太祖令還哲留鎮
白帝更配兵千人馬三百匹信州先無倉儲軍糧匱乏還哲乃收葛根造粉兼
米以給之還哲亦自取供食時有異膳卽分賜兵士有疾患者又親加醫藥以
此軍中感之人思効命黔陽蠻田烏度田都唐等每抄掠江中爲百姓患還哲
隨機出討殺獲甚多由是諸蠻畏威各送糧餼又遣子弟入質者千有餘家還
哲乃於白帝城外築城以處之幷置四鎮以靜峽路自此寇抄頗息軍糧贍給
焉世宗初授都督信臨等七州諸軍事信州刺史時蠻酋蒲微爲隣州刺史舉
兵反還哲將討之諸將以途路阻遠並不欲行還哲怒曰蒲微叢爾之賊勢何
能爲擒獲之略已在吾度中矣諸君見此小寇便有憚心後遇大敵將何以戰
遂率兵七千人進擊之拔其五城虜獲二千餘口二年進爵西城縣公增邑通

前二千五百戶武成元年朝于京師世宗甚禮之賜甲第一區及莊田等保定
中授平州刺史天和三年進位大將軍四年詔還哲率金上等諸州兵鎮襄陽
五年陳將章昭達攻逼江陵梁主蕭巋告急於襄州衞公直令還哲往救焉還
哲率其所部守江陵外城與陳將程文季交戰兵稍却還哲乃親自陷陣手殺
數人會江陵總管陸騰出助之陳人乃退陳人又因水汎長壞龍川寧朔隄引
水灌城城中驚擾還哲乃先塞北堤以止水又募驍勇出擊之頻有斬獲衆心
稍定俄而敵入郭內焚燒民家還哲自率騎出南門又令步兵自北門出兩軍
合勢首尾邀之陳人復敗多投水而死是夜陳人又竊於城西堞以梯登者已
數百人還哲又率驍勇扞之陳人復潰俄而大風暴起還哲乘闇出兵擊其營
陳人大亂殺傷甚衆陸騰復破之於西隄陳人乃遁建德二年進爵安康郡公
三年卒於襄州時年六十四贈金州總管諡曰壯武還哲累世雄豪爲鄉里所
率服性復華侈能厚自奉養妾媵至有百數男女六十九人緣漢千餘里間第
宅相次姬人之有子者分處其中各有僮僕侍婢奄閽守之還哲每鳴笳導從

往來其間縱酒飲醼盡生平之樂子孫參見或忘其年名者披簿以審之長子
敬仁先還哲卒第六子敬猷嗣還統父兵起家大都督建德六年從譙王討稽
胡有功進爵儀同大將軍遷哲弟顯位至上儀同大將軍
楊乾運字玄邈儻城興勢人也爲方隅豪族父天與齊安康郡守乾運少雄武
爲鄉閭所信服弱冠州辟主簿孝昌初除宣威將軍奉朝請尋爲本州治中轉
別駕除安康郡守大統初梁州民皇甫圓姜晏聚衆南叛梁將蘭欽率兵應接
之以是漢中遂陷乾運亦入梁梁大同元年除飄武將軍西益潼刺史尋轉信
武將軍黎州刺史太清末還潼南梁二州刺史加鼓吹一部及達奚武圍南鄭
武陵王蕭紀遣乾運率兵援之爲武所敗紀時已稱尊號以乾運威服巴渝欲
委方面之任乃拜車騎將軍十三州諸軍事梁州刺史鎮潼州封萬春縣公邑
四千戸時紀與其兄湘東王繹爭帝遂連兵不息乾運兄子略說乾運曰自侯
景逆亂江左沸騰今大賊初平生民離散理宜同心戮力保國寧民今乃兄弟
親尋取敗之道也可謂朽木不雕世衰難佐古人有言危邦不入亂邦不居又

云見機而作不俟終日今若適彼樂土送款關中必當功名兩全貽慶於後乾運深然之乃令略將二千人鎮劍閣又遣其壻樂廣鎮安州仍誡略等曰吾欲歸附關中但未有由耳若有使來卽宜盡禮迎接會太祖令乾運孫法洛及使人牛伯友等至略卽夜送乾運乃令使人李若等入關送款太祖乃密賜乾運鐵券授使持節驃騎大將軍開府儀同三司侍中梁州刺史安康郡公及尉遲迥令開府侯呂陵始爲前軍至劍南略卽退就樂廣謀欲翻城恐其軍將任電等不同先執之然後出城見始始乃入據安州令廣略等往報乾運乾運遂降迥迥因此進軍成都數旬剋之魏廢帝三年乾運至京師太祖嘉其忠款禮遇隆渥尋卒於長安贈本官加直巴集三州刺史尚書右僕射子端嗣朝廷以乾運歸附之功卽拜端梁州刺史車騎大將軍儀同三司略亦以歸附功拜車騎大將軍儀同三司頻從征討建德末位至開府儀同大將軍封上庸縣伯樂廣亦授車騎大將軍儀同三司安州刺史封安康縣公邑一千戶

扶猛字宗略上甲黃土人也其種落號曰獸蠻世爲渠帥猛梁大同中以直後

出爲持節厲鋒將軍青州刺史轉上庸新城二郡守南洛北司二州刺史封宕
渠縣男及侯景作亂猛乃擁衆自守未有所從魏大統十七年大將軍王雄拓
定魏興猛率其衆據險爲堡時遣使微通餉饋而已魏廢帝元年魏興叛雄擊
破之猛遂以衆降太祖以其世據本鄉乃厚加撫納授車騎大將軍儀同三司
加散騎常侍復爵宕渠縣男割二郡爲羅州以猛爲刺史令率所部千人從開
府賀若敦南討信州敦令猛別道直趣白帝所由之路人跡不通猛乃梯山捫
葛備歷艱阻雪深七尺糧運不繼猛獎勵士卒兼夜而行遂至白帝城刺史向
鎮侯列陣拒猛猛與戰破之乘勝而進遂入白帝城撫慰民夷莫不悅附譙淹
與官軍戰敗率舟師浮江東下欲歸於梁猛與敦等邀擊破之語在敦傳師還
以功進開府儀同三司俄而信州蠻反猛復從賀若敦討平之又率水軍破蠻
帥文子榮於汶陽進爵臨江縣公增邑一千戶武成中陳將侯瑱等逼湘州又
從賀若敦赴救除武州刺史後隨敦自拔還復爲羅州刺史保定三年轉綏州
刺史從衞公直援陳將華皎時大軍不利唯猛所部獨全又從田弘破漢南諸

鑾前後十餘戰每有功進位大將軍後以疾卒
陽雄字元略上洛邑陽人也世爲豪族祖斌上庸太守父猛魏正光中万俟醜
奴作亂關右朝廷以猛商洛首望乃擢爲襄威將軍大谷鎮將帶胡城令以禦
醜奴及元顥入洛魏孝莊帝度河范陽王誨脫身投猛猛保藏之及孝莊反正
由是知名俄而廣陵王恭僞瘖疾復來歸猛猛亦深相保護魏孝武卽位甚嘉
之授征虜將軍行河北郡守尋轉安西將軍華山郡守頻典三郡頗有聲績及
孝武西遷猛率所領移鎮潼關封邰陽縣伯邑七百戶俄而潼關不守猛於善
諸谷立柵收集義徒授征東將軍揚州刺史大都督武衞將軍仍鎮善諸大統
三年爲竇泰所襲猛脫身得免太祖以衆寡不敵弗之責也仍配兵千人守牛
尾堡尋而太祖擒竇泰猛亦別獲東魏弘農郡守淳于業後以疾卒贈華洛揚
三州刺史雄起家奉朝請累遷至都督直後明威將軍積射將軍從于謹攻盤
豆柵復從李遠經沙苑陣並力戰有功封安平縣侯邑八百戶加冠軍將軍中
散大夫賞賜甚厚後入洛陽戰河橋解玉壁圍迎高仲密援侯景並預有戰功

前後增邑四百五十戶世襲邑陽郡守從大將軍宇文虬攻剋上津遷通直散騎常侍大都督進儀同三司陳將侯方兒潘純陁寇江陵雄從豆盧寧擊走之除洵州刺史俗雜賨渝民多輕猾雄威惠相濟夷夏安之蠻帥文子榮竊據荊州之汶陽郡又侵陷南郡之當陽臨沮等數縣詔遣開府賀若敦潘招等討平之卽以其地置平州以雄爲刺史進爵玉城縣公增邑通前一千六百戶加驃騎大將軍開府儀同三司時寇亂之後戶多逃散雄在所慰撫民並安輯徵爲載師中大夫還西寧州總管以疾不拜除通洛防主雄處疆埸務在保境息民接待敵人必推誠仗信齊洛州刺史獨孤永業深相欽尙移書稱美之入爲京兆尹尋拜民部中大夫進位大將軍俄轉中外府長史還江陵總管四州五防諸軍事改封魯陽縣公宣政元年卒於鎭大象初追封魯陽郡公邑三千五百戶贈陳曹莒汴四州刺史諡曰懷雄善附會能自謀身故得任兼出納保全爵祿子長寬嗣官至儀同大將軍

席固字子堅其先安定人也高祖衡因後秦之亂寓居於襄陽仕晉爲建威將

軍遂爲襄陽著姓固少有遠志內明敏而外質朴梁大同中爲齊興郡守屬侯景渡江梁室大亂固久居郡職士多附之遂有親兵千餘人梁元帝嗣位江陵遷興州刺史於是軍民慕從者至五千餘人固遂欲自據一州以觀時變後懼王師進討方圖內屬密謂其腹心曰今梁氏失政揚都覆沒湘東不能復雠雪恥而骨肉相殘宇文丞相撥亂啓霸基招攜以禮吾欲決意歸之與卿等共圖富貴左右聞固言未有應者固更諭以禍福諸人然後同之魏大統十六年以地來附是時太祖方欲南取江陵西定蜀漢聞固之至甚禮遇之乃遣使就拜使持節驃騎大將軍開府儀同三司大都督侍中豐州刺史封新豐縣公邑二千戶後轉湖州刺史固以未經朝謁遂蒙榮授心不自安啓求入覲太祖許之及固至太祖與之歡醼賞賜甚厚進爵靜安郡公增邑并前三千三百戶尋拜昌歸憲三州諸軍事昌州刺史固居家孝友爲州里所稱涖官之處頗有聲績保定四年卒於州時年六十一贈大將軍襄唐豐郢復五州刺史謚曰肅仍勅襄州賜其墓田子世雅嗣

世雅字彥文性方正少以孝聞初以固功授車騎大將軍儀同三司除贊城郡守累遷開府儀同三司順直二州刺史大象末位至大將軍世雅弟世英亦以固功授儀同三司後至上開府儀同大將軍

任果字靜鸞南安人也世爲方隅豪族仕於江左祖安東梁益州別駕新巴郡守閬中伯父褒龍驤將軍新巴南安廣漢三郡守沙州刺史新巴縣公果性勇決志在立功魏廢帝元年率所部來附太祖嘉其遠至待以優禮果因面陳取蜀之策太祖深納之乃授使持節車騎大將軍儀同三司大都督散騎常侍沙州刺史南安縣公邑一千戶及尉遲迥伐蜀果時在京師乃遣其弟岱及子悛從軍太祖以益州未下復令果乘傳歸南安率鄉兵二千人從迥征蜀尋進授驃騎大將軍開府儀同三司蕭紀遣趙拔扈等率衆三萬來援成都果從大軍擊破之及成都平除始州刺史在任未久果請入朝太祖許之以其方隅首望早立忠節乃進爵安樂郡公賜以鐵券聽世相傳襲并賜路車駟馬及儀衛等以光寵之尋爲刺客所害時年五十六

史臣曰古人稱仁義豈有常蹈之則爲君子背之則爲小人信矣泉企長自山谷素無月旦之譽而臨難慷慨有人臣之節豈非蹈仁義歟元禮仲遵聿遵其志卒成功業庶乎克負荷矣李遷哲楊乾運席固之徒屬方隅擾攘咸翻然而委質遂享爵位以保終始觀遷哲之對太祖有尙義之辭乾運受任武陵乖事人之道若乃校長短比優劣故不可同年而語矣陽雄任兼文武聲著中外抑亦志能之士乎

周書卷四十四

周書卷四十四考證

李遷哲傳緣漢千餘里間第宅相次○北史同千字當是十字之訛

席固傳子世雅嗣○北史作子雅又下文世雅弟世英北史亦作雅弟英俱無世字臣文淳按北史避唐諱故去世字猶韓禽虎作韓禽也然此書作於文皇時不知何以不避豈亦後人所加耶

周書卷四十四考證

周書卷四十五

唐 令 狐 德 棻 等 撰

列傳第三十七

儒林

盧誕　盧光　沈重　樊深　熊安生　樂遜

自書契之興，先哲可得而紀者，莫不備乎經傳。若乃選君德於列辟，觀遺烈於風聲，帝莫高於堯舜，王莫顯於文武。是以聖人祖述其道，垂文於六學；憲章其教，作範於百王。自茲以降，三微驟遷，五紀遞襲，損益異術，治亂殊塗。秦承累世之基，任刑法而殄滅；漢無尺土之業，崇經術而長久。彫蟲是貴，魏道所以陵夷；玄風既興，晉綱於焉大壞。考九流之殿最，校四代之興衰，正君臣，明貴賤，美教化，移風俗，莫尚於儒。故皇王以之致刑措而反淳朴，賢達以之鏤金石而彫竹素。儒之時義大矣哉！自有魏道消，海內版蕩，彝倫攸斁，戎馬生郊，先王之舊章往聖之遺訓，掃地盡矣。及太祖受命，雅好經術，求闕文於三古，得至理於千載黜魏晉之制度復姬旦之茂典盧景宣學通羣藝修五禮之缺長孫紹遠才稱洽聞正六樂之壞由是朝章漸備學者向風世宗纂曆敦尚學藝內有崇文之觀外重成均之職握素懷鉛重席解頤之士間出於朝廷圓冠方領執經負笈之生著錄於京邑濟濟焉足以踰於向時矣洎高祖保定三年乃下詔尊太傅燕公爲三老帝於是服袞冕乘碧輅陳文物備禮容清蹕而臨太學袒割以食之奉觴以酳之斯固一世之盛事也其後命輶軒以致玉帛徵沈重於南荊及定山東降至尊而勞萬乘待熊生以殊禮是以天下慕嚮文教遠覃衣儒者之服挾先王之道開黌舍延學徒者比肩勵從師之志守專門之業辭親戚甘勤苦者成市雖遺風盛業不逮魏晉之辰而風移俗變抑亦近代之美也其儒者自有別傳及終於隋之中年者則不兼錄自餘撰於此篇云

盧誕范陽涿人也本名恭祖曾祖晏博學善隸書有名於世仕燕爲給事黄門侍郎營丘成周二郡守祖壽太子洗馬燕滅入魏爲魯郡守父叔仁年十八州辟主簿舉秀才除員外郎以親老乃辭歸就養父母既歿哀毀六年躬營墳壟

遂有終焉之志魏景明中被徵入洛授威遠將軍武賁中郎將非其好也尋除鎮遠將軍通直散騎常侍並稱疾不朝乃出爲幽州司馬又辭歸鄉里當時咸稱其高尚焉誕幼而通亮博學有詞彩郡辟功曹州舉秀才不行起家侍御史累遷輔國將軍太中大夫幽州別駕北豫州都督府長史時刺史高仲密以州歸朝朝廷遣大將軍李遠率軍赴援誕與文武二千餘人奉候大軍以功授鎮東將軍金紫光祿大夫封固安縣伯邑五百戶尋加散騎侍郎拜給事黃門侍郎魏帝詔曰經師易求人師難得朕諸兒稍長欲令卿爲師於是親幸晉王第敕晉王以下皆拜之於帝前因賜名曰誕加征東將軍散騎常侍太祖又以誕儒宗學府爲當世所推乃拜國子祭酒進車騎大將軍儀同三司魏恭帝二年除祕書監後以疾卒

盧光字景仁小字伯范陽公辯之弟也性温謹博覽羣書精於三禮善陰陽解鐘律又好玄言孝昌初釋褐司空府參軍事稍遷明威將軍員外侍郎及魏孝武西遷光於山東立義遙授大都督晉州刺史安西將軍銀青光祿大夫大統

六年攜家西入太祖深禮之除丞相府記室參軍賜爵范陽縣伯俄拜行臺郎中專掌書記十年改封安息縣伯邑五百戶遷行臺右丞出爲華州長史尋徵拜將作大匠魏廢帝元年加車騎大將軍儀同三司除京兆郡守遷侍中六官建授小匠師下大夫進授開府儀同三司匠師中大夫進爵爲侯增邑五百戶轉工部中大夫大司馬賀蘭祥討吐谷渾以光爲長史進爵燕郡公武成二年詔光監營宗廟既成增邑四百戶出爲虞州刺史尋治陝州總管府長史重論討渾之功增邑幷前一千九百戶天和二年卒時年六十二高祖少時嘗受業於光故贈賻有加恆典贈少傅謚曰簡光性崇佛道至誠信敬嘗從太祖狩於檀臺山時獵圍既合太祖遙指山上謂羣公等曰公等有所見不咸曰無所見光獨曰見一桑門太祖曰是也卽解圍而還令光於桑門立處造浮圖掘基一丈得瓦鉢錫杖各一太祖稱歎因立寺焉及爲京兆而郡舍先是數有妖怪前後郡將無敢居者光曰吉凶由人妖不妄作遂入居之未幾光所乘馬忽升廳事登牀南首而立又食器無故自破光並不以介懷其精誠守正如此撰道德

經章句行於世子賁嗣大象中開府儀同大將軍
沈重字德厚吳興武康人也性聰悟有異常童弱歲而孤居喪合禮及長專心儒學從師不遠千里遂博覽羣書尤明詩禮及左氏春秋梁大通三年起家王國常侍梁武帝欲高置學官以崇儒教中大通四年乃革選以重補國子助教大同二年除五經博士梁元帝之在藩也甚歎異之及卽位乃遣主書何武迎重西上及江陵平重乃留事梁主蕭詧除中書侍郎兼中書舍人累遷員外散騎侍郎廷尉卿領江陵令還拜通直散騎常侍都官尚書領羽林監詧又令重於合歡殿講周禮高祖以重經明行修迺遣宣納上士柳裘至梁徵之仍致書曰皇帝問梁都官尚書沈重觀夫八聖六君七情十義殊方所以會軌異代於是率由莫不趣大順之遙塗履中和之盛致及青緗起熖素篆從風文逐世疏義隨運舛大禮存於玉帛之間至樂形於鐘鼓之外雖分蛇聚緯郁郁之辭蓋闕當塗典午抑抑之旨無聞有周開基爰蹤聖哲拯蒼生之已淪補文物之將墜天爵具修人紀咸理朕寅奉神器恭惟寶闕常思復禮殷周之年遷化唐虞

之世懼三千尚乖於治俗九變未叶於移風欲定晝一之文思杜二家之說知
鄕學冠儒宗行標士則卞寶復潤於荊陰隨照更明於漢浦是用寤寐增勞瞻
望軫念爰致束帛之聘命翹車之招所望鳳舉鴻翻俄而萃止明斯隱滯合彼
異同上庠弗墜於微言中經罔闕於逸義近取無獨善之譏遠應有兼濟之美
可不盛歟昔申培鮐背方辭東國公孫黃髮始造西京遂使道爲藝基功參治
本今者一徵諒兼其二若居形聲而去影響尚迷邦而忘觀國非所謂也又敕
襄州總管衞公直敦喻遣之在途供給務從優厚保定末重至于京師詔令討
論五經并校定鐘律天和中復於紫極殿講三教義朝士儒生桑門道士至者
二千餘人重辭義優洽樞機明辯凡所解釋咸爲諸儒所推六年授驃騎大將
軍開府儀同三司露門博士仍於露門館爲皇太子講論建德末重自以入朝
既久且年過時制表請還梁高祖優詔答之曰開府漢南杞梓每軫虛衿江東
竹箭亟疲延首故束帛聘申蒲輪徵伏加以梁朝舊齒結綬三世沐浴榮光祗
承寵渥不忘戀本深足嘉尚而楚材晉用豈無先哲方事求賢義乖來肅重固

請乃許焉遣小司門上士楊注送之梁主蕭巋拜重散騎常侍太常卿大象二年來朝京師開皇三年卒年八十四隋文帝遣舍人蕭子寶祭以少牢贈使持節上開府儀同三司許州刺史重學業該博爲當世儒宗至於陰陽圖緯道經釋典靡不畢綜又多所撰述咸得其指要其行於世者周禮義三十一卷儀禮義三十五卷禮記義三十卷毛詩義二十八卷喪服經義五卷周禮音一卷儀禮音一卷禮記音二卷毛詩音二卷

樊深字文深河東猗氏人也早喪母事繼母甚謹弱冠好學負書從師於三河講習五經晝夜不倦魏永安中隨軍征討以功除蕩寇將軍累遷伏波征虜將軍中散大夫嘗讀書見吾丘子遂歸侍養魏孝武西遷樊王二姓舉義爲東魏所誅深父保周叔父歡周並被害深因避難墜崖傷足絕食再宿於後遇得一簞餅欲食之然念繼母年老患痺或免虜掠乃弗食夜中匍匐尋母偶得相見因以饋母還復遁去改易姓名遊學於汾晉之間習天文及算曆之術後爲人所告囚送河東屬魏將韓軌長史張曜重其儒學延深至家因是更得逃隱太

祖平河東贈保周南郢州刺史歡周儀同三司深歸葬其父負土成墳尋而于
謹引爲其府參軍令在館教授子孫除撫軍將軍銀青光祿大夫遷開府屬轉
從事中郎謹拜司空以深爲諮議大統十五年行下邽縣事太祖置學東館教
諸將子弟以深爲博士深經學通贍每解書嘗多引漢魏以來諸家義而說之
故後生聽其言者不能曉悟皆背而譏之曰樊生講書多門戶不可解然儒者
推其博物性好學老而不怠朝暮還往常據鞍讀書至馬驚墜地損折支體終
亦不改後除國子博士賜姓萬紐于氏六官建拜太學助教遷博士加車騎大
將軍儀同三司天和二年遷縣伯中大夫加開府儀同三司建德元年表乞骸
骨詔許之朝廷有疑議常召問焉後以疾卒深既專經又讀諸史及蒼雅篆籀
陰陽卜筮之書學雖博贍訥於辭辯故不爲當時所稱撰孝經喪服問疑各一
卷撰七經異同說三卷義經略論幷月錄三十一卷並行於世
熊安生字植之長樂阜城人也少好學勵精不倦初從陳達受三傳又從房虬
受周禮並通大義後事徐遵明服膺歷年東魏天平中受禮於李寶鼎遂博通

五經然專以三禮教授弟子自遠方至者千餘人乃討論圖緯捃摭異聞先儒所未悟者皆發明之齊河清中陽休之特奏爲國子博士時朝廷既行周禮公卿以下多習其業有宿疑礩滯者數十條皆莫能詳辨天和三年齊請通好兵部尹公正使焉與齊人語及周禮齊人不能對乃令安生至賓館與公正言公正有口辯安生語所未至者便撮機要而驟問之安生曰禮義弘深自有條貫必欲昇堂覩奧寧可汩其先後但能留意當爲次第陳之公正於是具問所疑安生皆爲一一演說咸究其根本公正深所嗟服還具言之於高祖高祖大欽重之及高祖入鄴安生遽令掃門家人怪而問之安生曰周帝重道尊儒必將見我矣俄而高祖幸其第詔不聽拜親執其手引與同坐謂之曰朕未能去兵以此爲愧安生曰黃帝尚有阪泉之戰況陛下龔行天罰乎高祖又曰齊氏賦役繁興竭民財力朕救焚拯溺思革其弊欲以府庫及三臺雜物散之百姓公以爲何如安生曰昔武王克商散鹿臺之財發鉅橋之粟陛下此詔異代同美高祖又曰朕何如武王安生曰武王伐紂縣首白旗陛下平齊兵不血刃愚謂

聖略爲優高祖大悅賜帛三百匹米三百石宅一區并賜象笏及九環金帶自餘什物稱是又詔所司給安車駟馬隨駕入朝并敕所在供給至京敕令於大乘佛寺參議五禮宣政元年拜露門學博士下大夫其時年已八十餘尋致仕卒於家安生既學爲儒宗當時受其業擅名於後者有馬榮伯張黑奴竇士榮孔籠劉焯劉炫等皆其門人焉所撰周禮義疏二十卷禮記義疏四十卷孝經義疏一卷並行於世

樂遜字遵賢河東猗氏人也年在幼童便有成人之操弱冠爲郡主簿魏正光中聞碩儒徐遵明領徒趙魏乃就學孝經喪服論語詩書禮易左氏春秋大義尋而山東寇亂學者散逸遜於擾攘之中猶志道不倦永安中釋褐安西府長流參軍大統七年除子都督九年太尉李弼請遜教授諸子既而太祖盛選賢良授以守令相府戶曹柳敏行臺郎中盧光河東郡丞辛粲相繼舉遜稱有牧民之才弼請留不遣十六年加授建忠將軍左中郎將遷輔國將軍中散大夫都督歷弼府西閤祭酒功曹諮議參軍魏廢帝二年太祖召遜教授諸子在館

六年與諸儒分授經業遜講孝經論語毛詩及服虔所注春秋左氏傳魏恭帝二年授太學助教孝閔帝踐阼以遜有理務材除秋官府上士其年治太學博士轉治小師氏下大夫自譙王儉以下並束脩行弟子之禮遜以經術教授甚有訓導之方及衞公直鎭蒲州以遜爲直府主簿加車騎將軍左光祿大夫武成元年六月以霖雨經時詔百官上封事遜陳時宜一十四條其五條切於政要其一崇治方曰竊惟今之在官者多求清身克濟不至惠民愛物何者比來守令年期既促歲責有成蓋謂猛濟爲賢未甚優養此政既代後者復然夫政之於民過急則刻薄傷緩則弛慢是以周失舒緩秦敗急酷民非赤子當以赤子遇之宜在舒疾得衷不使勞擾頃承魏之衰政人習逋違先王朝憲備行民咸識法但可宣風正俗納民軌訓而已自非軍旅之中何用過爲迫切至於興邦致治事由德教漸以成之非在倉卒竊謂姬周盛德治與文武政穆成康自斯厥後不能無事昔申侯將奔楚子誨之曰無適小國言以政狹法峻將不汝容敬仲入齊稱曰幸若獲宥及於寬政然關東諸州淪陷日久人在塗炭當慕

息肩若不布政優優聞諸境外將何以使彼勞民歸就樂土其二省造作曰頃者魏都洛陽一時殷盛貴勢之家各營第宅車服器玩皆尚奢靡世逐浮競人習澆薄終使禍亂交興天下喪敗比來朝貢器服稍華百工造作務盡奇巧臣誠恐物逐好移有損政俗如此等事頗宜禁省記言無作淫巧以蕩上心傳稱宮室崇侈民力彫弊漢景有云黃金珠玉饑不可食寒不可衣彫文刻鏤傷農事者也錦繡纂組害女功者也以二者爲饑寒之本源矣然國家非爲軍戎器用時事要須而造者皆徒費功力損國害民未如廣勸農桑以衣食爲務使國儲豐積大功易舉其三明選舉曰選曹賞錄勳賢補擬官爵必宜與衆共之有明揚之授使人得盡心如覩白日其材有升降其功有厚薄祿秩所加無容不審卽如州郡選置猶集鄉閭況天下選曹不取物以下缺州郡自可內除此外付曹銓者既非機事何足可密人生處世以榮祿爲重修身履行以纂身爲名然逢時既難失時爲易其選置之日宜令衆心明白然後呈奏使功勤見知品物稱悅其四重戰伐曰魏祚告終天睠在德而高洋稱僭先迷未敗擁逼山東

事切肘腋譬猶棊劫相持爭行先後若一行非當或成彼利誠應捨小營大先
保封域不宜貪利在邊輕爲興動捷則勞兵分守敗則所損已多國家雖彊洋
不受弱詩云德則不競何憚於病唯德可以庇民非恃彊也夫力均勢敵則進
德者勝君子道長則小人道消故昔之善戰者先爲不可勝以待敵之可勝彼
行暴戾我則寬仁彼爲刻薄我必惠化使德澤旁流人思有道然後觀釁而作
可以集事其五禁奢侈曰按禮人有貴賤物有等差使用之有節品類之有度
馬后爲天下母而身服大練所以率下也季孫相三君矣家無衣帛之妾所以
勵俗也比來富貴之家爲意稍廣無不資裝婢隸作車後容儀服飾華美眩曜
街衢仍使行者輟足路人傾蓋論其輸力公家未若介胄之士然其坐受優賞
自踰攻戰之人縱令不惜功費豈不有虧厥德必有儲蓄之餘孰與務恤軍士
魯莊公有云衣食所安不敢愛也必以分人詩言豈曰無衣與子同袍皆所以
取人力也又陳事上議之徒亦應不少當有上徹天聽者未聞是非陛下雖念
存物議欲盡天下之情而天下之情猶爲未盡何者取人受言貴在顯用若納

而不顯是而不用則言之者或寡矣保定二年以訓導有方頻加賞賜遷遂伯中大夫授驃騎將軍大都督四年進車騎大將軍儀同三司五年詔魯公贇畢公賢等俱以束修之禮同受業焉天和元年岐州刺史陳公純舉遜爲賢良五年遜以年在懸車上表致仕優詔不許於是賜以粟帛及錢等授湖州刺史封安邑縣子邑四百戶民多蠻左未習儒風遜勸勵生徒加以課試數年之間化洽州境蠻俗生子長大多與父母別居遜每加勸導多革前弊在任數載頻被褒錫秩滿還朝拜皇太子諫議復在露門教授皇子增邑一百戶宣政元年進位上儀同大將軍大象初進爵崇業郡公增邑通前二千戶又爲露門博士二年進位開府儀同三司大將軍出爲汾陰郡守遜以老病固辭詔許之乃改授東揚州刺史仍賜安車衣服及奴婢等又於本郡賜田十頃儒者以爲榮隋開皇元年卒於家年八十二贈本官加蒲陜二州刺史遜性柔謹寡於交游立身以忠信爲本不自矜尚每在衆中言論未嘗爲人之先學者以此稱之所著孝經論語毛詩左氏春秋序論十餘篇又著春秋序義通賈服說發杜氏違辭理

並可觀

史臣曰前世通六藝之士莫不兼達政術故云拾青紫如地芥近代守一經之儒多暗於時務故有貧且賤之恥雖通塞有命而大抵皆然嘗論之曰夫金之質也至剛鑄之可以成器水之性也柔弱壅之可以壞山況乎肖天地之貌含五常之德朱藍易染薫蕕可變固以隨鄒俗而好長纓化齊風而貴紫服若乃進趣矜尚中庸之常情高秩厚禮上智之所欲是以兩漢之朝重經術而輕律令其聰明特達者咸勵精於專門以通賢之質挾黼藻之美大則必至公卿小則不失守令近代之政先法令而後經術其沉默孤微者亦篤志於章句以先王之道飾腐儒之姿達則不過侍講訓冑窮則終於斂衣簞食由斯言之非兩漢棟梁之所育近代薪槱之所産哉蓋好尚之道殊遭遇之時異也史臣每聞故老稱沈重所學非止六經而已至於天官律曆陰陽緯候流略所載釋老之典靡不博綜窮其幽賾故能馳聲海内爲一代儒宗雖前世徐廣何承天之儔不足過也

周書卷四十五

周書卷四十五考證

沈重傳沈重字德厚○北史云字子厚

熊安生傳並行於世○北史安生傳末尚有數十行此書不載

周書卷四十五考證

周書卷四十六

唐　令狐德棻等撰

列傳第三十八

孝義

李棠　柳檜　杜叔毗　荊可　秦族弟榮先

皇甫遐　張元

夫塞天地而橫四海者其唯孝乎奉大功而立顯名者其唯義乎何則孝始事親惟后資於致治義在合宜惟人賴以成德上智稟自然之性中庸有企及之美其大也則隆家光國盛烈與河海爭流授命滅親峻節與竹帛俱茂其小也則溫枕扇席無替於晨昏損己利物有助於名教是以堯舜湯武居帝王之位垂至德以敦其風孔墨荀孟稟聖賢之資弘正道以勵其俗觀其所由在此而已矣然而淳源既往澆風愈扇禮義不樹廉讓莫修若乃綰銀黃列鐘鼎立於朝廷之間非一族也其出忠入孝輕生蹈節者則蓋寡焉積龜貝實倉廩居於

閭巷之內非一家也其悅禮敦詩守死善道者則又鮮焉斯固仁人君子所以興歎哲后賢宰所宜屬心如令明教化以救其弊優爵賞以勸其善布懇誠以誘其進積歲月以求其終則今之所謂少者可以爲多矣古之所謂爲難者可以爲易矣故博採異聞網羅遺逸錄其可以垂範方來者爲孝義篇云

李棠字長卿勃海蓨人也祖伯貴魏宣武時官至魯郡守有孝行居父喪哀感過禮遂以毀卒宣武嘉之贈勃海相父元冑員外散騎侍郎棠幼孤好學有志操年十七屬尒朱之亂與司空高乾兄弟舉兵信都魏中興初辟衛軍府功曹參軍太昌中以軍功除征虜將軍行東萊郡事魏孝武西遷棠時在山北遂仕東魏及高仲密爲北豫州刺史請棠爲掾先是仲密與吏部郎中崔暹有隙暹時被齊文襄委任仲密恐其搆己每不自安將圖來附時東魏又遣鎮城奚壽與典兵事仲密但知民務而已既至州遂與棠謀執壽與以成其計仲密乃置酒延壽與陰伏壯士欲因此執之壽與辭而不赴棠遂往見之曰君與高公義符昆季今日之席以公爲首豈有賓客總萃而公無事不行將恐遠近聞之竊

有疑怪壽與遂與俱赴便發伏執之乃帥其士衆據城遣棠詣闕歸款太祖嘉之拜棠衞將軍右光祿大夫封廣宗縣公邑一千戶棠固辭曰臣世荷朝恩義當奉國而往者見拘逆命不獲陪駕西巡今日之來免罪爲幸何敢以此微庸冒受天爵如此者再三優詔不許俄遷給事黃門侍郎加車騎大將軍儀同三司散騎常侍魏廢帝二年從魏安公尉遲迥伐蜀蜀人未卽降棠乃應募先使諭之旣入成都蕭撝問迥軍中委曲棠不對撝乃苦箠辱之冀獲其實棠曰爾亡國餘燼不識安危奉命諭爾反見躓頓我王者忠臣有死而已義不爲爾移志也撝不能得其要指遂害之子敞嗣

柳檜字季華祕書監虯之次弟也性剛簡任氣少文善騎射果於斷決年十八起家奉朝請居父喪毀瘠骨立服闋除陽城郡丞防城都督大統四年從太祖戰於河橋先登有功授都督鎮鄯州八年拜湟河郡守仍典軍事尋加平東將軍太中大夫吐谷渾入寇郡境時檜兵少人懷憂懼檜撫而勉之衆心乃安因率數十人先擊之潰亂餘衆乘之遂大敗而走以功封萬年縣子邑三百戶時

吐谷渾強盛數侵疆埸自檜鎮鄯州屢戰必破之數年之後不敢為寇十四年還河州別駕轉帥都督俄拜使持節撫軍將軍大都督居三載徵還京師時檜兄虬為祕書丞弟慶為尚書左丞檜嘗謂兄弟曰兄則職典簡牘褒貶人倫弟則管轄臺司股肱朝廷可謂榮寵矣然而四方未靜車書不一檜唯當蒙矢石履危難以報國恩耳頃之太祖謂檜曰卿昔在鄯州忠勇顯著今西境肅清無勞經略九曲國之東鄙當勞君守之遂令檜鎮九曲尋從大將軍王雄討上津魏興平之即除魏興華陽二郡守安康人黃衆寶謀反連結黨與攻圍州城乃相謂曰嘗聞柳府君勇悍其鋒不可當今既在外方為吾徒腹心之疾也不如先擊之遂圍檜郡郡城卑下士衆寡弱又無守禦之備連戰積十餘日士卒僅有存者於是力屈城陷身被十數創遂為賊所獲既而衆寶等進圍東梁州乃縛檜置城下欲令檜誘說城中檜乃大呼曰羣賊烏合糧食已罄行即退散各宜勉之衆寶大怒乃臨檜以兵曰速更汝辭不爾便就戮矣檜守節不變遂害之棄屍水中城中人皆為之流涕衆寶解圍之後檜兄子止戈方收檜屍還長

安贈東梁州刺史子斌嗣斌字伯達年十七齊公憲召爲記室早卒斌弟雄亮字信誠幼有志節好學不倦年十二遭父艱幾至滅性終喪之後志在復讎柱國蔡國公廣欽其名行引爲記室參軍年始弱冠府中文筆頗亦委之後竟手刃衆寶於京城朝野咸重其志節高祖特恕之由是知名大象末位至兵部下大夫

杜叔毗字子弼其先京兆杜陵人也徙居襄陽祖乾光齊司徒右長史父漸梁邊城太守叔毗早歲而孤事母以孝聞性慷慨有志節勵精好學尤善左氏春秋仕梁爲宜豐侯蕭循府中直兵參軍大統十七年太祖令大將軍達奚武經略漢州明年武圍循於南鄭循令叔毗詣闕請和太祖見而禮之使未反而循中直兵參軍曹策參軍劉曉謀以城降武時叔毗兄君錫爲循中記室參軍從子映錄事參軍映弟晰中直兵參軍並有文武材略各領部曲數百人策等忌之懼不同己遂誣以謀叛擅加害焉循尋討策等擒之斬曉而免策及循降策至長安叔毗朝夕號泣具申寃狀朝議以事在歸附之前不可追罪叔毗內懷

憤惋志在復讎然恐違朝憲坐及其母遂沉吟積時母知其意謂叔毗曰汝兄横罹禍酷痛切骨髓若曹策朝死吾以夕殁亦所甘心汝何疑焉叔毗拜受母言愈更感勵後遂白日手刃策於京城斷首刳腹解其肢體然後面縛請就戮焉太祖嘉其志氣特命赦之尋拜都督輔國將軍中散大夫遭母憂哀毀骨立殆不勝喪服闋晉公護辟爲中外府樂曹參軍加授大都督還使持節車騎大將軍儀同三司行義歸郡守自君錫及宗室等爲曹策所害猶殯梁州至是表請迎喪歸葬高祖許之葬事所須詔令官給在梁舊田宅經外配者並追還之仍賜田二百頃尋除陝州刺史天和二年從衞國公直南討軍敗爲陳人所擒陳人將降之叔毗辭色不撓遂被害子廉卿

荆可河東猗氏人也性質朴容止有異於人能苦身勤力供養其母隨時甘旨終無匱乏及母喪水漿不入口三日悲號擗踊絶而復蘇者數四葬母之後遂廬於墓側晝夜悲哭負土成墳蓬髮不櫛沐菜食飲水而已然可家舊墓塋域極大榛蕪至深去家十餘里而可獨宿其中與禽獸雜處哀感遠近邑里稱之

大統中鄉人以可孝行之至足以勸勵風俗乃上言焉太祖令州縣表異之及服終之後猶若居喪大冢宰晉公護聞可孝行特引見焉與可言論時有會於護意而護亦至孝其母閻氏沒於敵境不測存亡每見可自傷久乖膝下重可至性及可卒之後護猶思其純孝收可妻子於京城恆給其衣食

秦族上郡洛川人也祖白父雚並有至性聞於閭里魏太和中板白頳州刺史大統中板雚鄜城郡守族性至孝事親竭力爲鄉里所稱及其父喪哀毀過禮每一痛哭酸感行路旣以母在恆抑割哀情以慰其母意四時珍羞未嘗匱乏與弟榮先復相友愛閨門之中怡怡如也尋而其母又沒哭泣無時唯飲水食菜而已終喪之後猶蔬食不入房室二十許年鄉里咸歎異之其邑人王元達等七十餘人上其狀有詔表其門閭榮先亦至孝遭母喪哀慕不已遂以毀卒邑里化其孝行世宗嘉之乃下詔曰孝爲政本德乃化先旣表天經又明地義榮先居喪致疾至感過人窮號不反迄乎滅性行標當世理鏡幽明此而不顯道將何述可贈滄洲刺史以旌厥異

皇甫遐字永覽河東汾陰人也累世寒微而鄉里稱其和睦遐性純至少喪父事母以孝聞保定末又遭母喪乃廬於墓側負土爲墳後於墓南作一禪窟陰雨則穿窟晴霽則營墓曉夕勤力未嘗暫停積以歲年墳高數丈周回五十餘步禪窟重臺兩匝總成十有二室中間行道可容百人遐食粥枕凷櫛風沐雨形容枯顇家人不識當其營墓之初乃有鴟烏各一徘徊悲鳴不離墓側若助遐者經月餘日乃去遠近聞其至孝競以米麵遺之遐皆受而不食悉以營佛齋焉郡縣表上其狀有詔旌異之

張元字孝始河北芮城人也祖成假平陽郡守父延儁仕州郡累爲功曹主簿並以純至爲鄉里所推元性謙謹有孝行微涉經史然精修釋典年六歲其祖以夏中熱甚欲將元就井浴元固不肯從祖謂其貪戲乃以杖擊其頭曰汝何爲不肯洗浴元對曰衣以蓋形爲覆其褻元不能褻露其體於白日之下祖異而捨之南隣有二杏樹杏熟多落元園中諸小兒競取而食之元所得者送還其主村陌有狗子爲人所棄者元見卽收而養之其叔父怒曰何用此爲將欲

更棄之元對曰有生之類莫不重其性命若天生天殺自然之理今爲人所棄
而死非其道也若見而不收養無仁心也是以收而養之叔父感其言遂許焉
未幾乃有狗母銜一死兔置元前而去及元年十六其祖喪明三年元恆憂泣
晝夜讀佛經禮拜以祈福祐後讀藥師經見盲者得視之言遂請七僧然七燈
七日七夜轉藥師經行道每言天人師乎元爲孫不孝使祖喪明今以燈光普
施法界願祖目見明元求代闇如此經七日其夜夢見一老公以金鎞治其祖
目謂元曰勿憂悲也三日之後汝祖目必差元於夢中喜躍遂卽驚覺乃遍告
家人居三日祖果目明其後祖臥疾再周元恆隨祖所食多少衣冠不解旦夕
扶侍及祖歿號踴絕而復蘇復喪其父水漿不入口三日鄉里咸歎異之縣博
士楊軌等二百餘人上其狀有詔表其門閭

史臣曰李棠柳檜並臨危不撓視死如歸其壯志貞情可與青松白玉比質也
然檜恩隆加等棠禮闕飾終有周之政於是乎偏矣雄亮銜戴天之痛叔毗切
同氣之悲援白刃而不顧雪家冤於輦轂觀其志節處死固爲易也荆可秦族

之徒生自隴畝曾無師資之訓因心而成孝友秉理而蹈禮節如使舉世若茲
則羲農何遠之有若乃誠感天地孝通神明見之於張元矣

周書卷四十六

周書卷四十七

唐 令狐德棻等撰

列傳第三十九

藝術

冀儁 蔣昇 姚僧垣子最 黎景熙 趙文深

褚該强練 衞元嵩

太祖受命之始屬天下分崩于時戎馬交馳而學術之士蓋寡故曲藝末技咸見引納至若冀儁蔣昇趙文深之徒雖才愧昔人而名著當世及剋定鄢郢俊異畢集樂茂雅蕭吉以陰陽顯庾季才以天官稱史元華相術擅奇許奭姚僧垣方藥特妙斯皆一時之美也茂雅元華許奭史失其傳季才蕭吉官成於隋自餘紀於此篇以備遺闕云爾

冀儁字僧儁太原陽邑人也性沉謹善隸書特工模寫魏太昌初爲賀拔岳墨曹參軍及岳被害太祖引爲記室時侯莫陳悅阻兵隴右太祖志在平之乃令

儁僞爲魏帝勅書與費也頭令將兵助太祖討悅儁依舊勅模寫及代舍人主書等署與真無異太祖大悅費也頭已曾得魏帝勅書及見此勅不以爲疑遂遣步騎一千受太祖節度大統初除丞相府城局參軍封長安縣男邑二百戶從復弘農戰沙苑進爵爲子出爲華州中正十三年還襄樂郡守尋徵教世宗及宋獻公等隸書時俗入書學者亦行束修之禮謂之謝章儁以書字所興起自蒼頡若同常俗未爲合禮遂啓太祖釋奠蒼頡及先聖先師除黃門侍郎本州大中正累遷撫軍將軍右金紫光祿大夫都督通直散騎常侍車騎大將軍儀同三司世宗二年以本官爲大使巡歷州郡察風俗理寃滯還拜小御正尋出爲湖州刺史性退靜每以清約自處前後所歷頗有聲稱尋加驃騎大將軍開府儀同三司改封昌樂縣伯又進爵爲侯增邑幷前一千六百戶後以疾卒

蔣昇字鳳起楚國平河人也父儁魏南平王府從事中郎趙興郡守昇性恬靜少好天文玄象之學太祖雅信待之常侍左右以備顧問大統二年東魏將竇泰入寇濟自風陵頓軍潼關太祖出師馬牧澤時西南有黃紫氣抱日從未至

西太祖謂昇曰此何祥也昇曰西南未地主土土王四季秦之分也今大軍既
出喜氣下臨必有大慶於是進軍與竇泰戰擒之自後遂降河東剋弘農破沙
苑由此愈被親禮九年高仲密以北豫州來附太祖欲遣兵援之又以問昇昇
對曰春王在東熒惑又在井鬼之分行軍非便太祖不從軍遂東行至邙山不
利而還太師賀拔勝怒白太祖曰蔣昇罪合萬死太祖曰蔣昇固諫云出師不
利此敗也孤自取之非昇過也魏恭帝元年以前後功授車騎大將軍儀同三
司封高城縣子邑五百戶保定二年增邑三百戶除河東郡守尋入爲太史中
大夫以老請致仕詔許之加定州刺史卒於家
姚僧垣字法衞吳興武康人吳太常信之八世孫也曾祖郢宋員外散騎常侍
五城侯父菩提梁高平令嘗嬰疾歷年乃留心醫藥梁武帝性又好之每召菩
提討論方術言多會意由是頗禮之僧垣幼通洽居喪盡禮年二十四卽傳家
業梁武帝召入禁中面加討試僧垣酬對無滯梁武帝甚奇之大通六年解褐
臨川嗣王國左常侍大同五年除驃騎廬陵王府田曹參軍九年還領殿中醫

師時武陵王所生葛修華宿患積時方術莫効梁武帝乃令僧垣視之還具說其狀并記增損時候梁武帝歎曰卿用意綿密乃至於此以此候疾何疾可逃朕常以前代名人多好此術是以每恆留情頗識治體今聞卿說益開人意十一年轉領太醫正加文德主帥直閤將軍梁武帝嘗因發熱欲服大黃僧垣曰大黃乃是快藥然至尊年高不宜輕用帝弗從遂至危篤梁簡文帝在東宮甚禮之四時伏臘每有賞賜太清元年轉鎮西湘東王府中記室參軍僧垣少好文史不留意於章句時商略今古則爲學者所稱及侯景圍建業僧垣乃棄妻子赴難梁武帝嘉之授戎昭將軍湘東王府記室參軍及宮城陷百官逃散僧垣假道歸至吳興謁郡守張嶸嶸見僧垣流涕曰吾過荷朝恩今報之以死君是此邦大族又朝廷舊臣今日得君吾事辦矣俄而景兵大至攻戰累日郡城遂陷僧垣竄避久之乃被拘執景將侯子鑒素聞其名深相器遇因此獲免及梁簡文嗣位僧垣還建業以本官兼中書舍人子鑒尋鎮廣陵僧垣又隨至江北梁元帝平侯景召僧垣赴荊州改授晉安王府諮議其時雖剋平大亂而任

用非才朝政混淆無復綱紀僧垣每深憂之謂故人曰吾觀此形勢禍敗不久今時上策莫若近關聞者皆掩口竊笑梁元帝嘗有心腹疾乃召諸醫議治療之方咸謂至尊至貴不可輕脫宜用平藥可漸宣通僧垣曰脈洪而實此有宿食非用大黃必無差理梁元帝從之進湯訖果下宿食因而疾愈梁元帝大喜時初鑄錢一當十乃賜錢十萬實百萬也及大軍剋荊州僧垣猶侍梁元帝不離左右爲軍人所止方泣涕而去尋而中山公護使人求僧垣僧垣至其營復爲燕公于謹所召大相禮接太祖又遣使馳驛徵僧垣謹故留不遣謂使人曰吾年時衰暮疹疾嬰沉今得此人望與之偕老太祖以謹勳德隆重乃止焉明年隨謹至長安武成元年授小畿伯下大夫金州刺史伊婁穆以疾還京請僧垣省疾乃云自腰至臍似有三縛兩脚緩縱不復自持僧垣爲診脈處湯三劑穆初服一劑上縛卽解次服一劑中縛復解又服一劑三縛悉除而兩脚疼痹猶自攣弱更爲合散一劑稍得屈申僧垣曰終待霜降此患當愈及至九月遂能起行大將軍襄樂公賀蘭隆先有氣疾加以水腫喘息奔急坐臥不安或有

勸其服決命大散者其家疑未能決乃問僧垣僧垣曰意謂此患不與大散相當若欲自服不煩賜問因而委去其子殷勤拜請曰多時抑屈今日始來竟不可治意實未盡僧垣知其可差卽爲處方勸使急服便卽氣通更服一劑諸患悉愈天和元年加授車騎大將軍儀同三司大將軍樂平公竇集暴感風疾精神瞀亂無所覺知諸醫先視者皆云已不可救僧垣後至曰困則困矣終當不死若專以見付相爲治之其家忻然請受方術僧垣爲合湯散所患卽瘳大將軍永世公叱伏列椿苦利積時而不廢朝謁燕公謹嘗問僧垣曰樂平永世俱有痼疾若如僕意永世差輕對曰夫患有深淺時有剋殺樂平雖困終當保全永世雖輕必不免死謹曰君言必死當在何時對曰不出四月果如其言謹歎異之六年遷遂伯中大夫建德三年文宣太后寢疾醫巫雜說各有異同高祖御內殿引僧垣同坐曰太后患勢不輕諸醫並云無慮朕人子之情可以意得君臣之義言在無隱公爲何如對曰臣無聽聲視色之妙特以經事已多準之常人竊以憂懼帝泣曰公旣決之矣知復何言尋而太后崩其後復因召見帝

珍倣宋版印

問僧垣曰姚公爲儀同幾年對曰臣忝荷朝恩於兹九載帝曰勤勞有日朝命宜隆乃授驃騎大將軍開府儀同三司又勅曰公年過縣車可停朝謁若非別勅不勞入見四年高祖親戎東討至河陰遇疾口不能言瞼垂覆目不復瞻視一足短縮又不得行僧垣以爲諸藏俱病不可並治軍中之要莫先於語乃處方進藥帝遂得言次又治目目疾便愈末乃治足足疾亦瘳比至華州帝已痊復即除華州刺史仍詔隨入京不令在鎮宣政元年表請致仕優詔許之是歲高祖行幸雲陽遂寢疾乃詔僧垣赴行在所內史柳昇私問曰至尊貶膳日久脈候何如對曰天子上應天心或當非愚所及若凡庶如此萬無一全尋而帝崩宣帝初在東宮常苦心痛乃令僧垣治之其疾即愈帝甚悅及即位恩禮彌隆常從容謂僧垣曰常聞先帝呼公爲姚公有之乎對曰臣曲荷殊私實如聖旨帝曰此是尙齒之辭非爲貴爵之號朕當爲公建國開家爲子孫永業乃封長壽縣公邑一千戶冊命之日又賜以金帶及衣服等大象二年除太醫下大夫帝尋有疾至于大漸僧垣宿直侍帝謂隋公曰今日性命唯委此人僧垣知

帝診候危殆必不全濟乃對曰臣荷恩既重思在効力但恐庸短不逮敢不盡心帝頷之及靜帝嗣位還上開府儀同大將軍隋開皇初進爵北絳郡公三年卒時年八十五遺誡衣白帢入棺朝服勿斂靈上唯置香奩每日設清水而已贈本官加荊湖三州刺史僧垣醫術高妙爲當世所推前後効驗不可勝記聲譽既盛遠聞邊服至於諸蕃外域咸請託之僧垣乃搜採奇異參校徵効者爲集驗方十二卷又撰行記三卷行於世長子察在江南

次子最字士會幼而聰敏及長博通經史尤好著述年十九隨僧垣入關世宗盛聚學徒校書於麟趾殿最亦預爲學士俄授齊王憲府水曹參軍掌記室事特爲憲所禮接賞賜隆厚宣帝嗣位憲以嫌疑被誅隋文帝作相追復官爵最以陪遊積歲恩顧過隆乃錄憲功績爲傳送上史局最幼在江左迄于入關未習醫術天和中齊王憲奏高祖遣最習之憲又謂最曰爾博學高才何如王褒庾信王庾名重兩國吾視之蔑如接待資給非爾家比也爾宜深識此意勿不存心且天子有敕須彌勉勵最於是始受家業十許年中略盡其妙每有人造

請效驗甚多隋文帝踐極除太子門大夫以父憂去官哀毀骨立既免喪襲爵
北絳郡公復爲太子門大夫俄轉蜀王秀友秀鎮益州遷秀府司馬及平陳察
至最自以非嫡讓封於察隋文帝許之秀後陰有異謀隋文帝令公卿窮治其
事開府慶整郝偉等並推過於秀最獨曰凡有不法皆最所爲王實不知也搒
訊數百卒無異辭最竟坐誅時年六十七論者義之撰梁後略十卷行於世
黎景熙字季明河閒鄚人也少以字行於世曾祖嶷魏太武時從破平涼有功
賜爵容城縣男加鷹揚將軍後爲燕郡守祖鎮襲爵爲員外散騎侍郎父瓊太
和中襲爵歷員外郎魏縣令後至鄘城郡守季明少好讀書性強記默識而無
應對之能其從祖廣太武時爲尚書郎善古學嘗從吏部尚書清河崔玄伯受
字義又從司徒崔浩學楷篆自是家傳其法季明亦傳習之頗與許氏有異又
好占玄象頗知術數而落魄不事生業有書千餘卷雖窮居獨處不以飢寒易
操與范陽盧道源爲莫逆之友永安中道源勸令入仕始爲威烈將軍魏孝武
初遷鎮遠將軍尋除步兵校尉及孝武西遷季明乃寓居伊洛侯景徇地河外

召季明從軍尋授銀青光祿大夫加中軍將軍拜行臺郎中除黎陽郡守季明從至懸瓠察景終不足恃遂去之客於潁川以世路未清欲優遊卒歲時王思政鎮潁川累使召季明不得已出與相見留於內館月餘太祖又徵之遂入關乃令季明正定古今文字於東閣大統末除安西將軍尋拜著作佐郎於時倫輩皆位兼常伯車服華盛唯季明獨以貧素居之而無愧色又勤於所職著述不怠然性尤專固不合於時是以一爲史官遂十年不調魏恭帝元年進號平南將軍右銀青光祿大夫六官建爲外史上士孝閔帝踐阼加征南將軍右金紫光祿大夫時大司馬賀蘭祥討吐谷渾詔季明從軍還除驃騎將軍右光祿大夫武成末遷外史下大夫保定三年盛營宮室春夏大旱詔公卿百寮極言得失季明上書曰臣聞成湯遭旱以六事自陳宣王太甚而珪璧斯竭豈非遠慮元元俯哀兆庶方今農要之月時雨猶愆率土之心有懷渴仰陛下垂情萬類子愛羣生覲禮百神猶未豐洽者豈或作事不節有違時令舉措失中儻邀斯旱春秋君舉必書動爲典禮水旱陰陽莫不應行而至孔子曰言行君子之

所以動天地可不愼乎春秋莊公三十一年冬不雨五行傳以爲是歲一年而
三築臺奢侈不恤民也僖公二十一年夏大旱五行傳以爲時作南門勞民興
役漢惠帝二年夏大旱五年夏大旱江河水少谿澗水絶五行傳以爲先是發
民十四萬六千人城長安漢武帝元狩三年夏大旱五行傳以爲是歲發天下
故吏穿昆明池然則土木之功動民興役天輒應之以異典籍作誡儻或可思
上天譴告改之則善今若息民省役以答天譴庶靈澤時降嘉穀有成則年登
可覬子來非晚詩云民亦勞止迄可小康惠此中國以綏四方或恐極陽生陰
秋多雨水年復不登民將無覬如又薦飢爲慮更甚時豪富之家競爲奢麗季
明又上書曰臣聞寬大所以兼覆慈愛可以懷衆故天地稱其高厚者萬物得
其容養焉四時著其寒暑者庶類資其忠信焉是以帝王者寬大象天地忠信
則四時招搖東指天下識其春人君布德率土懷其惠伏惟陛下資乾御寓品
物咸亨時乘六龍自強不息好問受規天下幸甚自古至治之君亦皆廣延博
訪詢採蒭蕘置鼓樹木以求其過頃年亢旱踰時人懷望歲陛下爰發明詔廣

求人瘼同禹湯之罪己高宋景之守正澍雨應時年穀斯稔剋己節用慕質惡華此則尙矣然而朱紫仍耀於衢路綺縠猶侈於豪家裋褐未充於細民糟糠未厭於編戶此則勸導之理有所未周故也今雖導之以政齊之以刑風俗固難以一矣昔文帝集上書之囊以作帷帳惜十家之產不造露臺後宮所幸衣不曳地方之今日富室之飾曾不如婢隸之服然而以身率下國富刑淸廟稱太宗良有以也臣聞聖人久於其道而天下化成今承魏氏喪亂之後貞信未興宜先遵五美屏四惡革浮華之俗抑流競之風察鴻都之小藝焚雉頭之異服無益之貨勿重於時虧德之器勿陳於側則民知德矣臣又聞之爲治之要在於選舉若差之毫氂則有千里之失後來居上則致積薪之譏是以古之善爲治者貫魚以次任必以能爵人於朝不以私愛簡材以授其官量能以任其用官得其材用當其器六轡旣調坐致千里虞舜選衆不仁者遠則庶事康哉民知其化矣帝覽而嘉之時外史廨宇屢移未有定所李明又上言曰外史之職漢之東觀儀等石渠司同天祿是乃廣內祕府藏言之奧帝王所寶此焉攸

在自魏及周公館不立臣雖愚瞽猶知其非是以去年十一月中敢冒陳奏將降中旨卽遣修營荏苒一周未加功力臣職思其憂敢不重請帝納焉於是廨宇方立天和三年進車騎大將軍儀同三司後以疾卒

趙文深字德本南陽宛人也父遐以醫術進仕魏爲尚藥典御文深少學楷隸年十一獻書於魏帝立義歸朝除大丞相府法曹參軍文深雅有鍾王之則筆勢可觀當時碑牓唯文深及冀儁而已大統十年追論立義功封白石縣男邑二百戶太祖以隸書紕繆命文深與黎季明沈遐等依說文及字林刊定六體成一萬餘言行於世及平江陵之後王褒入關貴遊等翕然並學褒書文深之書遂被遐棄文深慚恨形於言色後知好尚難反亦攻習褒書然竟無所成轉被譏議謂之學步邯鄲焉至於碑牓餘人猶莫之逮王褒亦每推先之宮殿樓閣皆其迹也遷縣伯下大夫加儀同三司世宗令至江陵書景福寺碑漢南人士亦以爲工梁主蕭詧觀而美之賞遺甚厚天和元年露寢等初成文深以題牓之功增邑二百戶除趙興郡守文深雖外任每須題牓輒復追之後以疾卒

褚該字孝通河南陽翟人也晉末遷居江左祖長樂齊竟陵王錄事參軍父義昌梁鄱陽王中記室該幼而謹厚有譽鄉曲尤善醫術見稱於時仕梁歷武陵王府參軍隨府西上後與蕭撝同歸國授平東將軍左銀青光祿大夫轉驃騎將軍右光祿大夫武成元年除醫正上士自許奭死後該稍爲時人所重賓客迎候亞於姚僧垣天和初遷縣伯下大夫五年進授車騎大將軍儀同三司該性淹和不自矜尚但有請之者皆爲盡其藝術時論稱其長者焉後以疾卒子士則亦傳其家業時有強練不知何許人亦不知其名字魏時有李順興者語默不恆好言未然之事當時號爲李練世人以強類練故亦呼爲練焉容貌長壯有異於人神精憞悅莫之能測意欲有所論說逢人輒言若值其不欲言縱苦加祈請亦不相酬答初聞其言略不可解事過之後往往有驗恆寄住諸佛寺好遊行民家兼歷造王公邸第所至之處人皆敬而信之晉公護未誅之前曾手持一大瓠到護第門外抵而破之乃大言曰瓠破子苦時柱國平高公侯伏侯龍恩早依隨護深被任委強練至龍恩宅呼其妻元氏及其妾媵并婢僕

等並令連席而坐諸人以逼夫人苦辭不肯強練曰汝等一例人耳何有貴賤遂逼就坐未幾而護誅諸子並死龍恩亦伏法仍籍沒其家建德中每夜上街衢邊樹大哭釋迦牟尼佛或至申旦如此者累日聲甚哀怜俄而廢佛道二教大象末又以一無底囊歷長安市肆告乞市人爭以米麥遺之強練張囊投之隨即漏之於地人或問之曰汝何爲也強練曰此亦無餘但欲使諸人見盛空耳至隋開皇初果移都於龍首山長安城遂空廢後亦莫知其所終又有蜀郡衛元嵩者亦好言將來之事蓋江左寶誌之流天和中著詩預論周隋廢興及皇家受命並有徵驗性尤不信釋教嘗上疏極論之史失其事故不爲傳

史臣曰仁義之於教大矣術藝之於用博矣徇於是者不能無非厚於利者必有其害詩書禮樂所失也淺故先王重其德方術技巧所失也深故往哲輕其藝夫能通方術而不詭於俗習技巧而必蹈於禮者豈非大雅君子乎姚僧垣診候精審名冠於一代其所全濟固亦多焉而弘茲義方皆爲令器故能享眉壽縻好爵老聃云天道無親常與善人於是信矣

周書卷四十七

周書卷四十八

唐 令狐德棻等撰

列傳第四十

蕭詧 子巋 巋子琮 詧長子嶚 第五子巖 第六子岌 第八子岑 巋第三子瓛 蔡大寶 大寶弟大業 王操 魏益德

尹正 薛暉 許孝敬 甄玄成 劉盈 岑善方 傅准

宗如周 蕭欣 柳洋 徐岳 王旋 范迪 沈君游

袁敞

蕭詧字理孫蘭陵人也梁武帝之孫昭明太子統之第三子幼而好學善屬文尤長佛義特爲梁武帝所嘉賞梁普通六年封曲江縣公中大通三年進封岳陽郡王歷官宣惠將軍知石頭戍事琅邪彭城二郡太守東揚州刺史初昭明卒梁武帝舍詧兄弟而立簡文內常愧之寵亞諸子以會稽人物殷阜一都之會故有此授以慰其心詧既以其昆弟不得爲嗣常懷不平又以梁武帝衰老朝多秕政有敗亡之漸遂蓄聚貨財交通賓客招募輕俠折節下之其勇敢者多歸附左右遂至數千人皆厚加資給中大同元年除持節都督雍梁東益南

北秦五州郢州之竟陵司州之隨郡諸軍事西中郎將領寧蠻校尉雍州刺史督以襄陽形勝之地又是梁武創基之所時平足以樹根本世亂可以圖霸功遂克己勵節樹恩於百姓務修刑政志存綏養乃下教曰昔之善爲政者不獨師所見藉聽衆賢則所聞自遠資鑒外物故在矚致明是以龐參卹民蓋訪言於高逸馬援居政每責成於掾史王沉爰加厚賞呂虔功有所由故能顯美政於當年流芳塵於後代吾以陋識來牧盛藩每慮德不被民政道或紊中宵拊枕對案忘饑思納良謨以匡弗逮雍州部內有不便於民不利於政長吏貪殘戍將愞弱關市恣其裒刻豪猾多所苞藏並密以名聞當加釐正若刺史治道之要弛張未允循酷乖理任用違才或愛狎邪佞或斥廢忠謇彌思啓告用袪未悟鹽梅舟檝允屬良規苦口惡石想勿余隱并廣示鄉閭知其款意於是境內稱治太清二年梁武帝以督兄河東王譽爲湘州刺史徙湘州刺史張纘爲雍州以代督纘恃其才望志氣矜驕輕譽少年州府迎候有闕譽深銜之及至鎭遂託疾不與纘相見後聞侯景作亂頗凌蹙纘纘懼爲所擒乃輕舟夜遁將

一珍倣宋版印

之雍部復慮詧拒之梁元帝時鎮江陵與纘有舊纘將因之以斃詧兄弟會梁元帝與譽及信州刺史桂陽王慥各率所領入援金陵慥下峽至江津譽次江口梁元帝居郢州之武成屬侯景已請和梁武帝詔罷援軍譽自江口將旋湘鎮慥欲待梁元帝至謁督府方還州纘時在江陵乃貽梁元帝書曰河東載檣上水欲襲江陵岳陽在雍共謀不逞江陵遊軍主朱榮又遣使報云桂陽住此欲應譽詧梁元帝信之乃鑿船沉米斬纜而歸至江陵收慥殺之令其子方等王僧辯等相繼攻譽於湘州譽又告急於詧詧聞之大怒初梁元帝將援建業令所督諸州並發兵下赴國難詧遣府司馬劉方貴領兵為前軍出漢口及將發元帝又使諮議參軍劉瑴喻詧令自行詧辭頗不順元帝又怒而方貴先與詧不協潛與元帝相知剋期襲詧未及發會詧以他事召方貴方貴疑謀泄遂據樊城拒命詧遣使魏益德杜岸等眾軍攻之方貴窘急令其子還超乞師於江陵元帝乃厚資遣纘若將述職而密援方貴纘次大隄樊城已陷詧擒方貴兄弟及黨與並斬之纘因進至州詧遷延不受代乃以西城居之待之以禮軍

民之政猶歸於詧詧以搆其兄弟事始於纘將密圖之纘懼請元帝召之元帝乃徵纘於詧詧留不遣杜岸兄弟紿纘曰民觀岳陽殿下勢不仰容不如且往西山以避此禍使君既得物情遠近必當歸集以此義舉事無不濟纘深以爲然因與岸等結盟誓纘又要雍州人席引等於西山聚衆纘乃服婦人衣乘青布轝與親信十餘人出奔引等與杜岸馳告詧詧令中兵參軍尹正共岸等率兵追討並擒之纘懼不免因請爲沙門詧時以譽危急乃留諮議參軍蔡大寶守襄陽率衆二萬騎千匹伐江陵以救之于時江陵立柵周遶郭邑而北面未就詧因攻之元帝大懼乃遣參軍庾奐謂詧曰正德肆亂天下崩離汝復效尤將欲何謂吾蒙先帝愛顧以汝兄弟見屬今以姪伐叔逆順安在詧謂奐曰家兄無罪累被攻圍同氣之情豈可坐觀成敗七父若顧先恩豈應若是如能退兵湘水吾便旋斾襄陽詧既攻柵不剋退而築城又盡銳攻之會大雨暴至平地水四尺詧軍中霑漬衆頗離心其將杜岸岸弟幼安及其兄子龕懼詧不振以其屬降於江陵詧衆大駭其夜遁歸襄陽器械輜重多沒於湕水初詧因張

纘於軍至是先殺纘而後退焉杜岸之降也請以五百騎襲襄陽去城三十里城中覺之蔡大寶乃輔詧母保林龔氏登陴閉門拒戰會詧夜至龔氏不知其敗謂爲賊也至曉見詧乃納之岸等以詧至遂奔其兄巘於廣平詧遣將尹正薛暉等攻拔之獲巘岸等并其母妻子女並於襄陽北門殺之盡誅諸杜宗族親者其幼稚疎屬下蠶室又發掘其墳墓燒其骸骨灰而揚之詧既與江陵搆隙恐不能自固大統十五年乃遣使稱藩請爲附庸太祖令丞相府東閤祭酒榮權使焉詧大悅是歲梁元帝令柳仲禮率衆進圖襄陽詧懼乃遣其妻王氏及世子嶚爲質以請救太祖又令榮權報命仍遣開府楊忠率兵援之十六年楊忠擒仲禮平漢東詧乃獲安時朝議欲令詧發喪嗣位詧以未有璽命辭不敢當榮權時在詧所乃馳還具言其狀太祖遂令假散騎常侍鄭穆及榮權持節策命詧爲梁王詧乃於襄陽置百官承制封拜十七年詧留蔡大寶居守乃自襄陽來朝太祖謂詧曰王之來此頗由榮權王欲見之乎詧曰幸甚太祖乃召權與詧相見仍謂之曰榮權吉士也寡人與之從事未嘗見其失信詧曰榮

常侍通二國之言無私故詧今者得歸誠魏闕耳魏恭帝元年太祖令柱國于
謹伐江陵詧以兵會之及江陵平太祖立詧爲梁主居江陵東城資以江陵一
州之地其襄陽所統盡歸於我詧乃稱皇帝於其國年號大定追尊其父統爲
昭明皇帝廟號高宗統妃蔡氏爲昭德皇后又尊其所生母龔氏爲皇太后立
妻王氏爲皇后子巋爲皇太子其慶賞刑威官方制度並同王者唯上疏則稱
臣奉朝廷正朔至於爵命其下亦依梁氏之舊其戎章勳級則又兼用柱國等
官又追贈叔父邵陵王綸太宰謚曰壯武贈兄河東王譽丞相謚曰武桓太祖
乃置江陵防主統兵居於西城名曰助防外示助詧備禦內實兼防詧也初江
陵滅梁元帝將王琳據湘州志圖匡復及詧立琳乃遣其將潘純陁侯方兒來
寇詧出師禦之純陁等退歸夏口詧之四年詧遣其大將軍王操率兵略取王
琳之長沙武陵南平等郡五年王琳又遣其將雷又柔襲陷監利郡太守蔡大
有死之尋而琳與陳人相持稱藩乞師於詧詧許之師未出而琳軍敗附於齊
是歲其太子巋來朝京師詧之六年夏震其前殿崩壓殺二百餘人初江陵平

詧將尹德毅說詧曰臣聞人主之行與匹夫不同匹夫者飾小行競小廉以取名譽人主者定天下安社稷以成大功今魏虜貪惏罔顧弔民伐罪之義必欲肆其殘忍多所誅夷俘囚士庶並爲軍實然此等戚屬咸在江東念其充餌豺狼見拘異域痛心疾首何日能忘殿下方清宇宙紹茲鴻緒悠悠之人不可門到戶說其塗炭至此咸謂殿下爲之殿下既殺人父兄孤人子弟人盡讎也誰與爲國但魏之精銳盡萃於此犒師之禮非無故事若殿下爲設享會因請于謹等爲歡彼無我虞當相率而至預伏武士因而斃之分命果毅掩其營壘斬馘逋醜俾無遺噍江陵百姓撫而安之文武官寮隨卽詮授既荷更生之惠孰不忻戴聖明魏人懾息未敢送死王僧辯之徒折簡可致然後朝服濟江入踐皇極纘堯復禹萬世一時晷刻之間大功可立古人云天與不取反受其咎時至不行反受其殃願殿下恢弘遠略勿懷匹夫之行詧不從謂德毅曰卿之此策非不善也然魏人待我甚厚未可背德若遽爲卿計則鄧祈侯所謂人將不食吾餘也既而闔城長幼被虜入關又失襄陽之地詧乃追悔曰恨不用尹德

毅之言以至於是又見邑居殘毀干戈日用恥其威略不振常懷憂憤乃著愍
時賦以見意其詞曰嗟余命之舛薄實賦運之逢屯旣殷憂而彌歲復坎壈以
相隣晝營營而至晚夜耿耿而通晨望否極而云泰何杳杳而無津悲晉璽之
遷趙痛漢鼎之移新無田范之明略愧夷齊之得仁遂胡顏而苟免謂小屈而
或申豈妖沴之無已何國步之長淪恨少生而輕弱本無志於爪牙謝兩章之
雄勇悪二東之英華豈三石於杜鄠異五馬於琅邪直受性而好善類蓬生之
在麻冀無咎而霑慶將保靜而蠲邪何昊穹之弗惠值上帝之紆奢神州鞠爲
茂草赤縣遶於長蛇徒仰天而太息空撫衿而咨嗟惟古人之有懷尚或感於
知己況託萼於霄極寵渥流於無已或小善而必褒時片言而見美昔待罪於
禹川歷三考而無紀獲免戾於明時遂超隆於宗子始解印於稽山卽驅傳於
湘水彼南陽之舊國實天漢之嘉祉旣川岳之形勝復龍躍之基趾此首賞之
謬及謂維城之足恃值諸侯之攜貳遂留滯於樊川等勾踐之絶望同重耳之
終焉望南枝而灑泣或東顧而潺湲歸歟之情何極首丘之思邈然忽值魏師

入討于彼南荆旣車徒之赩赫遂一鼓而陵城同窮生之舍許等小白之全邢伊社稷之不泯實有感於恩靈矧吾人之固陋迥飄薄於流萍忽沉滯於茲土復朞月而無成昔方千而畿甸今七里而磐縈寡田邑而可賦闕丘井而求兵無河內之資待同滎陽之未平夜騷騷而擊柝晝孑孑而揚旌烽淩雲而迥照馬伏櫪而悲鳴旣有懷於斯日亦焉得而云寧彼雲夢之舊都乃標奇於昔者驗往記而瞻今何名高而實寡寂寥井邑荒涼原野徒揄揚於宋玉空稱嗟於司馬南方卑而歎屈長沙濕而悲賈余家國之一匡庶與周而祀夏忽縈憂而北屈豈年華之天假加以狗盜鼠竊蜂蠆狐狸羣圉隸而爲寇聚臧獲而成師窺覦津渚跋扈江湄屢征肇於殷歲頻戰起於軒時有扈與於夏典採芑著於周詩方叔振於蠻貊伯禽捷於淮夷在逋穢其能幾會斬馘而搴旗彼積惡之必稔豈天靈之我欺交川路之云擁理悁悵而未怡詧在位八載年四十四保定二年二月薨其羣臣等葬之於平陵諡曰宣皇帝廟號中宗詧少有大志不拘小節雖多猜忌而知人善任使撫將士有恩能得其死力性不飲酒安於儉

素事其母以孝聞又不好聲色尤惡見婦人雖相去數步遥聞其臭經御婦人之衣不復更着又惡見人髮白事者必方便以避之其在東揚州頗放誕省覽簿領好爲戲論之言以此獲譏於世篤好文義所著文集十五卷内典華嚴般若法華金光明義疏四十六卷並行於世詧疆土既狹居常怏怏每誦老馬伏櫪志在千里烈士暮年壯心不已未嘗不盱衡扼腕歎吒者久之遂以憂憤發背而殂高祖又命其太子巋嗣位年號天保

巋字仁遠詧之第三子也機辯有文學善於撫御能得其下歡心嗣位之元年尊其祖母龔太后曰太皇太后嫡母王皇后曰皇太后所生曹貴嬪曰皇太妃其年五月其太皇太后薨謚曰元太后九月其太妃又薨謚曰孝皇太妃二年皇太后薨謚曰宣静皇后五年陳湘州刺史華皎巴州刺史戴僧朔並來附皎送其子玄響爲質於巋仍請兵伐陳巋上言其狀高祖詔衛公直督荊州總管權景宣大將軍元定等赴之巋亦遣其柱國王操率水軍二萬會皎於巴陵既而與陳將吳明徹等戰於沌口直軍不利元定遂没巋大將軍李廣等亦爲陳

人所虜長沙巴陵並陷於陳衞公直乃歸罪於巋之柱國殷亮巋雖以退敗不獨在亮然不敢違命遂誅之吳明徹乘勝攻剋巋河東郡獲其守將許孝敬明年明徹進寇江陵引江水灌城巋出頓紀南以避其銳江陵副總管高琳與其尙書僕射王操拒守巋馬軍主馬武吉徹等擊明徹敗之明徹退保公安巋乃還江陵巋之八年陳又遣其司空章昭達來寇江陵總管陸騰及巋之將士擊走之昭達又寇章陵之青泥巋令其大將軍許世武赴援大爲昭達所破初華皎戴僧朔從衞公直與陳人戰敗率其麾下數百人歸於巋巋以皎爲司空封江夏郡公以僧朔爲車騎將軍封吳興縣侯巋之十年皎來朝至襄陽請衞公直曰梁主既失江南諸郡民少國貧朝廷興亡繼絕理宜資贍豈使齊桓楚莊獨擅救衞復陳之美望借數州以裨梁國直然之乃遣使言狀高祖高祖許之詔以基平鄀三州歸之於巋及高祖平齊巋朝於鄴高祖雖以禮接之然未之重也巋知之後因宴承間乃陳其父荷太祖拯救之恩幷敘二國艱虞脣齒掎角之事詞理辯暢因涕泗交流高祖亦爲之歔欷自是大加賞異禮遇日隆後

高祖復與之宴齊氏故臣吒列長乂亦預焉高祖指謂巋曰是登陴罵朕者也巋曰長乂未能輔桀飜敢吠堯高祖大笑及酒酣高祖又命琵琶自彈之仍謂巋曰當爲梁主盡歡巋乃起請舞高祖曰梁主乃能爲朕舞乎巋曰陛下既親撫五絃臣何敢不同百獸高祖大悅賜雜繒萬段良馬數十匹幷賜齊後主妓妾及常所乘五百里駿馬以遺之及隋文帝執政尉遲迥王謙司馬消難等各起兵時巋將帥皆密請與師與迥等爲連衡之勢進可以盡節於周氏退可以席卷山南巋固以爲不可俄而消難奔陳迥等相次破滅隋文帝既踐極恩禮彌厚遣使賜金三百兩銀一千兩布帛萬段馬五百匹開皇二年隋文帝備禮納巋女爲晉王妃又欲以其子瑒尙蘭陵公主由是罷江陵總管巋專制其國四年巋來朝長安隋文帝甚敬待之詔巋位在王公之上賜縑萬匹珍玩稱是及還親執其手謂之曰梁主久滯荆楚未復舊都故鄉之念良軫懷抱朕當振旅長江相送旋反耳巋在位二十三載年四十四五年五月薨其羣臣葬之於顯陵諡曰孝文皇帝廟號世宗巋孝悌慈仁有君人之量四時祭享未嘗不悲

纂流涕性尤儉約御下有方境內稱治所著文集及孝經周易義記及大小乘

幽微並行於世隋文帝又命其太子蕭琮嗣位年號廣運

琮字溫文性倜儻不羈博學有文義兼善弓馬初封東陽王尋立爲皇太子及

嗣位隋文帝徵琮叔父岑入朝因留不遣復置江陵總管以監之琮之二年隋

文帝又徵琮入朝琮率其臣下二百餘人朝於長安隋文帝仍遣武鄉公崔弘

度將兵戍江陵軍至都州琮叔父巖及弟瓛等懼弘度掩襲之遂虜居民奔於

陳隋文帝於是廢梁國曲赦江陵死罪給民復十年梁二主各給守墓十戶尋

拜琮爲柱國封莒國公自詧初即位歲在乙亥至是歲在丁未凡三十有三歲

矣詧子巋追謚孝惠太子巖封安平王岌東平王岑河間王後改封吳郡王巋

子瓛義興王瑑晉陵王璟臨海王珣南海王瑒義安王瑀新安王詧之在藩及

居帝位以蔡大寶爲股肱王操爲腹心魏益德尹正薛暉許孝敬薛宣爲爪牙

甄玄成劉盈岑善方傅准褚珪蔡大業典衆務張綰以舊齒處顯位沈重以儒

學蒙厚禮自餘多所獎拔咸盡其器能及巋纂業親賢並用將相則華皎殷亮

劉忠義宗室則蕭欣蕭翼民望則蕭確謝溫柳洋王湜徐岳外戚則王凝王誦殷璉文章則劉孝勝范迪沈君游君公柳信言政事則袁敞柳莊蔡延壽甄詡皇甫茲故能保其疆土而和其民人焉今載詧子巋等及蔡大寶以下尤著者附於左其在梁陳隋已有傳及巋諸子未任職者則不兼錄

巋字道遠詧之長子也母曰宣靜皇后幼聰敏有成人之量詧之爲梁主立爲世子尋病卒及詧稱帝追謚焉

巖字義遠詧第五子也性仁厚善於撫接歷侍中荆州刺史尙書令太尉太傅入陳授平東將軍東揚州刺史及陳亡百姓推巖爲主以禦隋師爲總管宇文述所破伏法於長安

岌詧第六子也性淳和幼而好學位至侍中中衞將軍巋之五年卒贈侍中司空謚曰孝

岑字智遠詧第八子也位至太尉性簡貴御下嚴整及琮嗣位自以望重屬尊頗有不法故隋文徵入朝拜大將軍封懷義郡公

瓛字欽文巋第三子也幼有令譽能屬文特爲巋所愛位至荆州刺史初隋師至都州梁之百寮咸恐懼計無所出唯瓛建議南奔入陳授侍中安東將軍吳州刺史及陳亡吳人推爲主以禦隋師戰而敗與巖同時伏法

蔡大寶字敬位濟陽考城人祖履齊尚書祠部郎父點梁尚書儀曹郎南兖州別駕大寶少孤而篤學不倦善屬文初以明經對策第一解褐武陵王國左常侍嘗以書干僕射徐勉大爲勉所賞異乃令與其子遊處所有墳籍盡以給之遂博覽羣書學無不綜詧初出第勉仍薦大寶爲侍讀兼掌記室尋除尚書儀曹郎出鎮會稽大寶爲記室領長流詧涖襄陽還諮議參軍及梁元帝與河東王譽結隙詧令大寶使江陵以觀之梁元帝素知大寶見之甚悅乃示所制玄覽賦令注解焉三日而畢元帝大嗟賞之贈遺甚厚大寶還白詧云湘東必有異圖禍亂將作不可下援臺城詧納之及爲梁主除中書侍郎兼吏部掌大選事領襄陽太守遷員外散騎常侍吏部郎俄轉吏部尚書軍國之事咸委決焉加授大將軍遷尚書僕射進號輔國將軍又除使持節宣惠將軍雍州刺史詧

於江陵稱帝徵爲侍中尚書令參掌選事又加雲麾將軍荊州刺史進位柱國
軍師將軍領太子少傅轉安前將軍封安豐縣侯邑一千戶從巋入朝領太子
少傅巋嗣位册授司空中書監中權大將軍領吏部尚書固讓司空許之加特
進巋之三年卒巋哭之慟自卒及葬三臨其喪贈司徒進爵爲公諡曰文凱配
食詧廟大寶性嚴整有智謀雅達政事文詞贍速詧之章表書記教令詔册並
大寶專掌之詧推心委任以爲謀主時人以詧之有大寶猶劉先主之有孔明
焉所著文集三十卷及尚書義疏並行於世有四子次子延壽有器識博涉經
籍尤善當世之務尚詧女宣成公主歷中書郎尚書右丞吏部郎御史中丞從
琮入隋授開府儀同三司祕書丞終於成州刺史大寶弟大業
大業字敬道有至行父沒居喪過禮性寬恕學涉經史有將命材屢充使詣闕
初以西中郎府參軍隨詧之鎮詧稱帝歷尚書左丞開遠將軍監利郡守散騎
常侍衞尉卿巋嗣位遷都官尚書除貞毅將軍漳川太守入爲左民尚書太常
卿巋之七年卒贈金紫光祿大夫諡曰簡有五子允恭最知名起家著作佐郎

太子舍人梁滅入陳拜尚書庫部郎陳亡入隋授起居舍人
王操字子高其先太原晉陽人也晉母龔氏之外弟也祖靈慶海鹽令父景休
臨川內史操性敦厚有籌略博涉經史在公恪勤初爲晉外兵參軍親任亞於
蔡大寶晉承制除尚書左丞及稱帝遷五兵尚書大將軍郢州刺史尋進位柱
國封新康縣侯巋嗣位授鎮右將軍尚書僕射及吳明徹爲寇巋出頓紀南操
撫循將士莫不用命明徹既退江陵獲全操之力也遷侍中中衞將軍尚書令
開府儀同三司參掌選事領荆州刺史操既位居朝右每自挹損深得當時之
譽巋之十四年卒巋舉哀於朝堂流涕謂其羣臣曰天不使吾平蕩江表何奪
吾賢相之速也及葬親祖於瓦官門贈司空進爵爲公謚曰康節有七子次子
衡最知名有才學起家祕書郎歷太子洗馬中書黃門侍郎
魏益德襄陽人也有才幹膽勇過人數從軍征討以功累遷至郡守晉莅襄陽
以益德爲其府司馬晉承制拜將軍尋加大將軍及晉稱帝進位柱國封上黃
縣侯邑千戶加車騎將軍晉之二年卒贈司空謚曰忠壯進爵爲公巋之五年

以益德配食晉廟
尹正其先天水人晉莅雍州正爲其府中兵參軍擒張纘獲杜岸皆正之力晉承制以爲將軍尋拜大將軍及稱帝除護軍將軍進位柱國封新野縣侯邑千戶晉之三年卒贈開府儀同三司謚曰剛歸之五年以正配食晉廟子德毅多權略位至大將軍後以見疑賜死
薛暉河東人也有才略身長八尺形貌甚偉嘗督禁旅爲晉爪牙當禦侮之任與尹正攻獲杜岸於南陽晉承制拜將軍尋加大將軍進位柱國除領軍將軍歸之二年卒贈開府儀同三司有六子子建子尚知名
許孝敬吳人小名洞兒勁勇過人爲晉驍將以大將軍守河東既無救援爲吳明徹所擒遂戮於建康市贈車騎大將軍子世武嗣少襲父大將軍好勇不拘行檢重賓客施與不節資產既盡鬱鬱不得志遂謀奔陳事覺伏誅又有大將軍李廣會稽人早事晉以敢勇聞沌口之役先登力戰及華皎軍敗爲吳明徹所擒將降之廣辭色不屈遂被害贈太尉追封建興縣公謚曰忠武

甄玄成字敬平中山人博達經史善屬文少爲簡文所知以錄事參軍隨詧鎮襄陽轉中記室參軍掌書記頗參政事以江陵甲兵殷盛遂懷貳心密書與梁元帝申其誠款遂有得其書者進之於詧詧深信佛法常願不殺誦法華經人玄成素誦法華經遂以此獲免詧後見之常曰甄公好得法華經力歷位中書侍郎御史中丞祠部尚書吏部尚書詧之六年卒贈侍中護軍將軍有文集二十卷子詡少沈敏嫻習政事歷中書舍人尚書右丞從琮入隋授開府儀同三司終於太府少卿

劉盈彭城人以西中郎府錄事參軍隨詧之鎮有器度勤於在公詧之軍國經謀頗得參預歷黃門郎中書監雍州刺史尚書僕射巋之七年卒贈本官第三子然于時頗知名隋鷹擊郎將

岑善方字思義南陽棘陽人漢征南大將軍彭之後也祖惠甫給事中父昶散騎侍郎善方有器局博綜經史善於辭令以刑獄參軍隨詧至襄陽詧初請內附以善方兼記室充使詣闕應對嫺敏深爲太祖所嘉自此往來凡數十反魏

恭帝二年授驃騎大將軍開府儀同三司封長寧縣公詧之承制也授中書舍人遷襄陽郡守及稱帝徵爲太府卿領中書舍人轉太府領舍人如故尋遷散騎常侍起部尚書善方性清慎有當世幹能故詧委以機密詧之七年卒贈太常卿諡曰敬所著文集十卷有七子並有操行之元之利之象最知名之元太子舍人早卒高祖錄善方充使之功追之利之象入朝授之利帥都督代王記室參軍後仕隋歷安固令郴義江三州司馬零陵郡丞之象掌式中士隋文帝相府參軍事後仕隋歷尚書虞部員外郎邵陵上宜渭南邯鄲四縣令

傅准北地人祖照金紫光祿大夫父謂湘東王外兵參軍准有文才善詞賦以西中郎參軍隨詧之鎮官至度支尚書巋之七年卒贈太常卿諡曰敬康所著文集二十卷有二子曰秉曰執並材兼文史秉尚書右丞執中書舍人尚書左丞

宗如周南陽人有才學容止詳雅以府僚隨詧歷黃門散騎列卿後至度支尚書巋之九年卒如周面狹長以法華經云聞經隨喜面不狹長嘗戲之曰卿何

爲謗經如周踧踖自陳不謗𧦬又謂之如初如周懼出告蔡大寶大寶知其旨笑謂之曰君當不謗餘經政應不信法華耳如周乃悟又嘗有人訴事於如周謂爲經作如州官也乃曰某有屈滯故來訴如州官如周曰爾何小人敢呼我名其人慚謝曰衹言如州官作如州不知如州官名如周早知如州官名如周不敢嗔如州官作如周如周乃笑曰命卿自責見侮反深衆咸服其寬雅有七子希顏希華知名希顏有文學仕至中書舍人希華博通經術爲荊楚儒宗

蕭欣梁武帝弟安成康王秀之孫煬王機之子也幼聰警博綜墳籍善屬文𧦬踐位以欣襲機封歷侍中中書令尚書僕射尚書令歸之二十三年卒贈司空欣與柳信言當巋之世俱爲一時文宗有集三十卷又著梁史百卷遭亂失本

柳洋河東解人祖惔尚書左僕射父昭中書侍郎洋少有文學以禮度自拘與王湜俱以風範方正爲當時所重位至吏部尚書出爲上黃郡守梁國廢以郡歸隋授開府儀同三司尋卒

徐岳東海人尚書左僕射開府儀同三司簡肅公勉之少子也少方正博通經

史初爲東陽王琮師琮爲皇太子授詹事及嗣位除侍中左民尚書俄遷尚書
僕射從琮入隋授上開府儀同三司終於陳州刺史子凱祕書郎岳兄矩有文
學善吏事頗黷於貨賄位至度支尚書子敬鴻臚卿
王淀瑯邪臨沂人祖琳侍中太府卿父錫侍中淀少有令譽尚晉妹廬陵長公
主歷祕書郎太子舍人宣成王友廬陵內史晉踐位授侍中吏部尚書歸之四
年使詣闕卒於賓館贈侍中右光祿大夫子瓘有文詞黃門侍郎淀弟湜方雅
有器識位至都官尚書歸之二十年卒子懷祕書郎隋沔陽令
范迪順陽人祖縝尚書左丞父胥鄱陽內史迪少機辯善屬文歷中書黃門侍
郎尚書右丞散騎常侍歸之十七年卒有文集十卷子叀迪弟遹文采劣於迪
而經術過之位至中衛東平王長史
沈君游吳興人祖僧旻左民尚書父巡東陽太守君游博學有詞采位至散騎
常侍歸之十二年卒有文集十卷弟君公有幹局美風儀文章典正特爲歸所
重歷中書黃門侍郎御史中丞自都官尚書爲義與王瓛師從瓛奔陳授侍中

太子詹事隋平陳以讞同謀度江伏誅
袁敞陳郡人祖昂司空父士俊安成內史敞少有器量博涉文史以吏部郎使
詣闕時主者以敞班在陳使之後敞固不從命主者詰之敞對曰昔陳之祖父
乃梁諸侯之下吏也棄忠與義盜有江東今大周朝宗萬國招攜以禮若使梁
之行人在陳人之後便恐彝倫失序豈使臣之所望焉主者不能屈遂以狀奏
高祖善之乃詔敞與陳使異日而進還以稱旨遷侍中轉左民尚書從琮入隋
授開府儀同三司終於譙州刺史子謐謙
史臣曰梁王任術好謀知賢養士蓋有英雄之志霸王之略焉及淮海版蕩骨
肉猜貳擁衆自固稱藩內款終能據有全楚中興頹運雖土宇殊於舊邦而位
號同於曩日貽厥自遠享國數世可不謂賢哉嗣子纂承舊業增修遺構賞罰
得衷舉厝有方密邇寇讎則威略具舉朝宗上國則聲猷遠振豈非繼世之令
主乎

周書卷四十八

周書卷四十九

唐 令狐德棻等撰

列傳第四十一

異域上

高麗 百濟 蠻 獠 宕昌 鄧至 白蘭

氐 稽胡 庫莫奚

蓋天地之所覆載至大矣日月之所臨照至廣矣然則萬物之內民人寡而禽獸多兩儀之間中土局而庶俗曠求之鄒說詭怪之迹實繁考之山經奇譎之詞匪一周孔存而不論是非紛而莫辯秦皇鞭笞天下黷武於遐方漢武士馬彊盛肆志於遠略匈奴既却其國已虛犬馬既來其民亦困是知鴈海龍堆天所以絕夷夏也炎方朔漠地所以限內外也況乎時非秦漢志甚嬴劉違天道以求其功殫民力而從所欲顛墜之釁固不旋踵是以先王設教內諸夏而外夷狄往哲垂範美樹德而鄙廣地雖禹迹之東漸西被不過海及流沙王制之

自北徂南裁稱穴居交趾豈非道貫三古義高百代者乎有周承喪亂之後屬戰爭之日定四表以武功安三邊以權道趙魏尙梗則結姻於北狄廐庫未實則通好於西戎由是德刑具舉聲名遐洎卉服氈裘輻湊於屬國商胡販客塡委於旗亭雖東略漏三吳之地南巡阻百越之境而國威之所肅服風化之所覃被亦足爲弘矣其四夷來朝聘者今並紀之於後至於道路遠近物產風俗詳諸前史或有不同斯皆錄其當時所記以備遺闕云爾

高麗者其先出於夫餘自言始祖曰朱蒙河伯女感日影所孕也朱蒙長而有材略夫餘人惡而逐之土于紇斗骨城自號曰高句麗仍以高爲氏其孫莫來漸盛擊夫餘而臣之莫來裔孫璉始通使於後魏其地東至新羅西渡遼水二千里南接百濟北隣靺鞨千餘里治平壤城其城東西六里南臨浿水城內唯積倉儲器備寇賊至日方入固守王則別爲宅於其側不常居之其外有國內城及漢城亦別都也復有遼東玄菟等數十城皆置官司以相統攝大官有大對盧次有太大兄大兄小兄意俟奢烏拙太大使者太使者小使者褥奢翳屬

仙人拜褥薩凡十三等分掌內外事焉其大對盧則以彊弱相陵奪而自爲之不由王之署置也其刑法謀反及叛者先以火焚爇然後斬首籍沒其家盜者十餘倍徵贓若貧不能備及負公私債者皆聽評其子女爲奴婢以償之丈夫衣同袖衫大口袴白韋帶黃革履其冠曰骨蘇多以紫羅爲之雜以金銀爲飾其有官品者又插二鳥羽於其上以顯異之婦人服裙襦裾袖皆爲襈書籍有五經三史三國志晉陽秋兵器有甲弩弓箭戟矟矛鋋賦稅則絹布及粟隨其所有量貧富差等輸之土田塉薄居處節儉然尙容止多詐僞言辭鄙穢不簡親疎乃至同川而浴共室而寢風俗好淫不以爲愧有遊女者夫無常人婚娶之禮略無財幣若受財者謂之賣婢俗甚恥之父母及夫喪其服制同於華夏兄弟則限以三月敬信佛法尤好淫祀又有神廟二所一曰夫餘神刻木作婦人之象一曰登高神云是其始祖夫餘神之子並置官司遣人守護蓋河伯女與朱蒙云璉五世孫成大統十二年遣使獻其方物成死子湯立建德六年湯又遣使來貢高祖拜湯爲上開府儀同大將軍遼東郡開國公遼東王

百濟者其先蓋馬韓之屬國夫餘之別種有仇台者始國於帶方故其地界東極新羅北接高句麗西南俱限大海東西四百五十里南北九百餘里治固麻城其外更有五方中方曰古沙城東方曰得安城南方曰久知下城西方曰刀先城北方曰熊津城王姓夫餘氏號於羅瑕民呼爲鞬吉支夏言並王也妻號於陸夏言妃也官有十六品左平五人一品達率三十人二品恩率三品德率四品扞率五品柰率六品六品已上冠飾銀華將德七品紫帶施德八品皂帶固德九品赤帶李德十品青帶對德十一品文督十二品皆黃帶武督十三品佐軍十四品振武十五品克虞十六品皆白帶自恩率以下官無常員各有部司分掌衆務內官有前內部穀部肉部內掠部外掠部馬部刀部功德部藥部木部法部後官部外官有司軍部司徒部司空部司寇部點口部客部外舍部綢部日官部都市部都下有萬家分爲五部曰上部前部中部下部後部統兵五百人五方各有方領一人以達率爲之郡將三人以德率爲之方統兵一千二百人以下七百人以上城之內外民庶及餘小城咸分隸焉其衣服男子略

同於高麗若朝拜祭祀其冠兩廂加翅戎事則不拜謁之禮以兩手據地爲敬

婦人衣以袍而袖微大在室者編髮盤於首後垂一道爲飾出嫁者乃分爲兩

道焉兵有弓箭刀矟俗重騎射兼愛墳史其秀異者頗解屬文又解陰陽五行

用宋元嘉曆以建寅月爲歲首亦解醫藥卜筮占相之術有投壺摴蒱等雜戲

然尤尚弈棋僧尼寺塔甚多而無道士賦稅以布絹絲麻及米等量歲豐儉差

等輸之其刑罰反叛退軍及殺人者斬盜者流其贓兩倍徵之婦人犯姦者沒

入夫家爲婢婚娶之禮略同華俗父母及夫死者三年治服餘親則葬訖除之

土田下濕氣候温暖五穀雜果菜蔬及酒醴餚饌藥品之屬多同於內地唯無

駞驢騾羊鵝鴨等其王以四仲之月祭天及五帝之神又每歲四祠其始祖仇

台之廟自晉宋齊梁據江左後魏宅中原並遣使稱藩兼受封拜齊氏擅東夏

其王隆亦通使焉隆死子昌立建德六年齊滅昌始遣使獻方物宣政元年又

遣使來獻

蠻者盤瓠之後族類蕃衍散處江淮之間汝豫之郡憑險作梗世爲寇亂逮魏

人失馭其暴滋甚有冉氏向氏田氏者陬落尤盛餘則大者萬家小者千戶更相崇樹僭稱王侯屯據三峽斷遏水路荆蜀行人至有假道者太祖略定伊瀍聲教南被諸蠻畏威靡然向風矣大統五年蔡陽蠻王魯超明內屬以爲南雍州刺史仍世襲焉十一年蠻酋梅勒特來貢其方物尋而蠻帥田杜清及沔漢諸蠻擾動大將軍楊忠擊破之其後蠻帥杜青和自稱巴州刺史以州入附朝廷因其所稱而授之青和後遂反攻圍東梁州其唐州蠻田魯嘉亦叛自號豫州伯王雄權景宣等前後討平之語在泉仲遵及景宣傳魏廢帝初蠻酋樊舍舉落內附以爲淮北三州諸軍事淮州刺史淮安郡公于謹等平江陵諸蠻騷動詔豆盧寧蔡祐等討破之魏恭帝二年蠻酋宜民王田興彥北荆州刺史梅季昌等相繼款附以與彥季昌並爲開府儀同三司加季昌洛州刺史賜爵石臺縣公其後巴西人譙淹扇動羣蠻以附於梁蠻帥向鎮侯向日虎等應之向五子王又攻陷信州田烏度田都唐等抄斷江路文子榮復據荆州之汶陽郡自稱仁州刺史并隣州刺史蒲微亦舉兵逆命詔田弘賀若敦潘招李遷哲討

破之語在敦及還哲楊雄等傳武成初文州蠻叛州選軍討定之尋而冉令賢
向五子王等又攻陷白帝殺開府楊長華遂相率作亂前後遣開府元契趙剛
等總兵出討雖頗翦其族類而元惡未除天和元年詔開府陸騰督王亮司馬
裔等討之騰水陸俱進次于湯口先遣喻之而令賢方增浚城池嚴設扞禦遣
其長子西黎次子南王領其支屬於江南險要之地置立十城遠結涔陽蠻爲
其聲援令賢率其精卒固守水邏城騰乃總集將帥謀其進趣咸欲先取水邏
然後經略江南騰言於衆曰令賢內恃水邏金湯之險外託涔陽輔車之援兼
復資糧充實器械精新以我懸軍攻其嚴壘脫一戰不剋更成其氣不如頓軍
湯口先取江南翦其羽毛然後進軍水邏此制勝之計也衆皆然之乃遣開府
王亮率衆渡江旬日攻拔其八城凶黨奔散獲賊帥冉承公幷生口三千人降
其部衆一千戶遂簡募驍勇數道入攻水邏路經石壁城此城峻嶮四面壁立
故以名焉唯有一小路緣梯而上蠻蜑以爲峭絕非兵衆所行騰被甲先登衆
軍繼進備經危阻累月乃得舊路且騰先任隆州總管雅知蠻帥冉伯犁冉安

西與令賢有隙騰乃招誘伯犁等結爲父子又多遺其金帛伯犁等悅遂爲鄉導水邏側又有石勝城者亦是險要令賢使兄子龍真據之騰又密誘龍真云若平水邏使其代令賢處龍真大悅密遣其子詣騰騰乃厚加禮接賜以金帛蠻貪利既深仍請立効乃謂騰曰欲翻所據城恐人力寡少騰許以三百兵助之既而遣二千人銜枚夜進龍真力不能禦遂平石勝城晨至水邏蠻衆大潰斬首萬餘級虜獲一萬口令賢遁走追而獲之并其子弟等皆斬之司馬裔又別下其二十餘城獲蠻帥冉三公等騰乃積其骸骨於水邏城側爲京觀後蠻蜑望見輒大號哭自此狼戾之心輟矣時向五子王據石默城令其子寶勝據雙城水邏平後頻遣喻之而五子王猶不從命騰又遣王亮屯牢坪司馬裔屯雙城以圖之騰慮雙城孤峭攻未易拔賊若委城奔散又難追討乃令諸軍周回立柵遏其走路賊乃大駭於是縱兵擊破之擒五子王於石默獲寶勝於雙城悉斬諸向首領生擒萬餘口信州舊治白帝騰更於劉備故宮城南八陣之北臨江岸築城移置信州又以巫縣信陵秭歸並是硤中要險於是築城置防

以爲襟帶焉天和六年蠻渠冉祖喜冉龍驤又反詔大將軍趙誾討平之自此羣蠻懾息不復爲寇矣

獠者蓋南蠻之別種自漢中達于邛笮川洞之閒在所皆有之俗多不辨姓氏又無名字所生男女唯以長幼次第呼之其丈夫稱阿謨阿段婦人阿夷阿第之類皆其語之次第稱謂也喜則羣聚怒則相殺雖父子兄弟亦手刃之遞相掠賣不避親戚被賣者號叫不服逃竄避之乃將買人指擒捕逐若追亡叛獲便縛之但經被縛者卽服爲賤隸不敢更稱良矣俗畏鬼神尤尚淫祀巫祝至有賣其昆季妻孥盡者乃自賣以祭祀焉往往推一酋帥爲王亦不能遠相統攝自江左及中州遞有巴蜀多恃險不賓太祖平梁益之後令所在撫慰其與華民雜居者亦頗從賦役然天性暴亂旋至擾動每歲命隨近州鎭出兵討之獲其口以充賤隸謂之爲壓獠焉後有商旅往來者亦資以爲貨公卿逮于民庶之家有獠口者多矣魏恭帝三年陵州木籠獠反詔開府陸騰討破之俘斬萬五千人保定二年鐵山獠又反抄斷江路陸騰復攻拔其三城虜獲三千人

降其種三萬落語在騰傳天和三年梁州恆稜獠叛總管長史趙文表討之軍
次巴州文表欲率衆徑進軍吏等曰此獠旅拒日久部衆甚彊討之者皆四面
攻之以分其勢今若大軍直進不遣奇兵恐併力於我未可制勝文表曰往者
既不能制之今須別為進趣若四面遣兵則獠降走路絶理當相率以死拒戰
如從一道則吾得示威恩分遣使人以理曉諭為惡者討之歸善者撫之善惡
既分易為經略事有變通奈何欲遵前轍也文表遂以此意遍令軍中時有從
軍熟獠多與恆稜親識卽以實報之恆稜獠相與聚議猶豫之閒文表軍已至
其界獠中先有二路一路稍平一路極險俄有生獠酋帥數人來見文表曰我
恐官軍不悉山川請為鄉導文表謂之曰此路寬平不須導引卿但先去好慰
諭子弟也乃遣之文表謂其衆曰向者獠帥語吾從寬路而行必當設伏要我
若從險路出其不虞獠衆自離散矣於是勒兵從險道進其有不通之處隨卽
治之乘高而望果見其伏兵獠既失計爭攜妻子退保險要文表頓軍大蓬山
下示以禍福遂相率來降文表皆慰撫之仍徵其稅租無敢動者後除文表為

蓬州刺史又大得獠和建德初李暉爲梁州總管諸獠亦並從附然其種類滋蔓保據巖壑依林走險若履平地雖屢加兵弗可窮討性又無知殆同禽獸諸夷之中最難以道義招懷者也

宕昌羌者其先蓋三苗之胤周時與庸蜀微盧等八國從武王滅商漢有先零燒當等世爲邊患其地東接中華西通西域南北數千里姓別自爲部落各立酋帥皆有地分不相統攝宕昌卽其一也俗皆土著居有棟宇其屋織犛牛尾及羖羊毛覆之國無法令又無徭賦唯征伐之時乃相屯聚不然則各事生業不相往來皆衣裘褐牧養犛牛羊豕以供其食父子伯叔兄弟死者卽以其繼母世叔母及嫂姊妹等爲妻俗無文字但候草木榮落以記歲時三年一相聚殺牛羊以祭天有梁勤者世爲酋帥得羌豪心乃自稱王焉其界自仇池以西東西千里帶水以南南北八百里地多山阜部衆二萬餘落勤孫彌忽始通使於後魏太武因其所稱而授之自彌忽至仚定九世每修職貢不絕後見兩魏分隔遂懷背誕永熙末仚定乃引吐谷渾寇金城大統初又率其種人入寇詔

行臺趙貴督儀同侯莫陳順等擊破之㐆定懼稱藩請罪太祖捨之拜撫軍將
軍四年以㐆定爲南洮州刺史要安蕃王後改洮州爲岷州仍以㐆定爲刺史
是歲秦州濁水羌反州軍討平之七年㐆定又舉兵入寇獨孤信時鎮隴右詔
信率衆便討之軍未至而㐆定爲其下所殺信進兵破其餘黨朝廷方欲招懷
殊俗乃更以其弟彌定爲宕昌王十六年彌定宗人獠甘襲奪其位彌定來奔
先是羌酋傍乞鐵忽等因㐆定反叛之際遂擁衆據渠林川與渭州民鄭五醜
扇動諸羌阻兵逆命至是詔大將軍宇文貴豆盧寧涼州刺史史寧等率兵討
獠甘等並擒斬之納彌定而還語在貴等傳其後羌酋東念姐鞏廉俱和等反
大將軍豆盧寧王勇等前後討平之保定初彌定遣使獻方物三年又遣使獻
生猛獸四年彌定寇洮州總管李賢擊走之是歲彌定又引吐谷渾寇石門戍
賢復破之高祖怒詔大將軍田弘討滅之以其地爲宕州
鄧至羌者羌之別種也有像舒治者世爲白水酋帥自稱王焉其地北與宕昌
相接風俗物產亦與宕昌略同自舒治至檐桁十一世魏恭帝元年檐桁失國

來奔太祖令章武公導率兵送復之

白蘭者羌之別種也其地東北接吐谷渾西北至利模徒南界郡鄂風俗物產與宕昌略同保定元年遣使獻犀甲鐵鎧

氐者西夷之別種三代之際蓋自有君長而世一朝見故詩稱自彼氐羌莫敢不來王也漢武帝滅之以其地爲武都郡自汧渭抵於巴蜀種類實繁漢末有氐帥楊駒始據仇池百頃最爲彊族其後漸盛乃自稱王至裔孫纂爲苻堅所滅堅敗其族人定又自稱王定爲乞伏乾歸所殺定從弟盛代有其國世受魏氏封拜亦通使於江左然其種落分散叛服不恆隴漢之間屢被其害盛之苗裔曰集始魏封爲武興王集始死子紹先立遂僭稱大號魏將傅豎眼滅之執紹先歸諸京師以其地爲武興鎮魏氏洛京未定天下亂紹先奔還武興復自立爲王太祖定秦隴紹先稱藩送妻子爲質大統元年紹先請其妻女太祖奏魏帝還之紹先死子辟邪立四年南岐州氐苻安壽反攻陷武都自號太白王詔大都督侯莫陳順與渭州刺史長孫澄討破之安壽以其衆降九年清水氏

酋李鼠仁據險作亂氐帥梁道顯叛攻南由太祖遣典籤趙昶慰諭之鼠仁等相繼歸附語在昶傳十一年於武興置東益州以辟邪爲刺史十五年安夷氐復叛趙昶時爲郡守收其首逆者二十餘人斬之餘衆乃定於是以昶行南秦州事氐帥蓋鬧等相率作亂鬧據北谷其黨覃洛聚洮中楊興德符雙圍平氐城姜樊噲亂武階西結宕昌羌獠甘共推蓋鬧爲主昶分道遣使宣示禍福然後出兵討之擒蓋鬧散其餘黨興州叛氐復侵逼南岐州刺史叱羅協遣使告急昶率兵赴救又大破之先是氐首楊法深據陰平自稱亦盛之苗裔也魏孝昌中舉衆內附自是職貢不絕廢帝元年以法深爲黎州刺史二年楊辟邪據州反羣氐復與同逆詔叱羅協與趙昶討平之太祖乃以大將軍宇文貴爲大都督六州諸軍事興州刺史貴威名先著羣氐頗畏服之是歲楊法深從尉遲迥平蜀軍回法深旋鎮尋與其種人楊崇集楊陳侳各擁其衆遞相攻討趙昶時督成武沙三州諸軍事成州刺史遣使和解之法深等從命乃分其部落更置州郡以處之魏恭帝末武興氐反圍利州鳳州固道氐魏天王等亦聚衆響

應大將軍豆盧寧等討平之世宗時興州人段吒及下辯柏樹二縣民反相率破蘭皐戍氐酋姜多復率廚中氐蜀攻陷落叢郡以應之趙昶率衆討平二縣幷斬段吒而陰平盧北二郡氐復往往屯聚與廚中相應昶乃簡擇精騎出其不意徑入廚中至大竹坪連破七柵誅其渠率二郡並降及昶還廚中主氐復爲寇掠昶又遣儀同劉崇義宇文琦率兵入廚中討之大破氐衆斬姜多及苻肆王等於是羣氐並平及王謙舉兵沙州氐帥開府楊永安又據州應謙大將軍達奚儒討平之

稽胡一曰步落稽蓋匈奴別種劉元海五部之苗裔也或云山戎赤狄之後自離石以西安定以東方七八百里居山谷閒種落繁熾其俗土著亦知種田地少桑蠶多麻布其丈夫衣服及死亡殯葬與中夏略同婦人則多貫蜃貝以爲耳及頸飾又與華民錯居其渠帥頗識文字然語類夷狄因譯乃通蹲踞無禮貪而忍害俗好淫穢處女尤甚將嫁之夕方與淫者敘離夫氏聞之以多爲貴既嫁之後頗亦防閑有犯姦者隨事懲罰又兄弟死皆納其妻雖分統郡縣列

於編戶然輕其徭賦有異齊民山谷阻深者又未盡役屬而凶悍恃險數爲寇
亂魏孝昌中有劉蠡升者居雲陽谷自稱天子立年號署百官屬魏氏政亂力
不能討蠡升遂分遣部衆抄掠居民汾晉之間略無寧歲齊神武遷鄴後始密
圖之僞許以女妻蠡升太子蠡升信之遂遣其子詣鄴齊神武厚爲之禮緩以
婚期蠡升既恃和親不爲之備大統元年三月齊神武潛師襲之蠡升率輕騎
出外徵兵爲其北部王所殺斬首送於齊神武其衆復立蠡升第三子南海王
爲主率兵拒戰齊神武擊滅之獲其僞主及其弟西海王并皇后夫人王公以
下四百餘人歸於鄴居河西者多恃險不賓時方與齊神武爭衡未遑經略太
祖乃遣黃門郎楊忠就安撫之五年黑水部衆先叛七年別帥夏州刺史劉平
伏又據上郡反自是北山諸部連歲寇暴太祖前後遣李遠于謹侯莫陳崇李
弼等相繼討平之武成初延州稽胡郝阿保郝狼皮率其種人附於齊氏阿保
自署丞相狼皮自署柱國并與其別部劉桑德共爲影響柱國豆盧寧督諸軍
與延州刺史高琳擊破之二年狼皮等餘黨復叛詔大將軍韓果討之俘斬甚

衆保定中離石生胡數寇汾北勳州刺史韋孝寬於險要築城置兵糧以遏其路及楊忠與突厥伐齊稽胡等復懷旅拒不供糧餼忠乃詐其酋帥云與突厥欲回兵討之酋帥等懼乃相率供饋焉語在忠傳其後丹州綏州銀州等部內諸胡與蒲川別帥郝三郎等又頻年逆命復詔達奚震辛威于實等前後窮討散其種落天和二年延州總管宇文盛率衆城銀州稽胡白郁久同喬是羅等欲邀襲盛軍盛並討斬之又破其別帥喬三勿同等五年開府劉雄出綏州巡檢北邊川路稽胡帥喬白郎喬素勿同等度河逆戰雄復破之建德五年高祖敗齊師於晉州乘勝逐北齊人所棄甲仗未暇收斂稽胡乘間竊出並盜而有之乃立蠡升孫沒鐸爲主號聖武皇帝年曰石平六年高祖定東夏將討之議欲窮其巢穴齊王憲以爲種類既多又山谷阻絕王師一舉未可盡除且當翦其魁首餘加慰撫高祖然之乃以憲爲行軍元帥督行軍總管趙王招譙王儉滕王逌等討之憲軍次馬邑乃分道俱進沒鐸遣其黨天柱守河東又遣其大帥穆支據河西規欲分守險要掎角憲軍憲命譙王儉攻天柱滕王逌擊穆支

並破之斬首萬餘級趙王招又擒沒鐸餘衆盡降宣政元年汾州稽胡帥劉受羅千復反越王盛督諸軍討擒之自是寇盜頗息

庫莫奚鮮卑之別種也其先爲慕容晃所破竄於松漠之間後種類漸多分爲五部一曰辱紇主二曰莫賀弗三曰契箇四曰木昆五曰室得每部置俟斤一人有阿會氏者最爲豪帥五部皆受其節度役屬於突厥而數與契丹相攻虜獲財畜因而行賞死者則以葦薄裹尸懸之樹上大統五年遣使獻其方物

史臣曰凡民肖形天地稟靈陰陽愚智本於自然剛柔繫於水土故雨露所會風流所通九川爲紀五嶽作鎮此之謂諸夏生其地者則仁義出焉昧谷嵎夷孤竹北戶限以丹徼紫塞隔以滄海交河此之謂荒裔感其氣者則凶德成焉若夫九夷八狄種落繁熾七戎六蠻充牣邊鄙雖風土殊俗嗜欲不同至於貪而無厭狠而好亂彊則旅拒弱則稽服其揆一也斯蓋天之所命使其然乎

周書卷四十九

周書卷四十九考證

高麗傳土于紇斗骨城○魏書作紇升骨城

宕昌羌傳有梁勤者世爲酋帥○勤魏書作懃

氐傳有氐帥楊駒始據仇池百頃○楊駒魏書作楊腾

周書卷四十九考證

珍做宋版邸

周書卷五十

唐　令　狐　德　棻　等　撰

列傳第四十二

異域下

突厥　吐谷渾　高昌　鄯善　焉耆　龜茲

于闐　嚈噠　粟特　安息　波斯

突厥者，蓋匈奴之別種，姓阿史那氏。別爲部落。後爲鄰國所破，盡滅其族。有一兒，年且十歲，兵人見其小，不忍殺之，乃刖其足，棄草澤中。有牝狼以肉飼之，及長，與狼合，遂有孕焉。彼王聞此兒尚在，重遣殺之。使者見狼在側，并欲殺狼。狼遂逃于高昌國之北山。山有洞穴，穴內有平壤茂草，周回數百里，四面俱山。狼匿其中，遂生十男。十男長大，外託妻孕，其後各有一姓，阿史那即一也。子孫蕃育，漸至數百家。經數世，相與出穴，臣於茹茹。居金山之陽，爲茹茹鐵工。金山形似兜鍪，其俗謂兜鍪爲突厥，遂因以爲號焉。或云突厥之先出於索國，在匈奴

之北其部落大人曰阿謗步兄弟十七人其一曰伊質泥師都狼所生也謗步
等性並愚癡國遂被滅泥師都既別感異氣能徵召風雨娶二妻云是夏神冬
神之女也一孕而生四男其一變爲白鴻其一國於阿輔水劍水之間號爲契
骨其一國於處折水其一居踐斯處折施山卽其大兒也山上仍有阿謗步種
類並多寒露大兒爲出火溫養之咸得全濟遂共奉大兒爲主號爲突厥卽訥
都六設也訥都六有十妻所生子皆以母族爲姓阿史那是其小妻之子也訥
都六死十母子內欲擇立一人乃相率於大樹下共爲約曰向樹跳躍能最高
者卽推立之阿史那子年幼而跳最高者諸子遂奉以爲主號阿賢設此說雖
殊然終狼種也其後曰土門部落稍盛始至塞上市繒絮願通中國大統十一
年太祖遣酒泉胡安諾槃陁使焉其國皆相慶曰今大國使至我國將興也十
二年土門遂遣使獻方物時鐵勒將伐茹茹土門率所部邀擊破之盡降其衆
五萬餘落恃其彊盛乃求婚於茹茹茹茹主阿那瓌大怒使人罵辱之曰爾是
我鍛奴何敢發是言也土門亦怒殺其使者遂與之絕而求婚於我太祖許之

十七年六月以魏長樂公主妻之是歲魏文帝崩土門遣使來弔贈馬二百匹
魏廢帝元年正月土門發兵擊茹茹大破之於懷荒北阿那瓌自殺其子菴羅
辰奔齊餘衆復立阿那瓌叔父鄧叔子爲主土門遂自號伊利可汗猶古之單
于也號其妻爲可賀敦亦猶古之閼氏也土門死子科羅立科羅號乙息記可
汗又破叔子於沃野北木賴山二年三月科羅遣使獻馬五萬匹科羅死弟俟
斤立號木汗可汗俟斤一名燕都狀貌多奇異面廣尺餘其色甚赤眼若瑠璃
性剛暴務於征伐乃率兵擊鄧叔子滅之叔子以其餘燼來奔俟斤又西破嚈
噠東走契丹北并契骨威服塞外諸國其地東自遼海以西西至西海萬里南
自沙漠以北北至北海五六千里皆屬焉其俗被髮左衽穹廬氈帳隨水草遷
徙以畜牧射獵爲務賤老貴壯寡廉恥無禮義猶古之匈奴也其主初立近侍
重臣等輿之以氈隨日轉九回每一回臣下皆拜拜訖乃扶令乘馬以帛絞其
頸使纔不至絕然後釋而急問之曰你能作幾年可汗其主既神情瞀亂不能
詳定多少臣下等隨其所言以驗修短之數大官有葉護次設次特勤次俟利

發欠吐屯發及餘小官凡二十八等皆世爲之兵器有弓矢鳴鏑甲矟刀劍其佩飾則兼有伏突旗纛之上施金狼頭侍衛之士謂之附離夏言亦狼也蓋本狼生志不忘舊其徵發兵馬科稅雜畜輒刻木爲數幷一金鏃箭蠟封印之以爲信契其刑法反叛殺人及姦人之婦盜馬絆者皆死姦人女者重責財物即以其女妻之鬭傷人者隨輕重輸物盜馬及雜物者各十餘倍徵之死者停屍於帳子孫及諸親屬男女各殺羊馬陳於帳前祭之繞帳走馬七匝一詣帳門以刀剺面且哭血淚俱流如此者七度乃止擇日取亡者所乘馬及經服用之物幷屍俱焚之收其餘灰待時而葬春夏死者候草木黃落秋冬死者候華葉榮茂然始坎而瘞之葬之日親屬設祭及走馬剺面如初死之儀葬訖於墓所立石建標其石多少依平生所殺人數又以祭之羊馬頭盡懸挂於標上是日也男女咸盛服飾會於葬所男有悅愛於女者歸即遣人娉問其父母多不違也父伯叔死者子弟及姪等妻其後母世叔母及嫂唯尊者不得下淫雖移徙無常而各有地分可汗恆處於都斤山牙帳東開蓋敬日之所出也每歲率諸

貴人祭其先窟又以五月中旬集他人水拜祭天神於都斤四五百里有高山迥出上無草樹謂其爲勃登凝黎夏言地神也其書字類胡而不知年曆唯以草青爲記俟斤部衆既盛乃遣使請誅鄧叔子等太祖許之收叔子以下三千人付其使者殺之於青門外三年俟斤襲擊吐谷渾破之語在吐谷渾傳明帝二年俟斤遣使來獻方物保定元年又三輩遣使貢其方物時與齊人交爭戎車歲動故每連結之以爲外援初魏恭帝世俟斤許進女於太祖契未定而太祖崩尋而俟斤又以他女許高祖未及結納齊人亦遣求婚俟斤貪其幣厚將悔之至是詔遣涼州刺史楊荐武伯王慶等往結之慶等至諭以信義俟斤遂絕齊使而定婚焉仍請舉國東伐語在荐等傳三年詔隋公楊忠率衆一萬與突厥伐齊忠軍度陘嶺俟斤率騎十萬來會明年正月攻齊主於晉陽不剋俟斤遂縱兵大掠而還忠言於高祖曰突厥甲兵惡爵賞輕首領多而無法令何謂難制馭正由比者使人妄道其彊盛欲令國家厚其使者身往重取其報朝廷受其虛言將士望風畏慴但虜態詐健而實易與耳今以臣觀之前後使人

皆可斬也高祖不納是歲俟斤復遣使來獻更請東伐詔楊忠率兵出沃野晉
公護趣洛陽以應之會護戰不利俟斤引還五年詔陳公純大司徒宇文貴神
武公竇毅南安公楊荐等往逆女天和二年俟斤又遣使來獻陳公純等至俟
斤復貳於齊會有風雷變乃許純等以后歸語在皇后傳四年俟斤又遣使獻
馬俟斤死弟他鉢可汗立自俟斤以來其國富彊有凌轢中夏志朝廷既與和
親歲給繒絮錦綵十萬段突厥在京師者又待以優禮衣錦食肉者常以千數
齊人懼其寇掠亦傾府藏以給之他鉢彌復驕傲至乃率其徒屬曰但使我在
南兩箇兒孝順何憂無物邪建德二年他鉢遣使獻馬及齊滅齊定州刺史范
陽王高紹義自馬邑奔之他鉢立紹義爲齊帝召集所部云爲之復讎宣政元
年四月他鉢遂入寇幽州殺略居民柱國劉雄率兵拒戰兵敗死之高祖親總
六軍將北伐會帝崩乃班師是冬他鉢復寇邊圍酒泉大掠而去大象元年他
鉢復請和親帝冊趙王招女爲千金公主以嫁之幷遣執紹義送闕他鉢不奉
詔仍寇幷州大象二年始遣使奉獻且逆公主而紹義尚留不遣帝又令賀若

誼往諭之始送紹義云

吐谷渾本遼東鮮卑慕容廆之庶兄也初吐谷渾馬與廆馬鬬而廆馬傷廆遣讓之吐谷渾怒率其部落去之止于枹罕自爲君長及孫葉延頗視書傳以古有王父字爲氏遂以吐谷渾爲氏焉自吐谷渾至伏連籌一十四世伏連籌死子夸呂立始自號爲可汗治伏俟城在青海西十五里雖有城郭而不居之恆處穹廬隨水草畜牧其地東西三千里南北千餘里官有王公僕射尚書及郎中將軍之號夸呂椎髻毦珠以皂爲帽坐金師子床號其妻爲恪尊衣織成裙披錦大袍辮髮於後首戴金花其俗丈夫衣服略同於華夏多以羃䍦爲冠亦以繒爲帽婦人皆貫珠束髮以多爲貴兵器有弓刀甲矟國無常賦須則稅富室商人以充用焉其刑罰殺人及盜馬者死餘則徵物量事決杖刑人必以氈蒙頭持石從高擊殺之父兄亡後妻後母及嫂等與突厥俗同至于婚姻貧不能備財物者輒盜女將去死者亦皆埋殯其服制葬訖則除之性貪婪忍於殺害好射獵以肉酪爲糧亦知種田然其北界氣候多寒唯得蕪菁大麥故其俗

貧多富少青海周回千餘里海內有小山每冬冰合後以良牝馬置此山至來
冬收之馬皆有孕所生得駒號爲龍種必多駿異世傳青海駿者也土出犛牛
烏多鸚鵡大統中夸呂再遣使獻馬及羊牛等然猶寇抄不止緣邊多被其害
魏廢帝二年太祖勒大兵至姑臧夸呂震懼遣使貢方物是歲夸呂又通使於
齊氏涼州刺史史寧覘知其還率輕騎襲之於州西赤泉獲其僕射乞伏觸扳
將軍翟潘密商胡二百四十人駝騾六百頭雜綵絲絹以萬計魏恭帝二年史
寧又與突厥木汗可汗襲擊夸呂破之虜其妻子大獲珍物及雜畜語在史寧
傳武成初夸呂復寇涼州刺史是云寶戰沒詔賀蘭祥宇文貴率兵討之夸呂
遣其廣定王鍾留王拒戰祥等破之廣定等遁走又攻拔其洮陽洪和二城置
洮州以還保定中夸呂前後三輩遣使獻方物天和初其龍涸王莫昌率衆降
以其地爲扶州二年五月復遣使來獻建德五年其國大亂高祖詔皇太子征
之軍渡青海至伏俟城夸呂遁走虜其餘衆而還明年又再遣奉獻宣政初其
趙王他婁屯來降自是朝獻遂絕

高昌者車師前王之故地東去長安四千九百里漢西域長史及戊己校尉並治於此晉以其地爲高昌郡張軌呂光沮渠蒙遜據河西皆置太守以統之其後有闞爽及沮渠無諱並自署爲太守無諱死茹茹殺其弟安周以闞伯周爲高昌王高昌之稱王自此始也伯周之從子首歸爲高車所滅次有張孟明馬儒相繼王之並爲國人所害乃更推立麴嘉爲王嘉字靈鳳金城榆中人本爲儒右長史魏太和末立嘉死子堅立其地東西三百里南北五百里國內總有城一十六官有令尹一人比中夏相國次有公二人皆其王子也一爲交河公一爲田地公次有左右衛次有八長史曰吏部祠部庫部倉部主客禮部民部兵部等長史也次有建武威遠陵江殿中伏波等將軍次有八司馬長史之副也次有侍郎校書郎主簿從事階位相次分掌諸事次有省事專掌導引其大事決之於王小事則世子及二公隨狀斷決平章錄記事訖卽除籍書之外無久掌文按官人雖有列位並無曹府唯每旦集於牙門評議衆事諸城各有戶曹水曹田曹每城遣司馬侍郎相監檢校名爲城令服飾丈夫從胡法婦人略

同華夏兵器有弓箭刀楯甲矟文字亦同華夏兼用胡書有毛詩論語孝經置學官弟子以相教授雖習讀之而皆爲胡語賦稅則計輸銀錢無者輸麻布其刑法風俗婚姻喪葬與華夏小異而大同地多石磧氣候温暖穀麥再熟宜蠶多五果有草曰羊刺其上生蜜焉自嘉以來世修蕃職於魏大統十四年詔以其世子玄喜爲王恭帝二年又以其田地公茂嗣位武成元年其王遣使獻方物保定初又遣使來貢自燉煌向其國多沙磧道里不可準記唯以人畜骸骨及駞馬糞爲驗又有魍魎怪異故商旅來往多取伊吾路云

鄯善古樓蘭國也東去長安五千里所治城方一里地多沙鹵少水草北卽白龍堆路魏太武時爲沮渠安周所攻其王西奔且末西北有流沙數百里夏日有熱風爲行旅之患風之欲至唯老駞知之卽鳴而聚立埋其口鼻於沙中人每以爲候亦卽將氈擁蔽鼻口其風迅駛斯須過盡若不防者必至危斃大統八年其兄鄯米率衆內附

焉耆國在白山之南七十里東去長安五千八百里其王姓龍卽前涼張軌所

封龍熙之胤所治城方二里部內凡有九城國小民貧無綱紀法令兵有弓刀甲矟婚姻略同華夏死亡者皆焚而後葬其服制滿七日則除之丈夫並翦髮以爲首飾文字與婆羅門同俗事天神並崇信佛法尤重二月八日四月八日是日也其國咸依釋教齋戒行道焉氣候寒土田良沃穀有稻粟菽麥畜有駞馬牛羊養蠶不以爲絲唯充綿纊俗尚蒲桃酒兼愛音樂南去海十餘里有魚鹽蒲葦之饒保定四年其王遣使獻名馬

龜茲國在白山之南一百七十里東去長安六千七百里其王姓白卽後涼呂光所立白震之後所治城方五六里其刑法殺人者死刦賊則斷其一臂幷刖一足賦稅準地徵租無田者則稅銀錢婚姻喪葬風俗物產與焉支略同唯氣候少溫爲異又出細氈麖皮氍毹鐃多鹽綠雌黃胡粉及良馬封牛等東有輪臺卽漢貳師將軍李廣利所屠其南三百里有大水東流號計戍水卽黃河也保定元年其王遣使來獻

于闐國在葱嶺之北二百餘里東去長安七千七百里所治城方八九里部內

有大城五小城數十其刑法殺人者死餘罪各隨輕重懲罰之自外風俗物產與龜茲略同俗重佛法寺塔僧尼甚衆王尤信向每設齋日必親自灑掃饋食焉城南五十里有贊摩寺卽昔羅漢比丘比盧旃爲其王造覆盆浮圖之所石上有辟支佛趺處雙跡猶存自高昌以西諸國人等多深目高昌以東此一國貌不甚胡頗類華夏城東二十里有大水北流號樹枝水卽黃河也城西十五里亦有大水名達利水與樹枝俱北流同會於計戍建德三年其王遣使獻名馬

嚈噠國大月氏之種類在于闐之西東去長安一萬百里其王治拔底延城蓋王舍城也其城方十餘里刑法風俗與突厥略同其俗又兄弟共娶一妻夫無兄弟者其妻戴一角帽若有兄弟者依其多少之數更加帽角焉其人兇悍能戰鬪于闐安息等大小二十餘國皆役屬之大統十二年遣使獻其方物魏廢帝二年明帝二年並遣使來獻後爲突厥所破部落分散職貢遂絕

粟特國在葱嶺之西蓋古之庵蔡一名温那沙治於大澤在康居西北保定四

年其王遣使獻方物

安息國在葱嶺之西治蔚搜城北與康居西與波斯相接東去長安一萬七百五十里天和二年其王遣使來獻

波斯國大月氏之別種治蘇利城古條支國也東去長安一萬五千三百里城方十餘里戶十餘萬王姓波斯氏坐金羊床戴金花冠衣錦袍織成帔皆飾以珍珠寶物其俗丈夫翦髮戴白皮帽貫頭衫兩廂近下開之幷有巾帔緣以織成婦女服大衫披大帔其髮前爲髻後被之飾以金銀華仍貫五色珠絡之於膊王於其國內別有小牙十餘所猶中國之離宮也每年四月出遊處之十月乃還王卽位以後擇諸子內賢者密書其名封之於庫諸子及大臣皆莫之知也王死乃衆共發書視之其封內有名者卽立以爲王餘子各出就邊任兄弟更不相見也國人號王曰翳囋妃曰防步率王之諸子曰殺野大官有摸胡壇掌國內獄訟泥忽汗掌庫藏關禁地卑勃掌文書及衆務次有遏羅訶地掌王之內事薩波勃掌四方兵馬其下皆有屬官分統其事兵器有甲矟圓排劍弩

弓箭戰並乘象每象百人隨之其刑法重罪懸諸竿上射而殺之次則繫獄新王立乃釋之輕罪則劓刖若髡或翦半鬚及繫排於項上以爲恥辱犯彊盜者禁之終身姦貴人妻者男子流婦人割其耳鼻賦稅則準地輸銀錢俗事火祆神婚合亦不擇尊卑諸夷之中最爲醜穢矣民女年十歲以上有姿貌者王收養之有功勳人即以分賜死者多棄屍於山一月治服城外有人別居唯知喪葬之事號爲不淨人若入城市搖鈴自別以六月爲歲首尤重七月七日十二月一日其日民庶以上各相命召設會作樂以極歡娛又以每年正月二十日各祭其先死者氣候暑熱家自藏冰地多沙磧引水溉灌其五穀及禽獸等與中夏略同唯無稻及黍秫土出名馬及駞富室至有數千頭者又出白象師子大鳥卵珍珠離珠頗黎珊瑚琥珀瑠璃馬瑙水晶瑟瑟金銀鍮石金剛火齊鑌鐵銅錫朱沙水銀綾錦白疊毾氍毹毾㲪赤麞皮及薰六鬱金蘇合青木等香胡椒蓽撥石蜜千年棗香附子訶棃勒無食子鹽綠雌黃等物魏廢帝二年其王遣使來獻方物

史臣曰四夷之爲中國患也久矣而北狄尤甚焉昔嚴尤班固咸以周及秦漢未有得其上策雖通賢之宏議而史臣嘗以爲疑夫步驟之來綿自今古澆淳之變無隔華戎是以反道德棄仁義淩替之風歲廣至涇陽入北地充斥之釁日深爰自金行遠乎水運戎夏離錯風俗混并夷裔之情僞中國畢知之矣中國之得失夷裔備聞之矣若乃不與約誓不就攻伐來而禦之去而守之夫然則敵有餘力我無寧歲將士疲於奔命疆埸苦其交侵欲使偃伯靈臺毆世仁壽其可得乎是知秩宗之雅旨護軍之誠說實有會於當時而未允於後代也然則易稱見幾而作傳云相時而動夫時者得失之所繫幾者吉凶之所由況乎諸夏之朝治亂之運代有戎狄之地彊弱之勢無恆若使臣畜之與羈縻和親之與征伐因其時而制變觀其幾而立權則舉無遺策謀多上算獸心之虜革面匪難沙幕之北雲撤何遠安有周秦漢魏優劣在其閒哉

周書卷五十

周書卷五十考證

嚈噠○魏書作㘓噠

波斯國傳王姓波斯氏○魏書西域傳王姓波氏名斯

周書卷五十考證

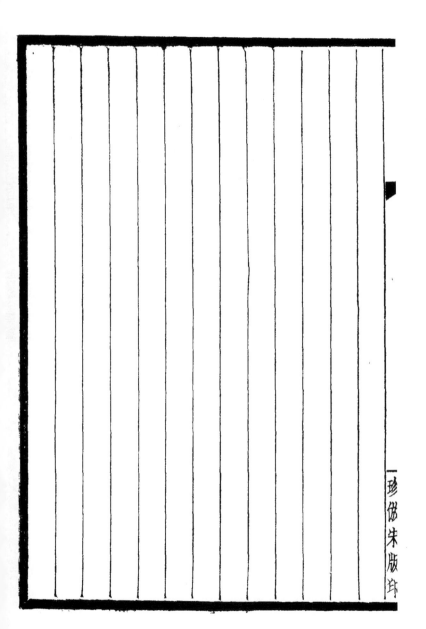

考證跋語

編修今授奉天錦州府知府臣文淳謹言北周書五十卷本紀列傳四十二唐祕書丞令狐德棻等撰當武德時棻建言近代無正史即詔與諸臣論撰歷年不能成而罷貞觀二年復詔德棻與岑文本崔仁師撰次周書陳叔達唐儉共成之宋仁宗時出太清樓本合史館祕閣本又募天下書而取夏竦李巽家本下館閣正其文字其後王安國林希始上焉當周隋時柳虯牛弘各有撰述德棻等撰次不外柳牛兩家然其中頗有可議者虯爲周臣多諱周惡弘入隋代便文隋過在虯與弘初無足怪德棻等身居異代而史不直書其失甚矣宇文氏建國倣周禮爲六官府兵之制開唐一代良法而是書不爲紀錄使後人無從參考識小遺大識者譏焉臣等奉

勅校勘南北監本字句錯訛悉爲改正但宋版不可得見文義可疑祇以北史參訂北史之文既與是書不同未便補入故字有不同從其是者文之遺

脫衹加詳注不妄參入以附於闕文之義云臣謹識

校刊職名

原任詹事臣陳浩洗馬臣陸宗楷編修臣孫人龍編修今授奉天錦州府

知府臣金文淳拔貢生臣費應泰楊茂遷奉

勅恭校刊

珍傲朱版珍

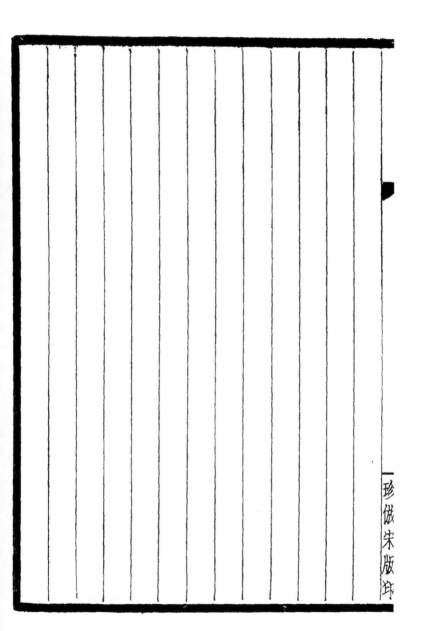

西元二〇二四年三月一日重製一版

周書 冊二（附考證）（唐令狐德棻撰）

平裝二冊基本定價壹仟貳佰元正
（郵運匯費另加）

發行人 張敏君
發行處 中華書局
臺北市內湖區舊宗路二段一八一巷八號五樓（5FL., No. 8, Lane 181, JIOU-TZUNG Rd., Sec 2, NEI HU, TAIPEI, 11494, TAIWAN）
客服電話：886-2-8797-8900
公司傳真：886-2-8797-8909
匯款帳戶：華南商業銀行西湖分行
179100026931
印　刷：維中科技有限公司
海瑞印刷品有限公司

No. N1049-2

國家圖書館出版品預行編目(CIP)資料

周書/(唐)令狐德棻撰. -- 重製一版. -- 臺北市 :
中華書局, 2024.03
冊 ; 公分
ISBN 978-626-7349-15-1(全套 : 平裝)

1.CST: 北朝史

623.6501 113002611